JN062759

福井県の教員採用試験過去問シリーズ ⑫

2025年度版

福井県の
論作文・面接

過去問

協同教育研究会 編

協同出版

はじめに～「過去問」シリーズ利用に際して～

教育を取り巻く環境は変化しつつあり，日本の公教育そのものも，教員免許更新制の廃止やGIGAスクール構想の実現などの改革が進められています。また，現行の学習指導要領では「主体的・対話的で深い学び」を実現するため，指導方法や指導体制の工夫改善により，「個に応じた指導」の充実を図るとともに，コンピュータや情報通信ネットワーク等の情報手段を活用するために必要な環境を整えることが示されています。

一方で，いじめや体罰，不登校，暴力行為など，教育現場の問題もあいかわらず取り沙汰されており，教員に求められるスキルは，今後さらに高いものになっていくことが予想されます。

本書の基本構成としては，論作文・面接試験の概要，過去数年間の論作文の過去問題及びテーマと分析と論点，面接試験の内容を掲載しています。各自治体や教科によって掲載年数をはじめ，論作文の書き方や面接試験対策を掲載するなど，内容が異なります。

また原則的には一般受験を対象としております。特別選考等については対応していない場合があります。なお，実際に出題された順番や構成を，編集の都合上，変更している場合があります。あらかじめご了承ください。

みなさまが，この書籍を徹底的に活用し，教員採用試験の合格を勝ち取って，教壇に立っていただければ，それはわたくしたちにとって最上の喜びです。

協同教育研究会

CONTENTS

第１部

論作文・面接試験の概要

論作文試験の概要

論作文試験の意義

近年の論作文では，受験者の知識や技術はもちろんのこと，より人物重視の傾向が強くなってきている。それを見る上で，各教育委員会で論作文と面接型の試験を重視しているのである。論作文では，受験者の教職への熱意や教育問題に対する理解や思考力，そして教育実践力や国語力など，教員として必要な様々な資質を見ることができる。あなたの書いた論作文には，あなたという人物が反映されるのである。その意味で論作文は，記述式の面接試験とは言え，合否を左右する重みを持つことが理解できるだろう。

論作文には，教職教養や専門教養の試験と違い，完全な正答というものは存在しない。読み手は，表現された内容を通して，受験者の教職の知識・指導力・適性などを判定すると同時に，人間性や人柄を推しはかる。論作文の文章表現から，教師という専門職にふさわしい熱意と資質を有しているかを判断しているのである。

論作文を書き手，つまり受験者の側から見れば，論作文は自己アピールの場となる。そのように位置付ければ，書くべき方向が見えてくるはずである。自己アピール文に，教育評論や批判，ましてやエッセイを書かないであろう。論作文は，読み手に自分の教育観や教育への熱意を伝え，自分を知ってもらうチャンスに他ならないのである

以上のように論作文試験は，読み手(採用側)と書き手(受験者)の双方を直接的につなぐ役割を持っているのである。まずはこのことを肝に銘じておこう。

論作文試験とは

文章を書くということが少なくなった現在でも，小中学校では作文，

大学では論文が活用されている。また社会人になっても，企業では企画書が業務の基礎になっている。では，論作文の論作文とは具体的にはどのようなものなのだろうか。簡単に表現してしまえば，作文と論文と企画書の要素を足したものと言える。

小学校時代から慣れ親しんだ作文は，自分の経験や思い出などを，自由な表現で綴ったものである。例としては，遠足の作文や読書感想文などがあげられる。遠足はクラス全員が同じ行動をするが，作文となると同じではない。異なる視点から題材を構成し，各々が自分らしさを表現したいはずである。作文には，自分が感じたことや体験したことを自由に率直に表現でき，書き手の人柄や個性がにじみ出るという特質がある。

一方，作文に対して論文は，与えられた条件や現状を把握し，論理的な思考や実証的なデータなどを駆使して結論を導くものである。この際に求められるのは，正確な知識と分析力，そして総合的な判断力と言える。そのため，教育に関する論文を書くには，現在の教育課題や教育動向を注視し，絶えず教育関連の流れを意識しておくことが条件になる。勉強不足の領域での論文は，十分な根拠を示すことができずに，説得力を持たないものになってしまうからである。

企画書は，現状の分析や把握を踏まえ，実現可能な分野での実務や計画を提案する文書である。新しい物事を提案し認めてもらうには，他人を納得させるだけの裏付けや意義を説明し，企画に対する段取りや影響も予測する必要がある。何事においても，当事者の熱意や積極性が欠けていては，構想すら不可能である。このように企画書からは，書き手の物事への取り組む姿勢や，将来性が見えてくると言える。

論作文には，作文の経験を加味した独自の部分と，論文の知識と思考による説得力を持つ部分と，企画書の将来性と熱意を表現する部分を加味させる。実際の論作文試験では，自分が過去にどのような経験をしたのか，現在の教育課題をどのように把握しているのか，どんな理念を持ち実践を試みようと思っているのか，などが問われる。このことを念頭に置いた上で，論作文対策に取り組みたい。

面接試験の概要

面接試験の意義

論作文における筆記試験では，教員として必要とされる一般教養，教職教養，専門教養などの知識やその理解の程度を評価している。また，論作文では，教師としての資質や表現力，実践力，意欲や教育観などをその内容から判断し評価している。それに対し，面接試験は，教師としての適性や使命感，実践的指導能力や職務遂行能力などを総合し，個人の人格とともに人物評価を行おうとするものである。

教員という職業は，児童・生徒の前に立ち，模範となったり，指導したりする立場にある。そのため，教師自身の人間性は，児童・生徒の人間形成に大きな影響を与えるものである。そのため，特に教員採用においては，面接における人物評価は重視されるべき内容であり，最近ではより面接が重視されるようになってきている。

面接試験とは

面接試験は，すべての自治体の教員採用選考試験において実施されている。最近では，教育の在り方や教師の役割が厳しく見直され，教員採用の選考においても教育者としての資質や人柄，実践的指導力や社会的能力などを見るため，面接を重視するようになってきている。特に近年では，1次選考で面接試験を実施したり，1次，2次選考の両方で実施するところも多くなっている。

面接の内容も，個人面接，集団面接，集団討議(グループ・ディスカッション)，模擬授業，場面指導といったように多様な方法で複数の面接試験を行い，受験者の能力，適性，人柄などを多面的に判断するようになってきている。

最近では，全国的に集団討議(グループ・ディスカッション)や模擬授業を実施するところが多くなり，人柄や態度だけでなく，教員としての社会的な能力の側面や実践的な指導能力についての評価を選考基準として重視するようになっている。内容も各自治体でそれぞれに工夫されていて，板書をさせたり，号令をかけさせたりと様々である。

このように面接が重視されてきているにもかかわらず，筆記試験への対策には，十分な時間をかけていても，面接試験の準備となると数回の模擬面接を受ける程度の場合がまだ多いようである。

面接で必要とされる知識は，十分な理解とともに，あらゆる現実場面において，その知識を活用できるようになっていることが要求される。知っているだけでなく，その知っていることを学校教育の現実場面において，どのようにして実践していけるのか，また，実際に言葉や行動で表現することができるのか，といったことが問われている。つまり，知識だけではなく，智恵と実践力が求められていると言える。

なぜそのような傾向へと移ってきているのだろうか。それは，いまだ改善されない知識偏重の受験競争をはじめとして，不登校，校内暴力だけでなく，大麻，MDMA，覚醒剤等のドラッグや援助交際などの青少年非行の増加・悪質化に伴って，教育の重要性，教員の指導力・資質の向上が重大な関心となっているからである。

今，教育現場には，頭でっかちのひ弱な教員は必要ない。このような複雑・多様化した困難な教育状況の中でも，情熱と信念を持ち，人間的な触れ合いと実践的な指導力によって，改善へと積極的に努力する教員が特に必要とされているのである。

面接試験のねらい

面接試験のねらいは，筆記試験ではわかりにくい人格的な側面を評価することにある。面接試験を実施する上で，特に重視される視点としては次のような項目が挙げられる。

① 人物の総合的評価　面接官が実際に受験者と対面することで，容姿，態度，言葉遣いなどをまとめて観察し，人物を総合的に評価することができる。これは面接官の直感や印象によるところが大きい

が，教師は児童・生徒や保護者と全人的に接することから，相手に好印象を与えることは好ましい人間関係を築くために必要な能力と言える。

② 性格・適性の判断　面接官は，受験者の表情や応答態度などの観察から性格や教師としての適性を判断しようとする。実際には，短時間での面接のため，社会的に，また，人生の上でも豊かな経験を持った学校長や教育委員会の担当者などが面接官となっている。

③ 志望動機・教職への意欲などの確認　志望動機や教職への意欲などについては，論作文でも判断することもできるが，面接では質問による応答経過の観察によって，より明確に動機や熱意を知ろうとしている。

④ コミュニケーション能力の観察　応答の中で，相手の意思の理解と自分の意思の伝達といったコミュニケーション能力の程度を観察する。中でも，質問への理解力，判断力，言語表現能力などは，教師として教育活動に不可欠な特性と言える。

⑤ 協調性・指導性などの社会的能力(ソーシャル・スキル)の観察　ソーシャル・スキルは，教師集団や地域社会との関わりや個別・集団の生徒指導において，教員として必要とされる特性の一つである。これらは，面接試験の中でも特に集団討議(グループ・ディスカッション)などによって観察・評価されている。

⑥ 知識・教養の程度や教職レディネスを知る　筆記試験において基本的な知識・教養については評価されているが，面接試験においては，さらに質問を加えることによって受験者の知識・教養の程度を正確に知ろうとしている。また，具体的な教育課題への対策などから，教職への準備の程度としての教職レディネス(準備性)を知る。

第2部

福井県の
論作文・面接
実施問題

2024年度　論作文実施問題

【全教科・2次試験】　60分

●テーマ

次の文は，令和5年6月16日に閣議決定された「教育振興基本計画」の一部である。

> グローバル化やデジタルトランスフォーメーション(DX)は労働市場に変容をもたらしており，これからの時代の働き手に必要となる能力は変化している。AIやロボットによる代替が困難である，新しいものを創り出す創造力や，他者と協働しチームで問題を解決するといった能力が今後一層求められることが予測され，こうした変化に教育も対応していく必要がある。
> (参考)デジタルトランスフォーメーションとは(総務省ホームページ)
> ※企業が外部エコシステム(顧客，市場)の劇的な変化に対応しつつ，内部エコシステム(組織，文化，従業員)の変革を牽引しながら，第3のプラットフォーム(クラウド，モビリティ，ビッグデータ/アナリティクス，ソーシャル技術)を利用して，新しい製品やサービス，新しいビジネスモデルを通して，ネットとリアルの両面での顧客エクスペリエンスの変革を図ることで価値を創出し，競争上の優位性を確立すること。

＝課題＝

あなたは，下線部の「新しいものを創り出す創造力や，他者と協働しチームで問題を解決するといった能力」を児童生徒に身につけさせるために，どのような教育実践を行いますか。また，実践するにあたり，あなた自身は教員としてどのような資質・能力を高めるとよいと思いますか。次の3つの点に留意し，800字程度で論じなさい。
なお，あなたの受験校種・教科等(併願受験で2つとも2次選考試験を受験している場合は第1希望)を明記し，それに適した内容とすること。
① なぜ，下線部のようなことが必要となるのか，その理由や背景について，具体的に論じること。
② 下線部にあるような能力を児童生徒に身につけさせるために，あなたは，どのような教育活動を実践していこうと思うかを，具体的に論じること。
③ あなたは，このような変化に教育が対応していくために，どのような研鑽を積むかを，具体的に論じること。

●方針と分析

(方針)

示された課題に従って，①新しいものを創り出す創造力や他者と協働しチームとして問題を解決する能力が求められる理由や背景について論じ，②そのために担当する校種や教科に応じてどのような教育活動を実践していこうと考えるのを述べ，③そうした教育活動の実践できる資質・能力を高めるためにどのような研鑽を積んでいくか具体的に論じる。

(分析)

令和５年６月16日に閣議決定された「教育振興基本計画」では，「将来にわたって財政や社会保障などの社会制度を持続可能なものとし，現在の経済水準を維持しつつ，活力あふれる社会を実現していくためには，一人一人の生産性向上と多様な人材の社会参画を促進する必要がある」とし，その実現のために「不可欠なのは『人』の力であり，『人への投資』を通じて社会の持続的な発展を生み出す人材を育成していかなければならない」としている。そのうえで，「こうした社会の実現に向けては，一人一人が自分のよさや可能性を認識するとともに，あらゆる他者を価値のある存在として尊重し，多様な人々と協働しながら様々な社会的変化を乗り越え，豊かな人生を切り拓き，『持続可能な社会の創り手』になることを目指すという考え方が重要である。将来の予測が困難な時代において，未来に向けて自らが社会の創り手となり，課題解決などを通じて，持続可能な社会を維持・発展させていくことが求められる」と述べ，持続可能な社会の創り手を育成することの重要性を指摘している。ここに，設問が求める「新しいものを創り出す創造力や他者と協働しチームとして問題を解決する能力」を育成すべき理由や背景が存在する。

そのために，同基本計画では次のような5つの基本的な方針を定めており，具体的な教育活動を考える際の視点となる。

① グローバル化する社会の持続的な発展に向けて学び続ける人材の育成

② 誰一人取り残されず，全ての人の可能性を引き出す共生社会の実現に向けた教育の推進

③ 地域や家庭で共に学び支え合う社会の実現に向けた教育の推進

④ 教育デジタルトランスフォーメーション(DX)の推進

⑤ 計画の実効性確保のための基盤整備・対話

これらを，あなたが受験する校種，教科に即した内容として具体化していくことが重要となる。主体的・対話的で深い学び，個別最適な学びなど，今求められている学習を視野に入れて論述したい。

●作成のポイント

810文字という時数制限はあるが，三つの課題が明確に示されているので，示された課題に従って①～③の順序で論じていくとよいだろう。

①では，設問のテーマである「新しいものを創り出す創造力や他者と協働しチームとして問題を解決する能力が求められる理由や背景」について論じる。「教育振興基本計画」が強調している「『人への投資』

を通じて社会の持続的な発展を生み出す人材を育成していかなければならない」といったことを強調したい。

②では,「新しいものを創り出す創造力や他者と協働しチームとして問題を解決する能力」を子供たちに育成するためにどのような教育活動を実践していこうと考えるのかを述べる。あなたが受験する校種,教科に即した内容や方法として具体化していくことが重要となるだろう。

③では,そうした教育活動を実践するためには教師としてどのような資質・能力を高める必要があるのか,その資質・能力を高めるためにどのような研鑽を積んでいくか具体的に論じる。その研鑽に臨む力強い姿勢を示して,小論文をまとめるとよい。

【特別選考(スポーツ教育分野)・2次試験】 50分

●テーマ

あなたは,選手または指導者として続けている競技スポーツが,あなた自身にどのような影響を与え,意識や行動に変化をもたらせましたか。

また,あなたは,大会等でなかなか実力が発揮できない選手に対して,教員としてどのようなアドバイスをしますか。自分の経験に基づいて,具体的に書きなさい。

なお,あなたの経験した競技とあなたが配置されることを希望する校種を明記し,600字程度で論じること。

●方針と分析

(方針)

自分が取り組んできた競技スポーツが自己形成にどのような影響を与えたか,今までの経験を踏まえて論じる。そのうえで,なかなか実力が発揮できない選手に教員としてどのようにアドバイスするか具体的に論述する。
(分析)
　学習指導要領では，総則において「学校における体育・健康に関する指導を，児童の発達の段階を考慮して，学校の教育活動全体を通じて適切に行うことにより，健康で安全な生活と豊かなスポーツライフの実現を目指した教育の充実に努めること」としている。このことに関して，同解説・総則編では「健やかな体の育成は，心身の調和的な発達の中で図られ，心身の健康と安全や，スポーツを通じた生涯にわたる幸福で豊かな生活の実現と密接に関わるものである」とし，心身ともに健康で安全な生活と豊かなスポーツライフの実現を一体的に考える必要があるとしている。そうした力の育成に，これまで取り組んできた競技スポーツが貢献できる内容を設定したい。
　福井県教育振興基本計画においても，スポーツ活動の推進を図る上でスポーツ指導者が果たす役割は重要であり，「多様化・高度化するアスリートのニーズに対応しつつ，ジュニア期からの指導など，幅広い分野において質の高い指導者が求められています」「公認スポーツ指導者の育成・確保を図るとともに…，仕事とスポーツ活動を両立しやすい環境をつくることが重要です」としている。こうしたところで，あなたの今までの経験を活かすことが期待されているのである。
　設問の「なかなか実力が発揮できない選手」に対しては，単に力を引き出すための方法だけではなく，本人自身が考え，答えを見いだすようなアドバイスが重要となる。

●作成のポイント

　600字という文字数制限があるので，序論と本論で構成することが考えられる。
　序論では，あなたがこれまで取組んできた競技スポーツを明示し，その競技があなたの人間形成に与えた影響を100～150字程度で示す。その際，あなたの経験を織り込んで，具体的な影響を示すことが重要である。

本論では，大会でなかなか力が発揮できない選手に対して教員としてどのようなアドバイスをするか，志望する校種に即して二つ程度の内容に整理して論じる。教育者として単に力を引き出す方法だけではなく，本人自身が考え，答えを見いだすようなアドバイスが重要となる。

2023年度　論作文実施問題

【全教科・2次試験】　60分

●テーマ

次の文は，令和4年3月31日にとりまとめられた「特別支援教育を担う教師の養成の在り方等に関する検討会議報告」を踏まえ，特別支援教育に携わる教師の養成，採用及び研修等に係る今後の取組に関する留意事項について，文部科学省から通知されたものの一部である。

> 共生社会の形成に向けたインクルーシブ教育システム構築のために学校教育が果たすべき役割や，特別支援教育を受ける児童生徒のみならず，通常の学級における障害のある児童生徒数の増加を踏まえ，全ての教師が，特別支援教育に関する理解を深め，専門性を持つことが重要となっています。

＝課題＝

下線部について，次の3つの点に留意し，800字程度で論じなさい。

① なぜ，下線部のようなことが述べられたのか，その理由や背景について，具体的に論じること。

② 「特別支援教育に関する理解を深め，専門性を持つ」ことで，あなたは，どのような教育活動を実践していこうと思うかを，具体的に論じること。

③ そのためには，どのような研鑽を積むかを，具体的に論じること。

なお，あなたの受験校種・教科等(併願受験で2つとも2次選考試験を受験している場合は第1希望)を明記しなさい。

●方針と分析

(方針)

全ての教師が特別支援教育に対する理解を深めるとともに，専門性を持つことの重要性を論じたうえで，どのような教育活動に取り組んでいくかを考え，そのためにどのように研鑽を積んでいくか具体的に論述する。

(分析)

令和4年3月，特別支援教育を担う教師の養成の在り方等に関する検討会議における報告書では，特別支援教育の「個別最適な学び」と「協同的な学び」に関する知見や経験は，障害の有無にかかわらず，教育全体の質の向上に寄与することになるという認識を示している。また，特別支援教育を必要とする児童生徒数が増えている一方で，小学校で70.6%，中学校で75.4%の校長が，特別支援教育に携わる経験がないという現状を指摘している。こうした状況を踏まえ同報告では，インクルーシブ教育の考え方を踏まえて「『障害』は個人の心身機能の障害と社会的障壁の相互作用によって創り出されているものであり，社会的障壁を取り除くのは社会の責務である，という『社会モデル』の考え方の下，全ての教師が，環境整備の重要性を認識し，特別支援教育に関する理解を深め，専門性を持つことが不可欠な状況となっている。」と述べている。

そのうえで，具体的な取り組みの方向性として「校内の通常の学級と，特別支援学級，通級指導教室，特別支援学校との間で，交換授業や授業研究をするなどして，特別支援教育経験者を計画的に増やす体制の構築に努めること」「全ての新規採用教員がおおむね10年目までの期間内において，特別支援学級の教師や，特別支援学校の教師を複数年経験することとなる状態を目指し，人事上の措置を講ずるよう努めること。合わせて，採用から10年以上経過した教師についても，特別支援教育に関する経験を組み込むよう努めること」といったことを提言している。

●作成のポイント

序論・本論・結論の3段落構成でまとめるのがよい。

序論では，特別支援教育を必要とする児童生徒数が増えていること，社会的障壁を取り除くのは社会の責務であるといったインクルーシブ教育の考え方を踏まえ，全ての教師が特別支援教育に対する理解を深めるとともに専門性を持つことの重要性を論じる。そのうえで，教育活動の基本的な考え方を示して，300字程度でまとめる。

本論では，そうした専門性を活かして取り組む具体的な教育活動について，二つ程度に整理して論述する。具体例としては，特別支援学級との交流や交換授業などが考えられるだろう。一つの取組みを200字程度，合計400字程度でまとめるようにしたい。

結論では，本論で取り上げた二つの取組みを実現するためにどのような研鑽を積むのかを述べ，教育者として特別支援教育に関わる専門性を身に付けていく決意を示して，100字程度でまとめる。

【養護教諭・2次試験】　60分

●テーマ

次の文は，令和4年3月31日にとりまとめられた「特別支援教育を担う教師の養成の在り方等に関する検討会議報告」を踏まえ，特別支援教育に携わる教師の養成，採用及び研修等に係る今後の取組に関する留意事項について，文部科学省から通知されたものの一部である。

> 共生社会の形成に向けたインクルーシブ教育システム構築のために学校教育が果たすべき役割や，特別支援教育を受ける児童生徒のみならず，通常の学級における障害のある児童生徒数の増加を踏まえ，全ての教師が，特別支援教育に関する理解を深め，専門性を持つことが重要となっています。

＝課題＝
下線部について，次の3つの点に留意し，800字程度で論じなさい。
① なぜ，下線部のようなことが述べられたのか，その理由や背景について，具体的に論じること。
② 「特別支援教育に関する理解を深め，専門性を持つ」ことで，あなたは，どのような教育活動を実践していこうと思うかを，具体的に論じること。
③ そのためには，どのような研鑽を積むかを，具体的に論じること。
なお，あなたの受験校種・教科等を明記しなさい。

●方針と分析

(方針)

養護教諭として特別支援教育に対する理解を深めるとともに，専門性を持つことの重要性を論じたうえで，どのような教育活動に取り組んでいくかを考え，そのためにどのように研鑽を積んでいくか具体的に論述する。

(分析)

令和4年3月，特別支援教育を担う教師の養成の在り方等に関する検討会議における報告書では，特別支援教育の「個別最適な学び」と「協同的な学び」に関する知見や経験は，障害の有無にかかわらず，教育全体の質の向上に寄与することになるという認識を示している。また，特別支援教育を必要とする児童生徒数が増えている一方で，小学校で70.6％，中学校で75.4％の校長が，特別支援教育に携わる経験がないという現状を指摘している。こうした状況を踏まえ同報告では，インクルーシブ教育の考え方を踏まえて「『障害』は個人の心身機能の障害と社会的障壁の相互作用によって創り出されているものであり，社会的障壁を取り除くのは社会の責務である，という『社会モデル』の考え方の下，全ての教師が，環境整備の重要性を認識し，特別支援教育に関する理解を深め，専門性を持つことが不可欠な状況となっている。」と述べている。

養護教諭の役割は，学習指導要領解説の総則編で「健康に関する指導については，児童が身近な生活における健康に関する知識を身に付けることや，必要な情報を自ら収集し，適切な意思決定や行動選択を行い，積極的に健康な生活を実践することのできる資質・能力を育成することが大切である」と示されている。つまり，健康で安全な生活を送るために，子供たちの「自分の健康や安全は自分で守る」という自己管理能力を育むことが重要であり，それは特別な支援が必要な児童生徒にとっても身に付けなければならない重要な資質・能力である。

●作成のポイント

序論・本論・結論の3段落構成でまとめるのがよい。

序論では，特別支援教育を必要とする児童生徒数が増えていること，社会的障壁を取り除くのは社会の責務であるといったインクルーシブ教育の考え方を踏まえ，養護教諭が特別支援教育に対する理解を深めるとともに専門性を持つことの重要性を論じる。そのうえで，教育活動の基本的な考え方を示して，300字程度でまとめる。

本論では，そうした専門性を活かして取り組む具体的な教育活動について，二つ程度に整理して論述する。具体例としては，特別支援学級との交流や交換授業を通した健康・安全に関する指導などが考えられるだろう。一つの取組みを200字程度，合計400字程度でまとめるようにしたい。

結論では，本論で取り上げた二つの取組みを実現するためにどのような研鑽を積むのかを述べ，養護教諭として特別支援教育に関わる専門性を身に付けていく決意を示して，100字程度でまとめる。

【栄養教諭・2次試験】　60分

●テーマ

次の文は，令和4年3月31日にとりまとめられた「特別支援教育を担う教師の養成の在り方等に関する検討会議報告」を踏まえ，特別支援教育に携わる教師の養成，採用及び研修等に係る今後の取組に関する留意事項について，文部科学省から通知されたものの一部である。

> 共生社会の形成に向けたインクルーシブ教育システム構築のために学校教育が果たすべき役割や，特別支援教育を受ける児童生徒のみならず，通常の学級における障害のある児童生徒数の増加を踏まえ，全ての教師が，特別支援教育に関する理解を深め，専門性を持つことが重要となっています。

＝課題＝

下線部について，次の3つの点に留意し，800字程度で論じなさい。

① なぜ，下線部のようなことが述べられたのか，その理由や背景について，具体的に論じること。

② 「特別支援教育に関する理解を深め，専門性を持つ」ことで，あなたは，どのような教育活動を実践していこうと思うかを，具体的に論じること。

③ そのためには，どのような研鑽を積むかを，具体的に論じること。

なお，あなたの受験校種・教科等を明記しなさい。

●方針と分析

(方針)

栄養教諭として特別支援教育に対する理解を深めるとともに，専門性を持つことの重要性を論じたうえで，どのような教育活動に取り組んでいくかを考え，そのためにどのように研鑽を積んでいくかを具体的に論述する。

(分析)

令和4年3月，特別支援教育を担う教師の養成の在り方等に関する検討会議における報告書では，特別支援教育の「個別最適な学び」と「協同的な学び」に関する知見や経験は，障害の有無にかかわらず，教育全体の質の向上に寄与することになるという認識を示している。また，特別支援教育を必要とする児童生徒数が増えている一方で，小学校で70.6%，中学校で75.4%の校長が，特別支援教育に携わる経験がないという現状を指摘している。こうした状況を踏まえ同報告では，インクルーシブ教育の考え方を踏まえて「『障害』は個人の心身機能の障害と社会的障壁の相互作用によって創り出されているものであり，社会的障壁を取り除くのは社会の責務である，という『社会モデル』の考え方の下，全ての教師が，環境整備の重要性を認識し，特別支援教育に関する理解を深め，専門性を持つことが不可欠な状況となっている。」と述べている。

栄養教諭の役割は，学習指導要領解説の総則編で「健康に関する指導については，児童が身近な生活における健康に関する知識を身に付けることや，必要な情報を自ら収集し，適切な意思決定や行動選択を行い，積極的に健康な生活を実践することのできる資質・能力を育成することが大切である」と示されている。つまり，健康で安全な生活を送るために，食生活を含めた子供たちの「自分の健康や安全は自分で守る」という自己管理能力を育むことが重要であり，それは特別な支援が必要な児童生徒にとっても身に付けなければならない重要な資質・能力である。

●作成のポイント

序論・本論・結論の3段落構成でまとめるのがよい。

序論では，特別支援教育を必要とする児童生徒数が増えていること，社会的障壁を取り除くのは社会の責務であるといったインクルーシブ教育の考え方を踏まえ，栄養教諭が特別支援教育に対する理解を深めるとともに専門性を持つことの重要性を論じる。そのうえで，教育活動の基本的な考え方を示して，300字程度でまとめる。

本論では，そうした専門性を活かして取り組む具体的な教育活動について，二つ程度に整理して論述する。具体例としては，特別支援学級との交流や交換授業を通した食生活の指導などが考えられるだろう。一つの取組みを200字程度，合計400字程度でまとめるようにしたい。

結論では，本論で取り上げた二つの取組みを実現するためにどのような研鑽を積むのかを述べ，栄養教諭として特別支援教育に関わる専門性を身に付けていく決意を示して，100字程度でまとめる。

【特別選考（スポーツ教育分野）・2次試験】　50分

●テーマ

あなたは，選手または指導者として続けている競技スポーツが，あなた自身にどのような影響を与え，意識や行動に変化をもたらせましたか。

また，あなたはスポーツを通して児童生徒に身につけさせたい力はどのようなものですか。それはなぜですか，自分の経験に基づいて，具体的に書きなさい。

なお，あなたの経験した競技とあなたが配置されることを希望する校種を明記し，600字程度で論じること。

●方針と分析

(方針)

自分が取り組んできた競技スポーツが自己形成にどのような影響を与えたか，今までの経験を踏まえて論じる。そのうえで，志望する校種の教員としてスポーツを通してどのような力を生徒に身に付けさせるか具体的に論述する。

(分析)

学習指導要領では，総則において「学校における体育・健康に関する指導を，児童の発達の段階を考慮して，学校の教育活動全体を通じて適切に行うことにより，健康で安全な生活と豊かなスポーツライフの実現を目指した教育の充実に努めること」としている。このことに関して，同解説・総則編では「健やかな体の育成は，心身の調和的な発達の中で図られ，心身の健康と安全や，スポーツを通じた生涯にわたる幸福で豊かな生活の実現と密接に関わるものである」とし，心身ともに健康で安全な生活と豊かなスポーツライフの実現を一体的に考える必要があるとしている。そうした力の育成に，これまで取り組んできた競技スポーツが貢献できる内容を設定したい。

福井県教育振興基本計画においても，スポーツ活動の推進を図る上で，スポーツ指導者が果たす役割は重要であり，「多様化・高度化するアスリートのニーズに対応しつつ，ジュニア期からの指導など，幅広い分野において質の高い指導者が求められています」「公認スポーツ指導者の育成・確保を図るとともに…，仕事とスポーツ活動を両立しやすい環境をつくることが重要です」としている。こうしたところで，あなたの今までの経験を活かすことが期待されているのである。

●作成のポイント

600字という文字数制限があるので，序論と本論で構成することが考えられる。

序論では，あなたがこれまで取り組んできた競技スポーツを明示し，その競技があなたの人間形成に与えた影響を100～150字程度で示す。あなたの経験を織り込んで，具体的な影響を示すことが重要である。

本論では，スポーツを通してどのような力を身に付けさせていくか，志望する校種に即して二つ程度の内容に整理して論じる。特に，なぜその力を身に付けさせたいのかも含め，これまでの経験をどのように活かし，どのような教育活動を進めていくのかを論じることが重要である。

【特別選考（芸術教育分野）・2次試験】　50分

●テーマ

あなたは，音楽の楽しさはどのようなところにあると考えますか。
また，あなたは音楽を通して児童生徒に身につけさせたい力はどのようなものですか。それはなぜですか，自分の経験に基づいて，600字程度で論じなさい。

●方針と分析

(方針)

自分が取り組んできた音楽の楽しさについて，経験を踏まえて論じる。そのうえで，志望する校種の教員として音楽を通してどのような力を生徒に身に付けさせるか具体的に論述する。

(分析)

教育基本法第2条では，教育の目的として「豊かな情操と道徳心を培う」ことを規定している。学習指導要領においても，総則において「道徳教育や体験活動，多様な表現や鑑賞の活動等を通して，豊かな心や創造性の涵養を目指した教育の充実に努めること」と示している。さらに，多様な表現や鑑賞の活動等については，「音楽や図画工作における表現及び鑑賞の活動や，体育における表現運動，特別活動における文化的行事，文化系のクラブ活動等の充実を図る」として，具体的な指導場面を示している。こうした豊かな心や創造性の涵養に，これまで取り組んできた音楽の楽しさを設定するようにしたい。

福井県教育振興基本計画においても，「文化芸術は，豊かな感性や創造性を育み，個性の伸長につながるため，子どもたちが優れた文化芸術に触れ，親しむ環境を整備していくことが重要」であるとしたうえで，「演奏家や芸術家，外部指導者を派遣して実技指導を行うほか，プロの指揮者等による技術指導や大型楽器の購入を通じて吹奏楽活動を支援するなど，学校における文化芸術活動の充実に取り組んでいます」「子どもの成長段階に応じた芸術鑑賞，将来芸術家や指導者を目指す中学生・高校生を対象とした芸術家による直接指導，県立音楽堂や美術館，歴史博物館等の文化施設やその所蔵資料の活用などにより，子どもたちが本物の文化芸術に触れる機会を提供しています」としている。こうしたところで，あなたの今までの経験を活かすことが期待されているのである。

●作成のポイント

600字という文字数制限があるので，序論と本論で構成することが考えられる。

序論では，あなたがこれまで取り組んできた音楽を明示し，その音楽にどのような楽しさがあるのかを100～150字程度で示す。あなたの経験を織り込んで，具体的な楽しさを示すことが重要である。

本論では，音楽を通してどのような力を身に付けさせていくか，志望する校種に即して二つ程度の内容に整理して論じる。特に，なぜその力を身に付けさせたいのかも含め，これまでの経験をどのように活かし，どのような教育活動を進めていくのかを論じることが重要である。

2022年度　論作文実施問題

【全教科・2次試験】　60分

●テーマ

次の文は，令和3年1月26日に中央教育審議会が取りまとめた「『令和の日本型学校教育』の構築を目指して(答申)【概要】」にある「2020年代を通じて実現すべき『令和の日本型学校教育』の姿」について述べられたものの一部である。

【教職員の姿】
・学校教育を取り巻く環境の変化を前向きに受け止め，教職生涯を通じて学び続け，子供一人一人の学びを最大限に引き出し，主体的な学びを支援する伴走者としての役割を果たしている。

＝課題＝
あなたは，下線部の「主体的な学びを支援する伴走者としての役割」を果たすために，児童生徒たちにどのような授業を行いますか。また，そのような役割を果たすために，あなた自身は教員としてどのような資質・能力を高めるとよいと思いますか。次の3つの点に留意し，800字程度で論じなさい。

なお，あなたの受験校種・教科等(併願受験で2つとも2次選考試験を受験している場合は第1希望)を明記し，それに適した内容とすること。

① あなたが考える「主体的な学びを支援する伴走者としての役割」とはどのようなことかを明らかにして論じること。
② 「主体的な学びを支援する伴走者としての役割」を果たす授業とは，どのような授業かを具体的に説明すること。
③ 上記②の授業を行うために，どのような研鑽を積み，教員とし

ての資質・能力を高めるとよいか具体的に論じること。

●方針と分析

(方針)

教員が果たすべき子供の主体的な学びを支援する伴走者としての役割について論じ，その具体的な授業の姿を示す。そのうえで，どのようにしてそうした授業ができる資質・能力を身に付けていくか論述する。

(分析)

令和3年1月の中央教育審議会答申「『令和の日本型学校教育』の構築を目指して～全ての子供たちの可能性を引き出す，個別最適な学びと，協働的な学びの実現～」からの出題である。同答申で教職員は「技術の発達や新たなニーズなど学校教育を取り巻く環境の変化を前向きに受け止め，教職生涯を通じて探究心を持ちつつ自律的かつ継続的に新しい知識・技能を学び続ける」ことが必要であり，「子供一人一人の学びを最大限に引き出す教師としての役割を果たす」「子供の主体的な学びを支援する伴走者としての能力も備えている」ことが重要であるとしている。

そのために「子供一人一人の興味や関心，発達や学習の課題等を踏まえ，それぞれの個性に応じた学びを引き出し，一人一人の資質・能力を高めていくこと」が重要であり，特に「個に応じた指導」を一層重視する必要があるとしている。具体的には，児童生徒や学校の実態に応じ，「個別学習やグループ別学習，繰り返し学習，学習内容の習熟の程度に応じた学習，児童生徒の興味・関心等に応じた課題学習，補充的な学習や発展的な学習などの学習活動を取り入れることや，教師間の協力による指導体制を確保すること」などが示されている。また，「ICTを適切に活用した学習活動の充実を図ること」の重要性も示されている。

また，そうした役割を果たすためにどのような努力をして教員としての資質・能力の向上を図っていくのかについて，具体的な方策や取組みを準備しておくことが必要である。それは，現在だけでなく教員になってからも続く努力である。「教員は，学び続ける限りにおいて教員であり続ける」という言葉を肝に銘じ，具体的な方策や取組みを考えておくことが重要である。

●作成のポイント

「主体的な学びを支援する伴走者としての役割」について，①～③の3点に留意して論じることが求められているため，それに即して論述する。序論・本論・結論の3段落構成でまとめるのがよい。

序論では，子供の主体的な学びを支援する伴走者としての役割とはどのようなことなのか自分の考えを論じ，その具体的な授業の姿を200～250字程度で示す。具体的な授業の姿を通して伴走者としての役割を示すようにすると説得力のある論作文になる。

本論は，そうした役割を果たす授業ができるよう，どのような資質や能力をどのように身に付けていくか，2つの方策に整理して論述する。1つの方策を250字程度でまとめ，合計500字程度の本論にする。

結論は，本論で取り上げた2つの方策を貫く基本的な考え方などに触れ，子供の主体的な学びを保障していくという決意を示して，100字程度で論作文をまとめる。

【養護教諭・2次試験】　60分

●テーマ

次の文は，令和3年1月26日に中央教育審議会が取りまとめた「『令和の日本型学校教育』の構築を目指して(答申)【概要】」にある「2020年代を通じて実現すべき『令和の日本型学校教育』の姿」について述べられたものの一部である。

【教職員の姿】
・学校教育を取り巻く環境の変化を前向きに受け止め，教職生涯を通じて学び続け，子供一人一人の学びを最大限に引き出し，主体的な学びを支援する伴走者としての役割を果たしている。

＝課題＝

あなたは，下線部の「主体的な学びを支援する伴走者としての役割」を果たすために，養護教諭として，児童生徒たちにどのような教育活動を行いますか。また，そのような役割を果たすために，あなた自身は養護教諭としてどのような資質・能力を高めるとよいと思いますか。次の3つの点に留意し，800字程度で論じなさい。

なお，あなたの受験校種・教科等を明記し，それに適した内容とすること。

① あなたが考える「主体的な学びを支援する伴走者としての役割」とはどのようなことかを明らかにして論じること。
② 「主体的な学びを支援する伴走者としての役割」を果たす教育活動とは，どのような活動かを具体的に説明すること。
③ 上記②の教育活動を行うために，どのような研鑽を積み，養護教諭としての資質・能力を高めるとよいか具体的に論じること。

●方針と分析

(方針)

養護教諭が果たすべき子供の主体的な学びを支援する伴走者としての役割について論じ，その具体的な教育活動の姿を示す。そのうえで，どのようにしてそうした教育活動ができる資質・能力を高めていくか論述する。

(分析)

令和3年1月の中央教育審議会答申「『令和の日本型学校教育』の構築を目指して～全ての子供たちの可能性を引き出す，個別最適な学びと，協働的な学びの実現～」からの出題である。同答申で教職員は「技術の発達や新たなニーズなど学校教育を取り巻く環境の変化を前向きに受け止め，教職生涯を通じて探究心を持ちつつ自律的かつ継続的に新しい知識・技能を学び続ける」ことが必要であり，「子供一人一人の学びを最大限に引き出す教師としての役割を果たす」「子供の主体的な学びを支援する伴走者としての能力も備えている」ことが重要であるとしている。

そのために「子供一人一人の興味や関心，発達や学習の課題等を踏まえ，それぞれの個性に応じた学びを引き出し，一人一人の資質・能力を高めていくこと」が重要であり，特に「個に応じた指導」を一層重視する必要があるとしている。養護教諭としては，健康・安全に関する指導に関わって，学習指導要領解説の総則編が示しているように「健康に関する指導については，児童が身近な生活における健康に関する知識を身に付けることや，必要な情報を自ら収集し，適切な意思決定や行動選択を行い，積極的に健康な生活を実践することのできる資質・能力を育成することが大切である」と示されている。つまり，健康で安全な生活を送るために，子供たちには「自分の健康や安全は自分で守る」という自己管理能力を育むことが重要である。

また，そうした役割を果たすためにどのような努力をして養護教諭としての資質・能力の向上を図っていくのかについて，具体的な方策や取組みを準備しておくことが必要である。それは，現在だけでなく教員になってからも続く努力である。「教員は，学び続ける限りにおいて教員であり続ける」という言葉を肝に銘じ，具体的な方策や取組みを考えておくことが重要である。

●作成のポイント

「主体的な学びを支援する伴走者としての役割」について，①～③の3点に留意して論じることが求められているため，それに即して論述する。序論・本論・結論の3段落構成でまとめるのがよい。

序論では，子供自身が主体的に健康・安全な生活をしていくことを支援する伴走者としての役割とはどのようなことなのか自分の考えを論じ，その具体的な教育活動の姿を200～250字程度で示す。具体的な教育活動の姿を通して伴走者としての役割を示すようにすると説得力のある文章になる。

本論は，そうした役割を果たすことができるよう，どのような資質や能力をどのように身に付けていくか，2つの方策に整理して論述する。1つの方策を250字程度でまとめ，合計500字程度の本論にする。

結論は，本論で取り上げた2つの方策を貫く基本的な考え方などに触れ，健康・安全に関わる子供の主体的な活動を保障していくという決意を示して，100字程度で論作文をまとめる。

【栄養教諭・2次試験】　60分

●テーマ

次の文は，令和3年1月26日に中央教育審議会が取りまとめた「『令和の日本型学校教育』の構築を目指して(答申)【概要】」にある「2020年代を通じて実現すべき『令和の日本型学校教育』の姿」について述べられたものの一部である。

【教職員の姿】
・学校教育を取り巻く環境の変化を前向きに受け止め，教職生涯を通じて学び続け，子供一人一人の学びを最大限に引き出し，主体的な学びを支援する伴走者としての役割を果たしている。

＝課題＝

あなたは，下線部の「主体的な学びを支援する伴走者としての役割」を果たすために，栄養教諭として，児童生徒たちにどのような教育活動を行いますか。また，そのような役割を果たすために，あなた自身は栄養教諭としてどのような資質・能力を高めるとよいと思いますか。次の3つの点に留意し，800字程度で論じなさい。

なお，あなたの受験校種・教科等を明記し，それに適した内容とすること。
① あなたが考える「主体的な学びを支援する伴走者としての役割」とはどのようなことかを明らかにして論じること。
② 「主体的な学びを支援する伴走者としての役割」を果たす教育活動とは，どのような活動かを具体的に説明すること。
③ 上記②の教育活動を行うために，どのような研鑽を積み，栄養教諭としての資質・能力を高めるとよいか具体的に論じること。

●方針と分析

(方針)

栄養教諭が果たすべき子供の主体的な学びを支援する伴走者としての役割について論じ，その具体的な教育活動の姿を示す。そのうえで，どのようにしてそうした教育活動ができる資質・能力を高めていくか論述する。

(分析)

令和3年1月の中央教育審議会答申「『令和の日本型学校教育』の構築を目指して～全ての子供たちの可能性を引き出す，個別最適な学びと，協働的な学びの実現～」からの出題である。同答申で教職員は「技術の発達や新たなニーズなど学校教育を取り巻く環境の変化を前向きに受け止め，教職生涯を通じて探究心を持ちつつ自律的かつ継続的に新しい知識・技能を学び続ける」ことが必要であり，「子供一人一人の学びを最大限に引き出す教師としての役割を果たす」「子供の主体的な学びを支援する伴走者としての能力も備えている」ことが重要であるとしている。

そのために「子供一人一人の興味や関心，発達や学習の課題等を踏まえ，それぞれの個性に応じた学びを引き出し，一人一人の資質・能力を高めていくこと」が重要であり，特に「個に応じた指導」を一層重視する必要があるとしている。栄養教諭としては，健康・安全に関する指導に関わって，学習指導要領解説の総則編が示しているように「健康に関する指導については，児童が身近な生活における健康に関する知識を身に付けることや，必要な情報を自ら収集し，適切な意思決定や行動選択を行い，積極的に健康な生活を実践することのできる資質・能力を育成することが大切である」と示されている。つまり，健康で安全な生活を送るために，食生活を含めて子供たちに「自分の健康や安全は自分で守る」という自己管理能力を育むことが重要である。

また，そうした役割を果たすためにどのような努力をして栄養教諭としての資質・能力の向上を図っていくのかについて，具体的な方策や取組みを準備しておくことが必要である。それは，現在だけでなく教員になってからも続く努力である。「教員は，学び続ける限りにおいて教員であり続ける」という言葉を肝に銘じ，具体的な方策や取組みを考えておくことが重要である。

●作成のポイント

「主体的な学びを支援する伴走者としての役割」について，①～③の3点に留意して論じることが求められているため，それに即して論述する。序論・本論・結論の3段落構成でまとめるのがよい。

序論では，子供自身が主体的に健康・安全な食生活をしていくことを支援する伴走者としての役割とはどのようなことなのか自分の考えを論じ，その具体的な教育活動の姿を200～250字程度で示す。具体的な教育活動の姿を通して伴走者としての役割を示すようにすると説得力のある文章になる。

本論は，そうした役割を果たすことができるよう，どのような資質や能力をどのように身に付けていくか，2つの方策に整理して論述する。1つの方策を250字程度でまとめ，合計500字程度の本論にする。

結論は，本論で取り上げた2つの方策を貫く基本的な考え方などに触れ，健康・安全な食生活に関わる子供の主体的な活動を保障していくという決意を示して，100字程度で論作文をまとめる。

【特別選考(スポーツ教育分野)・2次試験】　50分

●テーマ

あなたは，選手または指導者として競技スポーツを続けていますが，あなたが続けている競技スポーツの魅力は何ですか。

また，あなたと同じ競技スポーツで，トップアスリートを育成するために，教員として一番大切にしたいと思うことはどのようなことですか。それはなぜですか，自分の経験に基づいて，具体的に書きなさい。

なお，あなたの経験した競技とあなたが配置されることを希望する校種を明記し，600字程度で論じること。

●方針と分析

(方針)

自分が取り組んできた競技スポーツの魅力について，自らの経験を踏まえて論じる。そのうえで，志望する校種の教員としてトップアスリート育成のために何を大切にしていくか具体的に論述する。

(分析)

学習指導要領では，総則において「学校における体育・健康に関する指導を，児童の発達の段階を考慮して，学校の教育活動全体を通じて適切に行うことにより，健康で安全な生活と豊かなスポーツライフの実現を目指した教育の充実に努めること」としている。このことに関して，同解説・総則編では「健やかな体の育成は，心身の調和的な発達の中で図られ，心身の健康と安全や，スポーツを通じた生涯にわたる幸福で豊かな生活の実現と密接に関わるものである」とし，心身ともに健康で安全な生活と豊かなスポーツライフの実現を一体的に考える必要があるとしている。そこに，これまで取り組んできた競技スポーツの魅力を設定したい。

福井県教育振興基本計画においても，今後5年間に取り組む施策の方針に「適性や興味関心に応じた文化芸術，スポーツ活動の促進」を掲げ，トップアスリートの養成に取り組むことを示している。具体的には「小・中学生の競技特性に沿った体験会の開催による有望選手の発掘」「トップアスリートを目指す子どもを対象とした育成プログラムの提供」「新たに創設した県立高校特色選抜入試により有望選手の進学を後押し」といった方針を打ち出している。そうしたところで，あなたの経験を生かすことが期待されているのである。

●作成のポイント

600字という文字数制限があるので，序論と本論で構成することが考えられる。

序論では，あなたがこれまで取り組んできた競技スポーツを明示し，その魅力を整理して100～150字程度で示す。あなたの具体的な経験を織り込んで，その魅力を示すことが重要である。

本論では，トップアスリート育成のために何を大切にしていくか，志望する校種に即して2つ程度の内容に整理して論じる。特に，これまでの経験をどのように生かし，競技特性に応じた育成をしていくのかを論じることが重要である。

2021年度　論作文実施問題

【全教科・2次試験】60分

●テーマ

次の文は，第3期(令和2～6年度)福井県教育振興基本計画(概要版)の基本理念について述べた文の一部分である。

> 予測困難なこれからの時代において，子どもたちが将来，夢や希望を実現し，地域の担い手として活躍していくためには，一人一人が個性を発揮して，自らの可能性に挑戦し，一人では解決が困難な課題についても，多様な人々と協働しながら乗り越えていく力が不可欠です。
>
> こうした力を育てていくため，子ども自身の個性に気づかせ，伸ばしていく「引き出す教育」や，教員がすべてを教え込むのではなく，知的好奇心や探究心を持って，学びを自ら進んで「楽しむ教育」を進めていきます。

＝課題＝

あなたは，下線部の「楽しむ教育」を進めるために，どのような授業を行うとよいと考えますか。また，そのような授業を行うために，あなた自身は教員としてどのような資質・能力を高めるとよいと思いますか。次の3つの点に留意し，800字程度で論じなさい。

なお，あなたの受験校種・教科(併願受験で2つとも2次試験を受験している場合は第1希望)を明記し，それに適した内容とすること。

① あなたが考える「楽しむ教育」とはどのような教育かを明らかにして論じること。

② 「楽しむ教育」を進めるための授業とは，どのような授業かを具体的に説明すること。

③　上記②の授業を行うために，どのような研鑽を積み，教員としての資質・能力を高めるとよいか具体的に論じること。

●方針と分析

(方針)

「楽しむ教育」を進めるために，担当教員としてどのような授業を行い，そのためにどのような資質・能力を高めるべきか，「楽しむ教育」の定義と授業内容について明らかにしながら論述する。

(分析)

第3期福井県教育振興基本計画は，教育基本法第17条第2項に基づいて定められた，福井県の教育振興のための施策に関する基本的な計画である。福井県においては，基礎的な学力・体力は身に付いているものの，学年が進むにつれて地域への関心や自己肯定感が下がり，将来に明るい希望を見いだせない子どもが増える傾向にある。

こうした状況下において，子どもたちが将来，夢や希望を実現し，地域の担い手として活躍していくためには，基礎的・基本的な知識・技能を身に付けさせるだけでなく，一人一人が個性を発揮して自らの可能性に挑戦し，一人では解決が困難な課題についても，多様な人々と協働しながら乗り越えていく力を育成することが不可欠となる。幸い，福井県には，授業づくりや宿題のチェックなどをていねいに行う教員のまじめさ，教員間の協働性の豊かさ，家庭・地域・学校のつながりの強さなど，全国トップクラスの学力・体力を支える，風土に根付いた優れた教育文化が残されている。これからの福井県では，こうしたよいところを次世代へ継承しつつ，子ども自身の個性に気づかせ，それを伸ばしていくような「引き出す教育」が求められている。

また，教員がすべてを教え込むのではなく，子どもたちが知的好奇心や探究心を持って学び，自ら進んで「楽しむ教育」を進めることにより，福井県の教育をもう一段高い次元へと進めていく必要がある。そのためには，福井県の教職員が，一人一人の子どもをよく理解し，明るく前向きな姿勢で共に学び続けることが大切となる。もちろん，家庭と地域，学校が連携・協働し，子どもたちの成長を社会全体で支えていくこと，そのために環境を整えることも必要となる。

●作成のポイント

「楽しむ教育」について，①～③の3点に留意して論じることが求められているため，それに即して論述する。すなわち，第1段落では，自身が考える「楽しむ教育」とはどのような教育かを明らかにする。第2段落では，自身が考える「楽しむ教育」を進めるための授業とは，どのような授業かを自身の担当教科に準じて具体的に説明する。第3段落では，その授業を行うために必要となる，教員としての資質・能力の高め方，研鑽の方法を具体的に論じる。

なお，全体の字数は800字程度(8割以上の字数で段落構成がなされていること)とされているため，それぞれの段落は250字程度を目安にするとよい。

まず，第1段落の「楽しむ教育」では，子どもたちが好奇心や探究心を持ち，自ら積極的に学ぶことを通して，楽しさを実感できる教育について述べる。具体例としては，一方通行の押しつけ的な教育ではなく，ディスカッションや発表の場を通して，学ぶことの喜びや感動を伝えながら，確かな学力を育成する教育である。

次に，第2段落の「楽しむ教育」を進めるための授業では，子どもたちが「学校に行くのは楽しい」と思えるような授業のあり方について述べる。この具体例としては，ICT機器を活用した授業の実践がある。1つの事例として，グループごとに設定した学習課題について意見を出し合い，その結果をTVモニターや書画カメラといった機器を活用しながら発表し，これをもとに子どもたち同士で討論させるといった，ワークショップ形式の授業も想定できる。

また，一人一人の能力や特性に応じた指導という観点では，子どもたち自身がパワーポイントなどのソフトを活用して発表資料を作成し，それを生徒各自のPCやタブレットと共有させたり，教科ごとに個々の学習進度に応じた学習ソフトやドリル教材を活用させるといった授業も考えられる。

最後の第3段落では,「楽しむ教育」を行うために求められる,教員としての資質・能力の高め方について述べる。この研鑽例としては,電子黒板やモニターも含めたICT機器や教材の活用法に精通すること,一方的な講義スタイルではない,いわゆるファシリテーター役としてのテーマ誘導型の授業スキルを身に付けることなどが考えられる。

なお,第3期福井県教育振興基本計画では,福井県が目指す教育の姿として,「一人一人の個性が輝く,ふくいの未来を担う人づくり」が掲げられている。新学習指導要領の趣旨を踏まえると共に,このような基本理念に即した論述を誤字・脱字や表現方法に注意しながら進めてほしい。

【養護教諭・2次試験】60分

●テーマ

次の文は,第3期(令和2～6年度)福井県教育振興基本計画(概要版)の基本理念について述べた文の一部である。

> 予測困難なこれからの時代において,子どもたちが将来,夢や希望を実現し,地域の担い手として活躍していくためには,一人一人が個性を発揮して,自らの可能性に挑戦し,一人では解決が困難な課題についても,多様な人々と協働しながら乗り越えていく力が不可欠です。
>
> こうした力を育てていくため,子ども自身の個性に気づかせ,伸ばしていく「引き出す教育」や,教員がすべてを教え込むのではなく,知的好奇心や探究心を持って,学びを自ら進んで「<u>楽しむ教育</u>」を進めていきます。

＝課題＝

あなたは，下線部の「楽しむ教育」を進めるために，養護教諭としてどのような教育活動を行うとよいと考えますか。また，そのような活動を行うために，あなた自身は養護教諭としてどのような資質・能力を高めるとよいと思いますか。次の3つの点に留意し，800字程度で論じなさい。

なお，あなたの受験校種を明記し，それに適した内容とすること。

① あなたが考える「楽しむ教育」とはどのような教育かを明らかにして論じること。

② 「楽しむ教育」を進めるための教育活動とは，どのような活動かを具体的に説明すること。

③ 上記②の教育活動を行うために，どのような研鑽を積み，養護教諭としての資質・能力を高めるとよいか具体的に論じること。

●方針と分析

(方針)

「楽しむ教育」を進めるために，養護教諭としてどのような教育活動を行い，そのためにどのような資質・能力を高めるべきか，「楽しむ教育」の定義と活動内容について明らかにしながら論述する。

(分析)

第3期福井県教育振興基本計画は，教育基本法第17条第2項に基づいて定められた，福井県の教育振興のための施策に関する基本的な計画である。福井県においては，基礎的な学力・体力は身に付いているものの，学年が進むにつれて地域への関心や自己肯定感が下がり，将来に明るい希望を見いだせない子どもが増える傾向にある。

こうした状況下において，子どもたちが将来，夢や希望を実現し，地域の担い手として活躍していくためには，基礎的・基本的な知識・技能を身に付けさせるだけでなく，一人一人が個性を発揮して自らの可能性に挑戦し，一人では解決が困難な課題についても，多様な人々と協働しながら乗り越えていく力を育成することが不可欠となる。幸い，福井県には，授業づくりや宿題のチェックなどをていねいに行う教員のまじめさ，教員間の協働性の豊かさ，家庭・地域・学校のつながりの強さなど，全国トップクラスの学力・体力を支える，風土に根付いた優れた教育文化が残されている。これからの福井県では，こうしたよいところを次世代へ継承しつつ，子ども自身の個性に気づかせ，それを伸ばしていくような「引き出す教育」が求められている。

また，教員がすべてを教え込むのではなく，子どもたちが知的好奇心や探究心を持って学び，自ら進んで「楽しむ教育」を進めることにより，福井県の教育をもう一段高い次元へと進めていく必要がある。そのためには，福井県の教職員が，一人一人の子どもをよく理解し，明るく前向きな姿勢で共に学び続けることが大切となる。もちろん，家庭と地域，学校が連携・協働し，子どもたちの成長を社会全体で支えていくこと，そのために環境を整えることも必要となる。

●作成のポイント

「楽しむ教育」について，①～③の3点に留意して論じることが求められているため，それに即して論述する。それぞれの段落の字数は，250字程度を目安とする。

第1段落では，自身が考える「楽しむ教育」とはどのような教育かを明らかにする。「楽しむ教育」とは，児童生徒が好奇心や探究心を持ち，自ら積極的に学ぶことを通して，楽しさを実感できる教育である。ここでは，「楽しむ教育」の実現には，児童生徒が健康な生活を送る必要があり，そのためには児童生徒が身に付けるべき力があることにも言及する。健康な生活を送るために児童生徒に必要な力とは，①心身の健康に関する知識・技能，②自己有用感や自己肯定感(自尊感情)，③自ら意思決定し行動選択する力，④他者と関わる力である。このような力を身に付けるには，養護教諭の教育活動が不可欠となる。

第2段落では，「楽しむ教育」を進めるために，養護教諭に求められている教育活動の取り組みについて述べる。これには，先の①に対応するものとして，基本的な生活習慣を形成するための指導や，心身の発達について理解できる指導がある。②に対応するものとしては，例えば給食後の歯みがき活動がある。これを続けることにより，児童生徒に成果や達成感を感じさせることが可能となる。③に対応するものとしては，児童生徒が「自分なりの不安や悩みの解決策」「自分らしい意思決定」ができるようにするための健康相談がある。④に対応するものとしては，「こんな言葉を使うと友達はうれしいよ」「こうしてあげるともっとうれしいよ」といった，他者と円滑にコミュニケーションを図る能力を育てる保健指導がある。

第3段落では，このような教育活動を実現させるための研鑽方法，養護教諭としての資質・能力の高め方について述べる。近年は，感染症やアレルギー疾患，メンタルヘルスの問題など，児童生徒の健康課題が多様化しているため，関係図書や資料，教材などを活用して専門知識を深める必要がある。また，福井県では，「楽しむ教育」の実現のためにICTの活用も推進していることから，このような機器に精通する必要もある。

なお，第3期福井県教育振興基本計画では，福井県が目指す教育の姿として，「一人一人の個性が輝く，ふくいの未来を担う人づくり」が掲げられている。新学習指導要領の趣旨を踏まえると共に，このような基本理念に即した論述を誤字・脱字や表現方法に注意しながら進めてほしい。

【栄養教諭・2次試験】60分

●テーマ

次の文は，第3期(令和2～6年度)福井県教育振興基本計画(概要版)の基本理念について述べた文の一部分である。

予測困難なこれからの時代において，子どもたちが将来，夢や希望を実現し，地域の担い手として活躍していくためには，一人一人が個性を発揮して，自らの可能性に挑戦し，一人では解決が困難な課題についても，多様な人々と協働しながら乗り越えていく力が不可欠です。

こうした力を育てていくため，子ども自身の個性に気づかせ，伸ばしていく「引き出す教育」や，教員がすべてを教え込むのではなく，知的好奇心や探究心を持って，学びを自ら進んで「楽しむ教育」を進めていきます。

＝課題＝

あなたは，下線部の「楽しむ教育」を進めるために，栄養教諭としてどのような教育活動を行うとよいと考えますか。また，そのような授業を行うために，あなた自身は栄養教諭としてどのような資質・能力を高めるとよいと思いますか。次の3つの点に留意し，800字程度で論じなさい。

なお，あなたの受験校種を明記し，それに適した内容とすること。

① あなたが考える「楽しむ教育」とはどのような教育かを明らかにして論じること。

② 「楽しむ教育」を進めるための教育活動とは，どのような活動かを具体的に説明すること。

④ 上記②の教育活動を行うために，どのような研鑽を積み，栄養教諭としての資質・能力を高めるとよいか具体的に論じること。

●方針と分析

(方針)

「楽しむ教育」を進めるために，栄養教諭としてどのような教育活動を行い，そのためにどのような資質・能力を高めるべきか，「楽しむ教育」の定義と活動内容について明らかにしながら論述する。

(分析)

第3期福井県教育振興基本計画は，教育基本法第17条第2項に基づいて定められた，福井県の教育振興のための施策に関する基本的な計画である。福井県においては，基礎的な学力・体力は身に付いているものの，学年が進むにつれて地域への関心や自己肯定感が下がり，将来に明るい希望を見いだせない子どもが増える傾向にある。

こうした状況下において，子どもたちが将来，夢や希望を実現し，地域の担い手として活躍していくためには，基礎的・基本的な知識・技能を身に付けさせるだけでなく，一人一人が個性を発揮して自らの可能性に挑戦し，一人では解決が困難な課題についても，多様な人々と協働しながら乗り越えていく力を育成することが不可欠となる。幸い，福井県には，授業づくりや宿題のチェックなどをていねいに行う教員のまじめさ，教員間の協働性の豊かさ，家庭・地域・学校のつながりの強さなど，全国トップクラスの学力・体力を支える，風土に根付いた優れた教育文化が残されている。これからの福井県では，こうしたよいところを次世代へ継承しつつ，子ども自身の個性に気づかせ，それを伸ばしていくような「引き出す教育」が求められている。

また，教員がすべてを教え込むのではなく，子どもたちが知的好奇心や探究心を持って学び，自ら進んで「楽しむ教育」を進めることにより，福井県の教育をもう一段高い次元へと進めていく必要がある。そのためには，福井県の教職員が，一人一人の子どもをよく理解し，明るく前向きな姿勢で共に学び続けることが大切となる。もちろん，家庭と地域，学校が連携・協働し，子どもたちの成長を社会全体で支えていくこと，そのために環境を整えることも必要となる。

●作成のポイント

「楽しむ教育」について，①～③の3点に留意して論じることが求められているため，それに即して論述する。それぞれの段落の字数は，250字程度を目安とする。

第1段落では，自身が考える「楽しむ教育」とはどのような教育かを明らかにする。「楽しむ教育」とは，児童生徒が好奇心や探究心を持ち，自ら積極的に学ぶことを通して，楽しさを実感できる教育である。ここでは，「楽しむ教育」の実現には，児童生徒が健康な生活を送る必要があり，そのためには栄養教諭による食に関する指導，学校給食管理が不可欠であることにも言及する。食に関する指導では，給食の時間を中心に学校給食を生きた教材として活用しつつ，学級担任や教科担任と連携することが求められている。また，学校給食だよりなどを活用した家庭への働きかけや，地域の生産者と連携して体験学習などを行うことも必要とされている。

第2段落では，「楽しむ教育」を進めるために，栄養教諭に求められている教育活動の取り組みについて述べる。これには，上記で述べた役割のほか，食育の推進がある。福井県では，家庭科や保健体育科といった関連教科や特別活動の時間などに，独自の食育教材「ふくい食育チャレンジ」を活用し，栄養教諭を中心とする食育が進められている。

また，食育に関するこのほかの取り組みとしては，栄養教諭などと児童生徒が協力して考案した学校給食メニューを競うコンテストを実施したり，伝統的な日本の食文化を理解するため，出汁等を使った和食給食を実施したりすることも行われている。

第3段落では，このような教育活動をさらに推進するための研鑽方法，養護教諭としての資質・能力の高め方について述べる。文部科学省『食に関する指導の手引(第二次改訂版)』では，子供の姿や地域の実情を踏まえつつ，「自らの健康や食，安全の状況を適切に評価するとともに，必要な情報を収集し，健康で安全な生活や健全な食生活を実現するために何が必要かを考え，適切に意思決定し，行動するために必要な力を身に付けていること」などが指摘されている。また，新学習指導要領においても，「学校における食育の推進」がこれまで以上に明確に位置付けられていることから，これに即した研鑽を続けることが必要となる。関係図書や資料，教材などを活用して専門知識を深めることに加え，福井県では，「楽しむ教育」の実現のためにICTの活用も推進していることから，このような機器に精通する必要もある。

なお，第3期福井県教育振興基本計画では，福井県が目指す教育の姿として，「一人一人の個性が輝く，ふくいの未来を担う人づくり」が掲げられている。新学習指導要領の趣旨を踏まえると共に，このような基本理念に即した論述を誤字・脱字や表現方法に注意しながら進めてほしい。

【特別選考(スポーツ)・2次試験】40分

●テーマ

あなたは，競技スポーツを続けていますが，あなたが続けている競技スポーツの魅力は何ですか。

また，あなたと同じ競技スポーツをしている生徒に，中学校または高等学校で充実した競技生活を続けてもらうために，教員としてどのようなアドバイスをしますか。自分の経験に基づいて，具体的に書きなさい。

なお，あなたの経験した競技とあなたが配置されることを希望する校種を明記し，600字程度で論じること。

●方針と分析

(方針)

まず，自身が継続している競技スポーツの魅力について述べ，次に自身が競技スポーツから得たものを経験に即して説明する。同じ競技スポーツをしている生徒に対しては，これまでの経験に基づき，教員として学校で競技生活を続けてもらうためのアドバイスを述べる。

(分析)

競技スポーツには，可能性の極限を追求するという側面がある。このような競技スポーツは，自らの能力と技術の限界に挑む活動であり，その努力・鍛錬による成果は，多くの人々に夢と感動を与える。また，競技スポーツには，①高い目標を達成できた際の充実感や喜びを味わえること。②卓越したスキルや技術を高められること。③練習・試合を通じて人的交流ができること。④競技仲間や応援する人たちと喜びを分かち合えること，などといった魅力もある。

中学校・高等学校で競技スポーツをしている生徒に対しては，このような競技スポーツの魅力を背景に，充実した競技生活を続けることで達成感や生きる喜びが得られ，人間的にも大きく成長できることをアドバイスする。

●作成のポイント

論述は，序論・本論・結論の3部構成とする。まず，序論では自身が続けている競技スポーツの内容と魅力について端的に説明する。この部分の字数は，150字程度とする。そのあと本論として，自身が続けている競技スポーツから学んだことを，具体的なエピソード(記録や成績を含む)をもとに述べる。この部分の字数は，250字程度とする。結論部分では，同じ競技スポーツを学校で行っている生徒に対し，自身の経験をもとに継続することの意義，生徒の発達段階に応じた指導内容についてまとめ，論述を締めくくる。この部分の字数は，200字程度とする。

なお，競技スポーツを続ける際の留意点として，自身を指導してくれる監督やコーチへの恩義はもちろん，試合などの運営に携わる人々への感謝，勝者のみならず敗者への敬意についても忘れないようにしたい。

【特別選考(芸術)・2次試験】40分

●テーマ

あなたは，芸術活動を続けていますが，あなたが続けている芸術活動の魅力は何ですか。
また，あなたと同じ芸術分野で部活動等に取り組む生徒に，中学校または高等学校で充実した取り組みが続けられるように，教員としてどのようなアドバイスをしますか。自分の経験に基づいて，具体的に書きなさい。
なお，あなたの経験した芸術活動とあなたが配置されることを希望する校種を明記し，600字程度で論じること。

●方針と分析

(方針)

まず，自身が継続している芸術活動の魅力について述べ，次に自身が芸術活動から得たものを経験に即して説明する。同じ芸術分野で部活動等に取り組む生徒に対しては，これまでの経験に基づき，教員として学校で充実した取り組みを続けるためのアドバイスを述べる。

(分析)

文化芸術は，人間が人間らしく生きるための糧となるものであり，人々に感動や生きる喜びをもたらす。また，文化芸術は人生を豊かにするものであると同時に，社会全体を活性化する上で大きな力となる。文化庁では，今後一層文化芸術を振興することによって国の魅力を高め，経済力のみならず文化力により世界から評価される国へと発展していくこと，すなわち，文化芸術で国づくりを進める「文化芸術立国」を目指すことが必要だとしている。

文化芸術にはこうした意義や意味があることを押さえたうえで，芸術活動の魅力について述べる。芸術活動の魅力には，音楽・美術等のジャンルに関わらず，①目指す目標に対して努力し，チャレンジする意欲を高められること。また，それが実現できた際に充実感を味わえること。②卓越したスキルや技術を高めることで，自身が成長できること。③芸術活動を通して，人的交流がはかれること。④作品や活動が人々に感動を与え，社会的にも評価されることで，達成感を得られること。⑤自己のオリジナリティを表現することで，喜びを味わえること，などがある。こうした点について，自身の経験をもとに具体的に述べ，芸術分野で部活動等に取り組む生徒に対しても，教員となった自身を想像しながらアドバイスすればよい。

●作成のポイント

論述は，序論・本論・結論の3部構成とする。序論では自身が続けている芸術活動の魅力について端的に説明する。この部分の字数は，150～200字程度とする。そのあと本論として，自身が続けている芸術活動から学んだことやその意義を，具体的なエピソード(作品や活動実績を含む)をもとに述べる。この部分の字数は，200字程度とする。結論部分では，同じ芸術分野で部活動等に取り組む生徒に対し，自身の経験をもとに活動を継続することの意義，生徒の発達段階に応じた指導内容についてまとめ，論述を締めくくる。この部分の字数は，200字程度とする。

なお，芸術活動を続ける際の留意点として，自身を指導・支援してくれる人々への感謝，多様性を評価することの大切さを忘れないようにしたい。また，生徒たちの適性や興味関心に応じた芸術活動の必要性についても，よく認識しておきたい。

2020年度 論作文実施問題

【全教科・2次試験】60分

●テーマ

平成29年3月に小学校及び中学校，4月に特別支援学校(小学部・中学部)，平成30年3月に高等学校及び特別支援学校(高等部)の新しい学習指導要領が公示された。次の文は，今回改訂された学習指導要領の主な改訂点である。

○教育基本法，学校教育法などを踏まえ，これまでの我が国の学校教育の実践や蓄積を活かし，子供たちが未来社会に切り拓くための資質・能力を一層確実に育成する。その際，子供たちに求められる資質・能力とは何かを社会と共有し，連携する「社会に開かれた教育課程」を重視する。
○知識及び技能の習得と思考力，判断力，表現力等の育成のバランスを重視する現行学習指導要領の枠組みや教育内容を維持した上で，知識の理解の質をさらに高め，確かな学力を育成する。
○道徳教育の充実や体験活動の重視，体育・健康に関する指導の充実により，豊かな心や健やかな体を育成する。

＝課題＝

あなたは，下線部の「確かな学力」を育成するためにどのような授業を行いますか。また，そのような授業を行うために，あなた自身の資質・能力をどのように高めようと考えますか。次の3つの点に留意し，800字程度で論じなさい。

なお，あなたの受験校種・教科(併願受験で2つとも1次試験を通過している場合は第1希望)を明記し，それに適した内容とすること。

① 「確かな学力」とはどのような学力かを明らかにして論じること。

② 「確かな学力」を育成するための授業とは，どのような授業かを具体的に説明すること。
③ 上記②の授業を実践するために，どのような自己研鑽をするか具体的に論じること。

●方針と分析

(方針)

「確かな学力」の定義を明らかにしたうえで，それを育成するための授業実践について，また，受験者自身の自己研鑽について論じる。

(分析)

本文は「新しい学習指導要領の考え方―中央教育審議会における議論から改訂そして実施へ―」(文部科学省)に掲載されている幼稚園教育要領，小・中学校学習指導要領等の改訂のポイント①部分の一部である。「確かな学力」とは，基礎的な知識・技能，これらを活用して課題を解決するために必要な思考力・判断力・表現力等，主体的に学習に取り組む態度という，学力の3つの要素を指す。すなわち，知識や技能はもちろんのこと，これに加えて，学ぶ意欲や自分で課題を見付け，自ら学び，主体的に判断し，行動し，よりよく問題解決する資質や能力等まで含めたものを指すことが示されている。基礎的・基本的な知識・技能の習得の重視される中で教員に求められるのは，社会の変化や科学技術の進展等に伴い，子どもたちが身に付けるべきことは何かを考えていくこと，つまずきやすい内容の確実な習得を図るための繰り返し学習を行うことなどがある。さらに，思考力・判断力・表現力等を生かして観察・実験レポートを書いたり，教科横断的な課題解決型の授業を受けたりできることも重要である。ここでは，「繰り返し指導(反復学習)」の必要性，グループ討議や資料活用の重要性などの授業実践が求められる。さらには，教員側としては，学会や研究会への出席により，最新の理論や技能を身に付け，情報を更新していく必要もある。こうした内容を踏まえて，論文を作成するとよいだろう。

なお，福井県教育振興基本計画では，福井県の教育の基本理念を「夢と希望に向かって，豊かな心でたくましく生きる力を育む教育県・福井」と掲げており，その基本目標1に「生きる力につながる確かな学力の育成」が掲げられていることを押さえておくこと。

●作成のポイント

ここでは，序論・本論・結論の三段構成で論述する例を挙げる。

序論では，確かな学力の定義について述べる。

本論では，授業実践の説明を具体的にしていく。反復学習によって言語能力や計算力などを高めていくこと，思考力・判断力・表現力等を生かした学習においては，子どもたちの視覚に訴えながら興味・関心を引くICT機器や映像の活用，自分とは異なる他者の意見や考えを否定せず，自分の考えとの共通性を積極的に見つけていくことの重要性を子どもにわかってもらうために，作文やレポートの合評会をするなどを述べる。

結論では，本論のような授業実践を可能にするために，関連する学会や各種研究会・セミナーへの参加により，最新の理論や技能を身に付けていくなどの自己研鑽について触れ，教員として児童生徒の確かな学力の育成に尽力していくことを述べてまとめる。

【養護教諭・栄養教諭・2次試験】60分

●テーマ

平成29年3月に小学校及び中学校，4月に特別支援学校(小学部・中学部)，平成30年3月に高等学校及び特別支援学校(高等部)の新しい学習指導要領が公示された。次の文は，今回改訂された学習指導要領の主な改訂点である。

○教育基本法，学校教育法などを踏まえ，これまでの我が国の学校教育の実践や蓄積を活かし，子供たちが未来社会を切り拓くための資質・能力を一層確実に育成する。その際，子供たちに求められる資質・能力とは何かを社会と共有し，連携する「社会に開かれた教育課程」を重視する。
○知識及び技能の習得と思考力，判断力，表現力等の育成のバランスを重視する現行学習指導要領の枠組みや教育内容を維持した上で，知識の理解の質をさらに高め，確かな学力を育成する。
○先行する特別教科化など道徳教育の充実や体験活動の重視，体育・健康に関する指導の充実により，豊かな心や健やかな体を育成する。

＝課題＝
あなたは，下線部の「豊かな心や健やかな体」を育成するためにどのような実践を行いますか。また，このような実践を行うために，どのように自己研鑽を積んでいきますか。次の3つの点に留意し，800字程度で論じなさい。
なお，あなたの配置を希望する校種・教科(養護教諭または栄養教諭)を明記し，それに適した内容とすること。
① 「豊かな心や健やかな体」を育成するための実践とは，どのような実践かを具体的に説明すること。
② なぜ，上記①の実践を行うことで「豊かな心や健やかな体」を育成できるか理由を明らかにして論じること。
③ 上記①の実践を行うために，どのような自己研鑽をするか具体的に論じること。

●方針と分析

(方針)

豊かな心や健やかな体の育成につき，養護教諭，栄養教諭の立場から，その育成に必要な実践と実現可能な根拠について，また，受験者自身の自己研鑽について論述する。

(分析)

本文は「新しい学習指導要領の考え方―中央教育審議会における議論から改訂そして実施へ―」(文部科学省)に掲載されている幼稚園教育要領，小・中学校学習指導要領等の改訂のポイント①部分の一部である。学習指導要領の改訂のポイントの，育成すべき資質・能力を三つの柱(学びに向かう力，人間性等，知識及び技能，思考力・判断力，表現力等)に整理した考え方や，「生きる力」の育成に向け確かな学力，豊かな心，健やかな体の知・徳・体をバランスよく育てることが必要である等が示されている。

近年，子どもの心の成長に関わる現状については，子どもを取り巻く環境の変化，家庭や地域社会の教育力の低下，体験の減少等の中，生命尊重の心の不十分さ，自尊感情の乏しさ，基本的な生活習慣の未確立，自制心や規範意識の低下，人間関係を形成する力の低下など，子どもの心の活力が弱まっている傾向が指摘されている。また，子どもたちの体力の現状は，子どもの身長や体重など体格は向上しているものの，50m走やソフトボール投げなどの体力・運動能力は，昭和60年頃と比較すると低い水準にとどまっている(文部科学省「体力・運動能力調査」)。自制心や規範意識の低下，人間関係を形成する力の低下などは主に内面の形成の未熟さの問題だが，実は，基本的な食生活や早寝早起きなどの生活習慣の乱れとも関わる。すなわち，保健や栄養といった，肉体的な面との関わりも大きいのである。こうした現状について，養護教諭，栄養教諭としてどう理解して，それぞれの職種で取り組んでいくのかについて論述する。

●作成のポイント

ここでは，序論・本論・結論の三段構成で論述する例を挙げる。

序論では，子どもたちの心身の現状について，生活習慣や社会環境の変化と関わらせて述べる。字数は200字程度とする。

本論では，「豊かな心」「健やかな体」を育成するための実践について，保健体育，家庭科の担当教員と連携し，総合的な学習の時間の授業などを通しての実践例等も挙げ具体的に述べる。例えば，チーム学校の連携を生かし，かつ科目横断的な学習の活用をするために，総合的な学習の時間に，養護教諭，栄養教諭は，教科担当教員及び学級担当教員と協力体制をつくりながら，授業の提供をしていくのもよいであろう。身体的な外見と体力，食生活というテーマは子どもたちの関心を引きやすい。日常生活全般，運動習慣の重要性，食の重要性などを示し，「豊かな心」「健やかな体」を育成するために有効である理由を述べる。字数は400字程度とする。

結論では，本論のような授業実践を可能にするために，各種研究会，勉強会などへの出席を含め，最新の理論や技能を広く身に付け，つねに情報を更新するなど自己研鑽し，養護教諭，栄養教諭として，子どもの豊かな心や健やかな体の育成に尽力することを述べてまとめる。字数は200字程度とする。

【特別選考(スポーツ)・2次試験】60分

●テーマ

あなたは，スポーツ特別選考を希望する者として，授業で児童・生徒に教科を教える際，一番大切にしたいと思うことはどのようなことですか。それはなぜですか，自分の体験に基づいて述べなさい。

なお，あなたの経験した競技とあなたが配置されることを希望する校種を明記し，600字程度で論じること。

●方針と分析

(方針)

授業で児童・生徒を指導する際に，最も大切にしたいこととその理由について，自分の体験に基づいて論述する。

(分析)

近年，生活様式の変化等により体を動かす機会が減少し，子どもたちの体力・運動能力がピーク時の1985(昭和60)年と比較すると，依然低い状況にある。特に，運動部に所属していない子どもや運動嫌いの子どもほど，健全な心身の育成の機会から遠ざかってしまっている。こうした現状を見直すうえで，学校スポーツは重要である。そもそも，学校スポーツとは何か。1つは，健康の保持増進，体力の向上に加え，子どもたちの心身の健やかな発達を目指し，生涯スポーツの側面を伝えるものである。もう1つは，競技スポーツで，子どもたちが一定のルールの下に他者と競い合い，勝者・敗者を経験する中で，人生を切り拓く力を培うものである。生涯スポーツ，競技スポーツの面を踏まえながら，指導現場で取り組む必要を感じる具体的な指導実践について，受験者自身がスポーツ分野で得た経験とともに述べる。

●作成のポイント

ここでは，序論・本論・結論の三段構成で論述する例を挙げる。

序論では，受験者が児童・生徒に教える際，最も重視したいこととその理由について，簡潔に述べる。字数は150字程度とする。

本論では，受験者自身のスポーツ経験の中で得た知見に関わらせて，生涯スポーツ，競技スポーツとしての側面を，児童・生徒に伝えていく内容にする。例えば，体育の時間に行う球技は，子どもたちがゲームの勝敗のみに拘ることになりやすい。その中で，得意な者とそうでない者とが分かれてしまい，とりわけ後者はスポーツ嫌いに陥り，運動によって健康づくりをする習慣自体をなくしやすい。そこで，得点や記録を競うゲーム性を強調した指導ばかりではなく，座学を設けて，勝者・敗者両方の立場を想像し，話し合う時間をつくる工夫などを述べるということもよいであろう。そして，勝者・敗者を経験する中で，人生を切り拓く力を培うことができるという理由を再確認したい。字数は350字程度とする。

結論では，福井県の教員として，児童・生徒の体力形成，人格形成の両面に自分の体験を生かし貢献する決意を述べてまとめる。字数は100字程度とする。

【特別選考(芸術)・2次試験】60分

●テーマ

あなたは，芸術特別選考を希望する者として，授業で児童・生徒に教科を教える際，一番大切にしたいと思うことはどのようなことですか。それはなぜですか，自分の体験に基づいて述べなさい。

あなたが配置されることを希望する校種名と教科を明記し，600字程度で論じること。

●方針と分析

(方針)

授業で児童・生徒を指導する際に，最も大切にすることとその理由について，自分の体験に基づいて論述する。

(分析)

福井県教育振興基本計画の方針9では「幸福度日本一の本県の一人ひとりのライフスタイルの充実のため，芸術・文化への関心を高める本物の体験を中心とした文化教育や読書・創作活動を充実します。」という基本的考え方が示されている。ここから，成長期の子どもにさまざまな本物の芸術・文化に触れる機会を提供し，今後もそういった環境を整備し推進していく本自治体の姿勢を読み取ることができる。具体的な施策として，県内外の芸術家による弦楽クラブ等の練習会や演奏会の充実，小・中・高校における美術教育の実施などが挙げられている。つまり，そういった芸術・文化への本物体験を中心とした文化教育の充実のため，音楽，美術等の教員として高い芸術力を持つ人材を，特別選考を通して人選し，学校現場に送りたいという自治体の意向を踏まえての論述が必要となる。さらに，現在の力に慢心せず，今後も，常に自分の技量や教育力について研鑽していく意欲的な姿勢を持っていることを示す必要がある。

●作成のポイント

ここでは，序論・本論・結論の三段構成で論述する例を挙げる。

序論では，受験者が児童・生徒に教える際，最も大切にしたいこととその理由について，簡潔に述べる。字数は150字程度とする。

本論では，受験者自身が，楽器，歌唱，絵画，彫刻などの中で得た知見に関わらせて述べる。音楽であれば，音楽と生活との関わりに関心を持ち，生徒に生涯にわたり音楽文化に親しむ態度・心情を育むこと等に重点を置いて述べるのもよい。授業を通して児童・生徒に音楽の有用性を伝え，芸術文化に親しむことで，心豊かな生活や社会を創造していく態度を養い，生活や社会をそれらの視点から見つめられるようになるなど受験生の体験例を挙げて述べるのがよいと思われる。美術であれば，美術の創造活動を通して，造形的な見方・考え方を働かせ，美的体験を重ね，生活や社会の中の美術や美術文化と幅広く関わり，豊かな心を育む等である。

自身の努力してきたこと，それにまつわる自身の広がり(ものの見方・考え方など)という体験を通して，芸術を通し表現力のみならず思考力・判断力，学びに向かう力など「生きる力」を培うことができるという理由を述べる。字数は350字程度とする。

結論では，福井県の教員として，児童生徒の芸術を通しての人間形成に，貢献する決意と常に自己研鑽行うことを述べてまとめる。字数は100字程度とする。

2019年度　論作文実施問題

【全校種，2次試験】　60分

●テーマ

次の文章は，平成27年12月21日の中央教育審議会の答申「これからの学校教育を担う教員の資質能力の向上について～学び合い，高め合う教員育成コミュニティの構築に向けて～」からの抜粋です。

> 新たな知識や技術の活用により社会の進歩や変化のスピードが速まる中，教員の資質能力の向上は我が国の最重要課題であり，世界の潮流でもある。

＝課題＝

あなたは，自分自身の教員としての資質能力をどのように向上させていきますか，次の3つの点に留意し，800字程度で論じなさい。

なお，あなたの受験校種・教科(併願受験で2つとも1次試験を通過している場合は第1希望)を明記し，それに適した内容とすること。

①　あなたが向上させたい資質能力を具体的に説明すること。

②　上記の資質能力を向上させる必要性を，具体的に論じること。

③　上記の資質能力を向上させるために，どのような努力や実践を行うのか，具体的に論じること。

●方針と分析

(方針)

向上させたい教員としての資質能力について説明し，その必要性と具体的な実践方策について論じる。

(分析)

テーマにある中教審答申「これからの学校教育を担う教員の資質能力の向上について」では，これからの時代に求められる資質能力として次の3つをあげている。

・これまで教員として不易とされてきた資質能力に加え，自律的に学ぶ姿勢を持ち，時代の変化や自らのキャリアステージに応じて求められる資質能力を生涯にわたって高めていくことのできる力や，情報を適切に収集し，選択し，活用する能力や知識を有機的に結びつけ構造化する力などが必要である。

・アクテブ・ラーニングの視点からの授業改善，道徳教育の充実，小学校における外国語教育の早期化・教科化，ICTの活用，発達障害を含む特別な支援を必要とする児童生徒等への対応などの新たな課題に対応できる力量を高めることが必要である。

・「チーム学校」の考えの下，多様な専門性を持つ人材と効果的に連携・分担し，組織的・協働的に諸課題の解決に取り組む力の醸成が必要である。

ただし今回，自身が論題とする資質は上記の3つに縛られず，「教員として不易とされてきた資質能力」でも構わない。ここでの意図は自己紹介，自己分析，および改善への道筋がきちんと理解できているかであり，他の自治体と比較してもレベルの高い出題と思われる。しかも改善への道筋はそれなりの知識や根拠を必要とするので，事前に十分に準備することを要する。対策としては，過去問からどのようなことが問われるかを分析するとともに，冷静な自己分析とその対策について文献などを確認することがあげられる。

自身が本気で教員を目指しているのかを問う論文でもあるので，限られた時間を十分活用し，しっかりした文章で答えたい。

●作成のポイント

論文の形式はいくつか考えられるが，ここでは「序論・本論・結論」で一例を考える。

序論では自身が向上させたい資質とその必要性を論じる。ここで注意したいのは，論じるのは「理由」ではなく「必要性」ということである。つまり，ほかにも向上させたい資質がある中で，なぜそれを選んだかということも掘り下げなくてはならない。教員としての姿勢も問われていることに注意したい。文字数は400字を目安とする。

本論では実践方法を論じる。ここでは具体的な学校生活を想定し，どのように向上させるのかを示すことが考えられる。文字数は300字を目安とする。

結論は序論・本論の内容を踏まえ，福井県の教員として取り組む意気込みといったものを100字程度でまとめるとよい。

【スポーツ・芸術特別選考，2次試験】　60分

●テーマ

(スポーツ)

あなたは，競技スポーツを続けていますが，スポーツを通して児童・生徒に何を教え，どのような力を育てたいと考えますか。自分の経験の基づいて，具体的に書きなさい。

なお，あなたの経験した競技とあなたが配置されることを希望する校種を明記し，600字程度で論じること。

(芸術)

あなたは，特別選考を希望する音楽科の教員として，授業や音楽系の部活動でどのような取り組みをしたいと考えますか。

あなたが配置されることを希望する校種と担当することを想定する部活動名を明記し，600字程度で論じること。

●方針と分析

(方針)

教員として取り組みたいことを，希望する校種と担当する部活動を想定しながら論じる。

(分析)

双方とも自身の経験を学校教育に生かすという点で共通している。つまり，自身はどのようなことを成し遂げたのか，その経験を教育現場でどう児童生徒に伝えるのかといったことがメインになる。

事前準備としては福井県の教育振興基本計画を熟読し，福井県が目指す教育と自身の経験をすり合わせておくことがあげられる。そして，なぜ福井県の教員を目指すのか，その理由と連動させることが重要になるだろう。

●作成のポイント

論文の形式はいくつか考えられるが，ここでは「序論・本論・結論」で一例を考える。

序論では自身が成し遂げたこと，経験を簡記する。限られた文字数を最大限に生かすよう，工夫が必要であろう。文字数は200字を目安とする。

本論では自身の成し遂げたこと等を，どのように教育現場で生かすかについて述べる。テーマから内容が逸れないよう注意すること。文字数は300字を目安とする。

結論は序論・本論の内容を踏まえ，福井県の教員として取り組む意気込みといったものを100字程度でまとめるとよい。

2018年度　論作文実施問題

【全教科・2次試験】60分

●テーマ

次の文章は，平成27年8月に中央教育審議会教育課程企画特別部会の論点整理を抜粋・改編したものです。

○特に これからの時代に求められる資質・能力
　将来の予測が困難な複雑で変化の激しい社会や，グローバル化が進展する社会に，どのように向き合い，どのような資質・能力を育成していくべきか。

＝課題＝

上記の文章を読んで，次の3つの点に留意し，800字程度で論じなさい。

なお，あなたの受験校種・教科(併願受験で2つとも1次試験を通過している場合は第1希望)を明記し，それに適した内容とすること。

① 「将来の予測が困難な複雑で変化の激しい社会や，グローバル化が進展する社会」とはどのような社会であるのか，例を1つあげて具体的に説明すること。

② ①で説明した社会に対する児童生徒の向き合い方について論じること。

③ ②で論じた向き合い方に対応するため，児童生徒にどのような資質・能力を学校教育の中で育成していくか論じること。

●方針と分析

(方針)

これからの時代に求められる，どのような資質・能力を，学校教育の中で児童生徒に育成していくのかについて，示された①・②・③の点に留意して論述する。

(分析)

① 本資料「教育課程企画特別部会における論点整理について(報告)」(以下，「論点整理」と略)では，グローバル化や情報化が進展する社会の中では多様な主体が速いスピードで相互に影響し合い，先を見通すことがますます難しくなってきていることや，子供たちが将来就く職業の在り方も，技術革新の影響で大きく変化する旨が説明されている。これらを参考に考察したい。

② 「論点整理」では，「予測できない未来に対応するためには，社会の変化に受け身で対処するのではなく，主体的に向き合って関わり合い，～よりよい社会と幸福な人生を自ら創り出していくことが重要」だと説明されているので，向き合い方として，主体的あるいは積極的に向き合うとするのがベターであろう。

③ この向き合い方に対応した育成すべき資質・能力について，「論点整理」では，・様々な情報，出来事を受け止め，主体的に判断し課題を解決していくための力。　・物事を多角的，多面的に吟味し見定めていく力(「クリティカル・シンキング」)。　・統計的な分析に基づき判断する力。などをあげ，思考するために必要な知識やスキルを体系的に育んでいくことの重要性を示している。これらを参考に，①・②を踏まえ，育成すべき能力を自分の言葉で説明する。

●作成のポイント

本問には800字という字数制限がある。「序論」「本論」「まとめ」の三段構成にするとまとめやすいであろう。

序論では，「将来の予測が困難な複雑で変化の激しい社会」について，例を1つ挙げて具体的に説明し，その社会との児童生徒の向き合い方について論じて，本論につなげる。字数は250字程度。

本論では，その向き合い方に対応した育成すべき資質能力について論じたうえで，その資質・能力を学校教育でどう育成するのか，自身が考える取り組みについて論じる。字数は400字程度。

結論では，以上の内容をまとめ，記述したことに熱心に取り組むなどを示し，教職に対する熱意を示しまとめる。字数は150字程度。

【特別選考(スポーツ)・2次試験】

●テーマ

あなたは，競技スポーツを続けていますが，挫折しそうになったときや苦しい思いをしたときなど困難な状態になったときに，どのように克服しましたか。

また，その経験をもとに，スポーツ(あなたと同じ競技スポーツを想定してください。)で思うような成績をあげられず悩んでいる児童生徒，またはそのスポーツをやめようと考えている児童生徒にどのようにアドバイスしますか，具体的に書きなさい。

なお，あなたの経験した競技とあなたが配置されることを希望する校種を明記し，600字程度で論じること。

●方針と分析

(方針)

競技スポーツを続ける中で困難な状況になったとき，どのように克服したかを論述する。また，この経験をもとに，スポーツで思うような成績をあげられずに悩んでいる児童生徒に対してどのようにアドバイスをするのかについて論述する。

(分析)

「福井県教育振興基本計画(平成27年～31年度)」は，方針10として「『福井しあわせ元気国体』の優勝を目指した競技力向上と国体の成果を活かした県民スポーツの振興」を掲げ，実績のある指導者による強化校・強化指定選手の育成等の推進を示している。競技スポーツにおいて経験を積み，好成績を残した受験生には，そうした施策に貢献できる人材であることが期待されている。また，小・中学生の高い体力を将来の運動習慣や健康づくりにつなげる仕組みを充実することも目標にあり，自分の競技経験を生かし，児童生徒に適切で有効な指導が期待されていると考えられる。

●作成のポイント

序論・本論・結論の三段構成あるいは，前半・後半の二段構成で論述するのでもよい。

以下では，「困難を克服した経験」と「これを踏まえての児童生徒へのアドバイス」の二段に分けて示す。

前半では，スポーツ生活を続ける中での困難な状況をどう克服したかを説明していく。克服の「過程」については，ある程度詳細に説明する。そうすることで論述の説得力が増し，自分の能力をよりアピールできるからである。このアピールの方法として，自身のつまずいたポイントなどを踏まえ，後輩に的確に助言し，その後輩の成績が伸びたことなども含めて述べるとよいであろう。

後半では，思うように成績をあげることができずに悩んでいる児童生徒にどのようにアドバイスするか，前述の困難を克服した経験とのリンクを意識して具体的に述べることが必要である。また，自分の経験を生かし，学校教育の場で貢献できることを述べ，教職への意欲を示しまとめる。

【特別選考(芸術)・2次試験】

●テーマ

あなたは，自分の専門分野の技量を高めるために，どのようなことに気を付けてきましたか。また，自分の演奏を通して，どのようなことを聴衆に感じ取ってもらいたいですか。

あなたは教員として，音楽の授業を通じて，児童生徒が将来，音楽にどのように接するようになってほしいと考えますか。

あなたが配置されることを希望する校種を明記し，600字程度で論じること。

●方針と分析

(方針)

まず自分の専門分野の技量を高めるためにどのようなことに気を付けてきたか。また，自分の演奏を通してどのようなことを聴衆に感じ取ってほしいのかについて論述する。その上で，教員として音楽の授業を通じて，児童生徒が将来，音楽にどのように接するようになってほしいのかを論述する。

(分析)

特別選考は教養試験・教科専門試験といった筆記試験が課されないので，小論文試験でその教科についての知識があることをある程度示すことも考えてよいと思われる。そこで，中学校学習指導要領の音楽科の目標などを意識して考察し論述するなどでもよいであろう。また，「福井県教育振興基本計画」の方針9では，芸術に関して，「地域への愛着を深める芸術・文化活動や創作活動の充実」を掲げ，「一人ひとりのライフスタイルの充実のため，芸術・文化への関心を高める本物の体験を中心とした文化教育や読書・創作活動を充実」する旨を〔基本的な考え方〕として示し，芸術・文化への志向は，子どもの成長期の様々な体験が重要で，学校教育において本格的なオーケストラや一流の美術作品など本物の芸術・文化に触れる機会を提供する旨も記されている。これを参考にして論述することも考えられる。

●作成のポイント

序論・本論・結論の三段構成，あるいは，前半・後半の二段構成で論述するのでもよい。以下に，二段構成の例を示す。

前半では，聴衆に感じ取ってほしいことと，専門分野の技量を高めるために気を付けてきたことを論述することになるが，その論述は，後に述べることとのリンクを意識すること。すなわち，このようなことを聴衆に感じとってもらいたいので，専門技量を高めるためにこのようなことに気を付けているといったつながりを考えることができるからである。通常実践していること，具体的に取り組んでいることも含めて述べるとよい。

後半では，「教員として音楽の授業を通じて，児童生徒が将来，音楽にどのように接するようになってほしいのか」について述べるが，ここでは，分析で述べた音楽科の目標に沿って，自身の考える具体的な取り組みを入れるとよい。最後に教職への熱意などを示しまとめる。

2017年度　論作文実施問題

【全教科・2次試験】　60分

●テーマ

次の文章は，平成27年12月に中央教育審議会が答申した「これからの学校教育を担う教員の資質能力の向上について～学び合い，高め合う教員育成コミュニティの構築に向けて～」の要約版の一部を抜粋・改編したものです。

2.　これからの時代の教員に求められる資質能力

○　これまで教員として不易とされてきた資質能力に加え，a自律的に学ぶ姿勢を持ち，時代の変化や自らのキャリアステージに応じて求められる資質能力を生涯にわたって高めていくことのできる力や，b情報を適切に収集し，選択し，活用する能力や知識を有機的に結びつけ構造化する力。

○　cアクティブ・ラーニングの視点からの授業改善に対応できる力量，d道徳教育の充実に対応できる力量，e小学校における外国語教育の早期化・教科化に対応できる力量，fICTの活用に対応できる力量，g発達障害を含む特別な支援を必要とする児童生徒等への対応ができる力量。

○　h「チーム学校」の考えの下，多様な専門性を持つ人材と効果的に連携・分担し，組織的・協働的に諸課題の解決に取り組む力。

上記の資質能力について，次の3つの点に留意し，800字程度で論じなさい。

なお，あなたの受験校種・教科(併願受験で2つとも1次試験を通過している場合は第1希望)を明記し，それに適した内容とすること。
① これまで教員として不易とされてきた資質能力とは何かを論じること。
② 教員に新たに求められる資質能力について，下線部a～hから1つ選択し，それが求められるようになった背景について論じること。
・解答用紙に記入するときは，記号を用いて選択した資質能力を表すこと。
(例：ICTの活用について → fについて)
③ 不易とされてきた資質能力と新たな資質能力をあなた自身がどのように高めていくかを論じること。
・「不易」については①で記入したものについて論じること。
・新たな資質能力については，②で選択したものについて論じること。
・新たな資質能力については，解答用紙に記入するときは，記号を用いて選択した資質能力を表すこと。
(例：ICTの活用について → fについて)

●方針と分析

(方針)

教員に求められる資質能力について述べるが，その際のポイントとして，① これまで教員として不易とされてきた資質能力とは何か，② 教員に新たに求められる資質能力をひとつ選択し，それが求められるようになった背景は何か，③ ①と②の資質能力をどのように高めるか，を踏まえる。

(分析)

方針の通り，執筆する際のポイントが3つ提示されているので，概要は自ずと決まるが，注意しなければならないのは，テーマで「受験校種・教科に適したものにすること」とあることである。①と②は学校種等と関連しないので，論点の中心は③であることが考えられる。③ではより具体的な内容が求められるので，それだけ文字量が必要になる。したがって，ある程度，論文の構成を固めてから取りかかるのがよいだろう。以下，①～③の内容について，説明する。

①　本資料では不易とされてきた資質能力として「使命感や責任感，教育的愛情，教科や教職に関する専門的知識，実践的指導力，総合的人間力，コミュニケーション能力等」をあげている。これらは答申等で繰り返し述べられてきたとあるが，例えば「新しい時代の義務教育を創造する」(文部科学省)では，上記の資質能力を「教職に対する強い情熱」「教育の専門家としての確かな力量」「総合的な人間力」の3つの柱にまとめて記している。以上のことから，この中から解答すればよい。ただし，③にも影響するため，あげる能力は1～2程度でもよいと思われる。

②　新たに求められる資質能力が8つ示されているが，背景については具体性も求められているので，自身で学習した内容を踏まえて述べるとよい。なお，新たな資質が求められる背景として，本資料では「学び続ける教員像の確立が強く求められていること」「変化の激しい時代を生き抜く人材の育成が必要であること」「学校を取り巻く課題は極めて多種多様であること」等があげられている。

③　先述の通り，論点の中心となると予測されるため，どのように自己研鑽するかを述べる。具体性，実現性のある方法が求められることを意識すること。選択した能力によっては実践例が示されている資料(例えばICT教育なら「教育ICT活用 実践事例集」(日本視聴覚教育協会)など)もあるので，それらを参照しながらまとめてもよいだろう。

●作成のポイント

論文なので序論，本論，結論の3つに分けて考えたい。論文構成に関する具体的指示はないが，③は①と②の内容を踏まえるとあるので，序論で①と②，本論で③を述べる構成となるだろう。

序論では，特に②が読み手に理解できる内容にしなければならないので，300字が目安になるだろう。①は知識問題に近い内容なので，できるだけ簡記することを考えるとよい。

本論は450字が目安になると思われる。分析にあるとおり，具体性，実現可能性を意識しながらまとめること。

結論は50字を目安とする。教員としての資質向上に努めるといった内容でまとめるとよいだろう。

【特別選考(スポーツ)・2次試験】

●テーマ

あなたは，競技スポーツを続けていますが，どのようなときに喜びや楽しさを感じますか。

また，その経験をもとに，教員として児童生徒にスポーツをすることの喜びや楽しさをどのように伝えていきますか，具体的に書きなさい。

なお，あなたの経験した競技とあなたが配置されることを希望する校種を明記し，600字程度で論じること。

●方針と分析

(方針)

自身が競技するスポーツの中でどのようなときに喜びや楽しみを感じるか。またその経験をもとに，児童生徒に対してスポーツすることの喜びや楽しさをどう伝えるか，をまとめる。

(分析)

一般的な小論文よりやや作文的な内容であり，テーマも頻出なので事前に対策しやすいと思われる。ポイントは丁寧な自己分析と指導法の確立であろう。ここでいう丁寧な自己分析とは「喜びや楽しみ」をどのようなときに，どうして感じるのかを他者に伝え，理解してもらえるまで突き詰めることである。言葉にならない感情もあるだろうが，それをできるだけ言葉にして伝えることが求められる。面接などでもよく聞かれると思われる内容なので，事前にじっくり考えるとよい。指導法の確立とは自身が競技する種目などを通して，どのようにスポーツの楽しさを伝えるかであり，さまざまな方法があげられる。学校で行うスポーツなら実践を通して伝える方法もあるだろうし，学校で行わない種目であれば映像などを通して，児童生徒に伝える方法も考えられるだろう。その際，指導する児童生徒は運動が嫌いまたは苦手な子どもを想定すること。指導は難しいが効果も高いので，検討してみてほしい。なお，学習指導要領などでも運動する子としない子との二極化が課題としてあげられているが，福井県でも例外ではない。改善策をどう提示するか検討してみよう。

なお，「福井県スポーツ推進計画」によると，「平成24年度児童生徒の体力・運動 能力，運動習慣等調査」で福井県は全国でもトップクラスに位置する反面，上記二極化について，特に幼児期から小学校低学年において，スポーツの楽しさを経験させる指導などを継続的に行う必要があるが，小学校1～2年生の体育を担当する教員に子どもへの体育指導を得意としない者が多いといった課題が示されている。このような内容を予備知識としておさえておくとよい。

●作成のポイント

論文なので序論，本論，結論の3つに分けて考えたい。

序論では自身の取り組んでいる競技と配置希望の学校種に触れながら，自身がどのようなときに喜びや楽しみ感じるかをまとめる。記録などわかりやすいものはよいが，競技の技術の習得などは文章では伝わりにくいこともある。内容を吟味しておくとよい。文字数は200字を目安とする。

本論では具体的な指導について述べる。受験する校種が異なれば，指導方法も異なるので，希望する校種を意識しながらまとめるとよい。特に，小学校を希望する場合は学年も考慮するとよいだろう。文字数は300字を目安とする。

結論では，今までの内容を簡潔にまとめ，最後に教師としての決意を書いて仕上げるとよい。100字程度を目安にするとよいだろう。

【特別選考(芸術)・2次試験】

●テーマ

> あなたは，音楽の楽しさはどのようなところにあると考えますか。
> また，児童生徒に音楽の楽しさを伝えるために，あなたはどのような授業を行いますか，600字程度で論じなさい。

●方針と分析

(方針)

音楽の楽しさはどのようなところにあるか，また音楽の楽しさを伝えるためどのような授業を行うかをまとめる。

(分析)

まず，福井県の現状を知る必要がある。「福井県教育振興基本計画」では方針の1つとして「地域への愛着を深める芸術・文化活動や創作活動の充実」をあげており，施策として「本物の体験を中心とした文化教育の充実」等が示されている。具体的には「学校教育や地域活動において本格的なオーケストラや一流の美術作品など本物の芸術・文化に触れる機会を提供」している，とある。音楽の楽しさは人によって異なるため，これといった解答はない。したがって，自身が考える音楽の楽しさとその理由をまとめればよい。当然，採点者を納得させる必要があるため，感性だけでなく理論立てて説明しなければならない。それを踏まえ，授業で楽しさをどのように伝えるかを述べる必要がある。

以上を考えると，音楽の楽しさを複数あげ，その中から授業に展開しやすいものを選ぶ，最初に指導方法をイメージし，それに適した音楽の楽しさを選択するといった方法も考えられる。短い試験時間の中で一から論文を構築するのは難しいので，準備が必要になる。出題パターンをある程度予測しておくとよいだろう。

●作成のポイント

論文なので序論，本論，結論の3つに分けて考えたい。

序論では，音楽の楽しさについて，自身の意見を述べる。楽しいという感性について，理論を用いて説明しなければならないので，やや窮屈な面があるが，読み手を納得させるような展開が求められる。文字数は250字を目安とする。

本論では授業方法について述べる。ここでも具体性が求められる。授業の最大の長所は自身で体験させることであるから，例えば，ハンドベルを使って音を出す楽しさやグループで協力して1つの曲を弾くことも考えられる。自身が得意とする楽器を用いるのもよいだろう。文字数は300字を目安にするとよい。

結論では，今までの内容を簡潔にまとめ，最後に教師としての決意を書いて仕上げるとよい。残る文字数の目安は50字なので，簡潔にまとめること。

2016年度　論作文実施問題

【全校種・2次試験】60分

●テーマ

次のア～エの文章は，教育に関する名言や格言である。

ア　教育は科学であってはなりません。それは芸術でなければならないのです。(シュタイナー)

イ　平凡な教師は言って聞かせる。よい教師は説明する。優秀な教師はやってみせる。しかし最高の教師は子どもの心に火をつける。(ウィリアム・ウォード)

ウ　学校で教えることも必要だけれども，教えるのは過去のことなんだ。ほんとに必要なのは，未来なんだな。(本田宗一郎)

エ　教師はろうそくのようなもので，自ら燃やし続けて生涯を啓発する。(ルーファニー)

＝課題＝

上のア～エの名言・格言の中から，あなたが最も共感できるものを1つ選び，次の3つの点に留意し，800字程度で論じなさい。

なお，選択した名言・格言(ア～エの記号を表記すればよい)と，あなたの受験校種・教科(併願受験で2つとも1次試験を通過している場合は第1希望)を明記し，それに適した内容とすること。

① あなたが選んだ名言・格言の意味と，選んだ理由。

② 選択した名言・格言を教育の現場で生かすために，具体的にどのような教育実践を行うか。

③ ②の教育実践を行うために，あなた自身はどのように教員としての資質を高めていくか。

※原稿用紙は縦書きで，字数は810字(27文字×30行)が上限である。

●方針と分析

(方針)

ア～エの名言・格言の中から最も共感できるもの1つについて，①～③の条件を満たした論述をする。

(分析)

本問は，教育思想・理論家や日本の著名な経営者の言葉から，そもそも教育とは何か，教育現場や社会の中で広く信頼される教員の資質とは何かについて考えるものといえよう。いずれも，主体的な学びの重要性に関わっている。すなわち，子どもたちが自らが抱いた問い，興味関心，率直な好奇心を出発点として目的意識を持って何かを追究するような学びの姿勢を育むことである。その姿勢は，暗記的な知識を修得するにとどまらず，何かを体得した経験によって自分は何者で何をしたいのかという問いに対して自信を持って答えられるようになったり，そもそも問いも答えも漠然としているような事柄に粘り強く向き合える力をもつようになったりすることに通じる。

アのシュタイナーはドイツの教育理論家。アの言葉は，教育という営みは，子どもが自由な自己決定を行うことができる人間となるための出産補助であるという意味で，1つの芸術であると述べた。シュタイナーは子どもの意思と感情を重視し，生きることそのものが芸術であるという発想を持っていた。それは，生きることが感情のエネルギーによって担われているということでもある。子どもの内面のイメージに関わっていく教育のことを教育芸術としている。イメージの世界を作り上げつつある子どもの意思と感情を励まし，その中の好ましい学びのイメージを具現化するような世界が，子どもの内面に生じるように手助けすることを重視した。

イのウィリアム・ウォードは，アメリカの教育思想家。イの言葉は，大所高所から説く理屈や実際に行動をして模範を示すよりも，子どもの中に生まれた，いつ消えるかわからない，本人すらも自覚のない小さな火種のようなものを，炎として大きく燃やしていける教員を理想像とした。すなわち，子どもたちの潜在的な能力，主体性を向上させる手助けができる教員を，望ましい姿として描いたものである。

ウの本田宗一郎は，大手自動車メーカーの創業者。ウの言葉は，学んだ知識は役に立つかもしれないが，そこには未来の問題の答えは書いてないということである。企業を経営し，新しい製品を開発するためには，本には答えが書かれていない多くの課題がある。それは一人一人が自分で考えなければならず，そこにこそ人間の英知が試されるというものである。このときに役立つのは，過去の知識を豊富に有する者ではなく，未来の課題を解決できるだけの考えを続ける力を持つ者なのである。

エのルーファニーは，イタリアの作家。ルーファニーは「教師は，太陽であれ」とも述べている。ろうそくであり，太陽であれというのは，自己燃焼して強大なエネルギーを出し，光と熱を発することで，生きる力を与え続けよということである。そのエネルギーは，万物に対して公平平等である。教師は太陽やろうそくの炎のように，生徒に対して，公平平等に生きる力を与える存在であってほしい。エの言葉はこのような意味を含む。

●作成のポイント

800字程度の論述であるので，全体を3～4段落程度にわけるとよいだろう。その上で，1つの名言・格言を選んだ理由，それを生かすための教育実践，そして教員としての資質を高める自己研鑽の3つのポイントを盛り込んでいく。

1段目は，条件①について記述する。理由については，自分が気に入っているからとか，直感的によさそうだというのではなく，自分が重要視したい教育実践，自己研鑽に関わる内容を示すべきである。

2段目は，条件②について記述する。一例として，次のような内容になるだろう。アであれば，子どもたちの率直な気持ちを重視し，それをもとに継続的な学びの意欲として体系化する指導方法を述べる。イであれば，実験・実習などを通じて行動して見せるにとどまらず，そこから子どもたちの内発的な意欲を引き出すための工夫について述べる。ウであれば，未来の課題を解決できるだけの考えを続ける力をどういう授業で引き出すかを説明する。エであれば，子どもたちの学びの意欲を絶えず刺激できるような専門性を絶えず磨きつづけることである。

3段目は，2段落で述べた教育実践を行うために，自身がどのように教員としての資質を高めていくのかについて述べる。ここは，自身の教育実践のために必要な自己研鑽の具体的な説明である。教員の幅広い視野と確かな指導力によって，子どもたちの学ぶ意欲，考える力を伸ばしていくために必要なことを説明しよう。

【スポーツ・芸術特別選考(スポーツ分野)・2次試験】40分

●テーマ

あなたの競技スポーツ経験は，あなた自身にどのような影響を与え，意識や行動に変化をもたらしましたか。

また，その経験をもとに，教員として児童生徒の思考力・判断力の育成にどう生かそうと考えていますか，具体的に書きなさい。

なお，あなたの経験した競技を明記し，600字程度で論じること。
※原稿用紙は縦書きで，字数は621字(27文字×23行)が上限である。

●方針と分析

(方針)

自分が競技スポーツの経験から得た影響や意識・行動の変化と，それを教員として児童生徒の思考力・判断力の育成のための具体的な教育的実践にどう生かすかを論述する。

(分析)

「スポーツ基本計画」(平成24年3月文部科学省)では今後10年間(平成

24年度～34年度)を見通したスポーツ推進の基本方針の筆頭として，「青少年の体力を向上させるとともに，他者を尊重しこれと協同する精神，公正さと規律を尊ぶ態度や克己心を培い，実践的な思考力や判断力を育むなど人格の形成に積極的な影響を及ぼし，次代を担う人材を育成するため，子どものスポーツ機会を充実する」を掲げている。ここにある「思考力や判断力」とは，自分や他人あるいは物体の動きを見て分析的に考え判断することができること，健康・安全に関し科学的に考え判断することができること，練習の場を作ったりするなど創意・工夫ができることである。競技スポーツにおいて実績や経験を積んだ受験者には，これらの力を，児童生徒に具体的な形で指導することを期待されている。変化の激しい時代にあって，自らの夢の実現を目指し，主体的に学び，立ちはだかる壁を乗り越えていく能力を，児童生徒につけさせるためにも，思考力・判断力の育成は重要なのである。

●作成のポイント

600字程度の論述であるので，全体を3段落に分ける。字数の関係上，思考力・判断力の内容説明は，分析的判断，科学的判断，創意工夫のいずれか1つができればよい。

1段目は，自分が経験した競技スポーツ名を明記し，そこでどのような経験をし，どのような影響のもとに意識や行動が変わったのかを説明する。集団競技・個人競技を問わず，留意すべき点は，自身の成長の経験だけを記述しないようにするということである。一例として，次のような内容にまとめるとよいだろう。ある出来事を契機に，スポーツの持つ競争的特性がもたらすゲームとしての面白さのみではなく，他者への思いやり，ともに協力し合う気持ちの重要性を自覚した。そして，誰にでも公平に接し，約束を守ることを心がけるようになった。ここは200～250字程度でまとめたい。

2段目は前段で示した内容を踏まえ，経験を児童生徒の思考力・判断力の育成にどのように生かすかを説明する。分析的判断を例にすれば，刻一刻と状況が変化する競技の場において，ゲームのルールをふまえながら，自分の役割は何かを考え(思考力)，それをもとに自分の責任を的確に果たせる能力(判断力)を養うための教育的実践に触れる。そこから，児童生徒の主体性をどう引き出すのかに触れてもよいだろう。記述の際，学校教育の場を意識し，受験者自身の実績や経験に照らしながら，200～250字程度で説明する。

3段目は，競技スポーツを通じて得られる思考力・判断力が，現代の児童生徒が生きていく上でどのように役立つのかに触れながらまとめ，福井県の教員としてその指導に取り組んでいきたいという決意や意気込みを示しておきたい。

2015年度　論作文実施問題

【全校種・2次試験】

●テーマ

次の文章は，平成26年3月31日に，「育成すべき資質・能力を踏まえた教育目標・内容と評価の在り方に関する検討会」で取りまとめられた記述の一部を抜粋したものです。

> 今後育成が求められる資質・能力の枠組みについて，諸外国の動向や国立教育政策研究所の「21世紀型能力」も踏まえつつ更に検討が必要である。
>
> その際，自立した人格を持つ人間として他者と協働しながら，新しい価値を創造する力を育成するため，例えば，「主体性・自律性に関わる力」「対人間関係能力」「課題解決能力」「学びに向かう力」「情報活用力」「グローバル化に対応する力」「持続可能な社会づくりに関わる実践力」などを重視することが必要と考えられる。
>
> また，我が国の児童生徒の実態を踏まえると，受け身ではなく，主体性を持って学ぶ力を育てることが重要であり，リーダーシップ，企画力・創造力，意欲や志なども重視すべきである。人としての思いやりや優しさ，感性などの人間性も重要である。

＝課題＝

上記文章の下線部の7つの力の中から，あなた自身が一番大切な力であると考えるものを1つ選び，次の4つの点に留意し，800字程度で論じなさい。

なお，あなたの受験校種・教科(併願受験で2つとも1次試験を通過している場合は第1希望)を明記し，それに適した内容とすること。

① 選択した力と選択理由。
② 選択した力とは具体的にどのような力か。
③ 選択した力を子どもたちが身に付けるために，どのような教育を実践すべきか。具体例を示すこと。
④ ③を実践するために，これまでに自分自身が準備してきたことは何か。

※実施時間は，60分間である。
※原稿用紙は縦書きで，字数は810字(27文字×30行)が上限である。

●方針と分析

(方針)

「主体性・自律性に関わる力」「対人間関係能力」「課題解決能力」「学びに向かう力」「情報活用力」「グローバル化に対応する力」「持続可能な社会づくりに関わる実践力」のうち一番大切な力であると考えるものについて，①～④の課題を踏まえて論述する。

(分析)

本問では，問題文と4つの課題が切り分けられ，何に対してどのようなことを答えるか明示されている。そのため，答えるべき内容を取り違えるなどのミスは生じにくいものの，課題が4つもあるため，その一つ一つに答えるだけで紙幅も時間も尽き，内容の工夫・配慮，見直しが十分行えなくなるおそれがある。4つの課題について確実に答えることに重点をおきたい。

課題①は，後続する3つの課題をにらんで的確に選択する必要がある。すなわち，選択した力が有する意義・本質を自身の受験校種・教科の特徴と関連付けながら具体的に説示でき，その力を身に付けさせる具体的な教育実践例を説明し，さらに，その実践のため自身が準備してきたことを示せる，という後続課題をいわば「要件」として考え，それらの要件を満たしえる力を的確に選択しなければならない。4つの課題は互いに連関している。最初の課題に対する答えが的確さを欠いたものになれば，その後に続く課題もうまく答えられなくなる問題設計になっていることに十分注意を払って，課題①に取り組もう。

●作成のポイント

答えるべき課題が多い場合は，奇をてらわずに示された順番通りに答える構成にすると，受験者自身にわかりやすい答案となる。また，読み手は，提示している4つの課題すべてに漏れなく答えているか必ず確認する。たとえば，課題①に対してどの力を選択したかは示されているものの，その選択理由の説明を忘れている答案は，チェックをうけ減点評価される。こうした評価を逐一行う読み手に，負担を与えることなく正しい評価を得るためにもシンプルな構成を心掛けたい。少し考えればそのようにすべきと思われる当たり前のポイントを疎かにすることなく実践することが，説得力ある小論文をつくる鉄則である。

答案を作成したら，「選択した力についての選択理由が具体的でわかりやすいか」，「選択した力が受験校種・教科についての具体的な内容となっており，わかりやすく説明しているか」，「選択した力を身に付けさせるための教育実践が具体的でわかりやすく，実現可能で効果的な内容であるか」，「選択した力に対する教育実践について自身の準備してきた内容が具体的でわかりやすく，有効であるか」，「文章全体を通して適切な段落構成で論調がまとまっており，説得力があるか」，「8割以上の字数で，原稿用紙を正しく使い，誤字・脱字がなく，適切な表現がなされているか」といった観点から見直しを行い，望みうる最善の答案としたい。課題に対し，わかりにくい抽象論や一般論で解答するのではなく，具体的な例示や提案のあるわかりやすい答案を作成することを心がける。

2014年度　論作文実施問題

【全校種・2次試験】

●テーマ

次の文章は，福井県教育委員会から出された『福井県教育振興基本計画』(平成23年9月)の中の，第3章「本県がめざすべき教育の姿」の一部を抜粋したものです。この文章を読み，以下の課題に答えなさい。

グローバル化，少子高齢化が進む中，日本の基礎科学や技術開発力，産業競争力の低下が懸念されています。次の世代を担う子どもたちが，この激動の時代を生き抜くための多様な能力や資質を身に付けることは急務であり，教育の充実は，私たちの最も大きな責務の一つです。

また，本県は，子どもたちの学力・体力の全国調査の結果等から，教育県・福井としての評価が定着しつつあります。

学力が向上することは，子どもたちに学ぶ楽しさや喜びを与え，さらに学ぶ意欲や挑戦する気持ちを喚起させるとともに，「生きる力」の基礎を作り，ひいては子どもたちの将来への可能性を広げることにもつながります。

そこで，福井県教育振興基本計画において，福井県の教育の基本理念を，「夢と希望に向かって，豊かな心でたくましく生きる力を育む教育県・福井」とします。

地域全体の高い教育力をベースに，豊かな心とたくましく生きる力を育み，将来，社会人として自立し活躍できるよう，子どもたちが自らの将来に「希望」を持って粘り強く学び，行動する「挑戦力」を最大限に伸ばす教育を，県民や企業などの幅広い協力と参加の下で推進します。

そのため，教員が子ども一人ひとりと向き合って，基礎・基本を重視した教育を進めます(「ていねいな教育」)。

1　学力の向上については，学力調査の結果分析を徹底し，一人ひとりの課題解決に重点を置き，少人数教育によるきめ細かな指導により，基礎・基本の定着を図るとともに，読解力や活用力の向上をめざした授業づくりを進めます。

2　体力の向上については，体力・運動能力テスト等の結果分析を基に，体力向上をめざした学校体育を進めるとともに，運動部活動において，一人ひとりの資質や能力と種目の特性に応じた指導法等により，より高い技能の習得を図るなどして，スポーツの楽しさや喜びを味わえるよう進めます。

3　家庭・地域と連携しながら，道徳教育や人権教育，ふるさと教育，文化に親しむ環境づくりなどを進め，基本的な生活習慣の確立や規律ある態度の育成，豊かな心の醸成を図ります。

さらに，一人ひとりの資質や能力をより一層伸ばすため，子どもたちが自信とグローバルな視野を持ち，夢や希望に向かって挑戦しようとする基礎を築きます(「きたえる教育」)。

1　学力・体力の基礎を養う幼児期から高等学校にいたるまでの接続を重視した「福井型18年教育」を確立するとともに，英語教育やサイエンス教育を充実し，挑戦する意欲や応用力，創造力を育みます。

2　運動部活動への地域指導者の導入や複数校合同での練習，総合型地域スポーツクラブや各競技団体との連携を通して，ジュニアから成年までの競技力の向上を目指します。

3　第一人者とのふれ合いや地域で活躍している専門家との交流，豊かな自然の中での体験活動をはじめ，文化活動，社会貢献活動等を通して，ふるさとへの誇りや社会に貢献しようとする意欲を育みます。

これらの方針に基づいて，学校・家庭・地域をはじめ地元企業や大学等県民全体の教育力を結集し，次の時代を担う「人づくり」を進めます。

〈福井県が進める「人づくり」〉
1　知・徳・体のバランスがとれ，生涯にわたって自らの夢や希望の実現に努力する人
2　地域社会や文化の創造に積極的に参画する人
3　ふるさとへの誇りとグローバルな視野を持ち，主体的に行動する人

〈課題〉
「福井県が進める『人づくり』」の一つとしてあげている「ふるさとへの誇りとグローバルな視野を持ち，主体的に行動する人」を育てるために，あなたはどのようなことに取り組みますか。教師としての立場から具体的に800字程度で論じなさい。
なお，自分の受験校種・教科(併願受験で2つとも1次試験を通過している場合は第1希望)を書き，それに適した内容にすること。

●方針と分析

(方針)
「ふるさとへの誇りとグローバルな視野を持ち，主体的に行動する人」に関して自身の考えを述べ，その後に実際に教員としてどのように取り組んでいくかを述べる。
(分析)
問題文は「本県がめざすべき教育の姿」の基本理念であり，基本理念を踏まえて『福井県が進める「人づくり」』があげられている。この「人づくり」を実現させるため，基本目標として「生きる力につながる確かな学力の育成」「豊かな心と健やかな体の育成」「信頼される学校づくりの推進」「家庭・地域の教育力の向上」「生涯学習とスポーツの振興」「心豊かな文化の振興」があげられている。
本問では「ふるさとへの誇り」「グローバルな視野」「主体的な行動力」に関して，具体的な取り組みを書く必要がある。アプローチ方法の1つとして，基本目標6「心豊かな文化の振興」にある施策「6－1 身近に文化を感じる環境づくり」「6－2 文化教育の推進」「6－3 『文字

の国 福井』の推進」と関連させ，文字を中心とした福井の文化に誇りを持つこと等があげられる。

●作成のポイント

序論では，「ふるさとへの誇りとグローバルな視野を持ち，主体的に行動する人」に関して自身の考えを述べる。現在の児童生徒を取り巻く環境を踏まえて，論じるのも1つの方法だろう。具体的な取り組みは本論で述べるが，論文をスムーズに展開させるため，序論で自分の意見を明確にする必要がある。文字量は200字を目安とする。

本論では，序論で述べた自分の意見を踏まえ，具体的な取り組みを述べる。「ふるさとへの誇り」「グローバルな視野」「主体的な行動力」の育成に関して，どのように取り組んでいくかを書くとよい。分析例で述べたアプローチ方法だと，グローバルな視点を持つことで，さまざまな文化を吸収する考えも持つ一方で，文化の創り手にもなれることが考えられる。そのためには，生徒児童に体験をさせたり，実際に仕事をしている人の話を聞かせたりすることも大切である。文字量としては400字程度を目安とする。

結論は今までの内容を簡潔にまとめ，どのような決意で取り組んでいくのかをまとめて文章を仕上げるとよい。文章を書き上げたら，結論で今までの内容をまとめているかを確認することを忘れないようにしたい。文字量は200字を目安としたい。

2013年度　論作文実施問題

【全校種・2次試験】40分

●テーマ

次の文章は，中央教育審議会「教員の資質能力向上特別部会」(平成24年5月)から出された『教職生活の全体を通じた教員の資質能力の総合的な向上方策について(審議のまとめ)』の中の「これからの教員に求められる資質能力」に関する記述の一部を抜粋したものです。この文章を読み，以下の課題に答えなさい。

これからの社会で求められる人材像を踏まえた教育の展開，学校現場の諸問題への対応を図るためには，
① 社会からの尊厳・信頼を受ける教員，
② 思考力・判断力・表現力等を育成する実践的指導力を有する教員，
③ 困難な課題に同僚と協働し，地域と連携して対応できる教員が必要である。
※①～③の数字は出題者で加筆

上記の①～③のうち，あなたが特にめざしたいと思うものを一つ選び，選択した理由を自分の経験を踏まえて書きなさい。さらにそのような教員になるためにはどのようなことに取り組むとよいかを考え，具体的な取組を2つ書きなさい。(800字程度)

●方針と分析

(方針)

まずテーマに関する自分の主張を明確に論ずる。その後，自分の主張に沿って，自分が取り組んでいきたいことを述べる。そして，最後に今までの内容をまとめて，教師としての決意を書いて，文章を仕上げるとよい。

(分析)

①「社会からの尊敬・信頼を受ける教員」とは，ひたむきに教員としての責務を全うしている人物であろう。そのような人物は，児童生徒のことを常に考え続けているだろう。　②「実践的指導力を有する教員」とは，絶えず児童生徒に対する指導を考え，指導力の向上を常に考えている教員であり，それを皆に共有していくものであろう。③「同僚と協働」，「地域と連携」のとれる教員とは，自分の主張だけではなく，相手の考えを踏まえて，全体の意見をまとめられる人物が挙げられる。これらは教員にとって必要な要件であるが，今回はその中で1つ選ぶのであるが，自分の経験と関連して，特に主張したいものを選ぶとよいだろう。

●作成のポイント

序論では，①～③のどれを選んだかを示し，選んだものに関しての自分の考えを述べる。ただ，一つだけを選ぶのではなく，それに関する自分の主張を書くことを忘れないようにしたい。全体の150字から200字程度で書くとよい。

本論では，序論で示した自分の意見に沿った，自分の経験を書く。その後に，課題文にあるように「具体的な取組を2つ」書く。ここで大切なのは，序論で示した自分の考え，自分の経験，具体的な取組がつながっているかである。特に，経験と取組がつながっていないと，読み手に違和感が生じ，高い評価が得られなくなるので注意が必要である。400字から500字で書くとよい。

結論では，今までの内容をまとめ，自身の教師としての決意を書いて仕上げるとよい。まとめのつもりが，今までの内容と関係のない内容にならないように，読み直しをするとよい。150字から200字程度でまとめる。

●配点および評価の観点

① 自分の経験を省察し，それに価値付けながら表現することができる。(省察力)

② 課題に対して，見通しを持って具体的な取組を2つ，構想することができる。(具体性)

③ 文章全体を通して論調がまとまっており，説得力がある。(説得力)

④ 原稿用紙を正しく使い・誤字・脱字がなく，適切な表現がなされている。

2012年度　論作文実施問題

【全校種・2次試験】

●テーマ

あなたは，これからの社会を生きる子どもたちに，どのような力が必要になると考えますか。社会的な背景や課題を踏まえて論じなさい。

また，そのような力をつけるために，あなたはどのようなことに取り組みますか。教師としての立場から，具体的に800字程度で論じなさい。

なお，問題文中の「子どもたち」とは，あなたが希望する校種(小・中・高・特支)の子どもたちを指します。作文枠右側の空欄に希望校種を記入してください。

●分析と方針

(方針)

今後の社会を生きる子どもたち(受験校種に該当する児童生徒)に，身につけさせるべき力について，現状を踏まえつつ，「必要な力をつけるため」の具体策を説明しなければならない。制限時間は40分で，縦書き・810字(27文字×30行)であるのでペース配分にも注意したい。

(分析)

問題文の「社会を生きる子どもたちに～力」は，1996年に中央教育審議会答申にて示され，現在も教育の理念とされている「生きる力」と考えるのが妥当だろう。つまり，この課題は，書き手であるあなた自身の，現状の教育問題に対する理解・分析力と，「生きる力」への認識，そしてそれを踏まえての教育現場への提案力や実行力を問うているのである。

●作成のポイント

問題文の指示に従って書くと，まず，序論では，生きる上で必要となる力を社会的な背景や課題を踏まえて書く必要がある。考え方としては，「今の子どもたちを取り巻く教育問題は何があるか」を考えてみるとよい。「生きる力」についてはあらためて文字数を割く必要はないが，理解は必須である。

本論では，実際に教師として実行していくべきプランを具体的に書く。「具体的」と指示されているので，「問題を解決する資質や能力を育てるためには，どのような取組みをすべきか」「豊かな人間性を育てるために，どのような授業を展開するか」などと自分に問いかけてみると，ここに書くべき自分の考えがまとまっていくはずだ。また，これまでに実践した経験について書く場合は，単なる紹介だけで終わらず，そこからどのようなことを学び，さらにどう生かしていくのかを書かなければならない。いずれにしても表層的・抽象的にならないように気をつけたい。

結論では，それまでの内容のまとめを書きつつ，書き手が教師になった際の決意を表明して文章を結ぶのがよい。まとめの文章は，序論と本論で書いた内容の中で特に強調したいことを簡潔にまとめる必要がある。

●論文執筆のプロセス

序論　150字程度

- 「生きる力」について「現状の背景・課題」を踏まえて書く。
- 問題文の指示から考えると，前提なので多少長くなっても仕方ない。
- 本論に書く「取組み」に直結する「課題・背景」を書く。

本論　500字程度

・序論と関連する「取組み」の具体例を書く。
・抽象論にならないように意識する。
・実践したことを書く場合は，その経験から得た自分の考えを書く。

結論　150字程度

・今までの内容のまとめを書く。
・新しい話に展開してはいけない。
・教師としての決意を述べる。

2011年度　論作文実施問題

【全校種】

●テーマ

優れた教師の条件として，「教職に対する強い情熱」，「教育の専門家としての確かな力量」，「総合的な人間力」の3つの要素が重要とされています。
この中の「教育の専門家としての確かな力量」を身に付けるために，あなたは，どのようなことに取り組みますか。2つの視点から，800字程度で具体的に述べなさい。

●テーマの分析

このテーマの「優れた教師の条件」は，中央教育審議会の答申(平成17年10月)に記されている。そこに示されている3点のなかの2点目に，「教育の専門家としての確かな力量」があり，その内容とは「子ども理解力，児童生徒指導力，集団指導の力，学級作りの力，学習指導・授業作りの力，教材解釈の力などからなるもの」なのである。
すなわち，①子どもへの理解力があるか，②充分な指導ができるか，③指導の立案計画が立てられるか，の3点が「優れた教師」のポイントなのだ。この3点を，あなた自身がどのように身に付けるかが問われているのである。

●論点

まず，前文において「教育の専門家としての確かな力量」とはどのような力量であり，それが教師にとって必要とされる理由について，あなたの考えを明らかにする。それを踏まえ，この確かな力量をあなたがどのように身につけるか，その結論をここに示す。

続いての本文では，前文で述べた結論に対して，「具体的に何をどうするか」を，2つの視点で述べる。「2つの視点から」というのは，たとえば「子どもの発達段階を踏まえる」こと，それから「集団あるいは個に応じた指導」などだ。重要なのは，なるべく具体的な例を挙げながら「私だったらこうする」と述べることである。この本文が抽象論だと文章全体に締まりがなくなってしまう。注意したいポイントだ。

最終段落は，この「優れた教師」というテーマに対する，あなた自身の課題を取り上げる。壮大な課題ではなく，現実的かつ具体的な課題を挙げ，その課題の解決にどのように取り組んでいくか簡潔に述べるとよい。全体の文字数の割合はそれぞれ1：4：1が適当だろう。

2010年度　論作文実施問題

【全校種】

●テーマ

子どもの教育における学校の果たすべき役割の中で，あなたが最も大切だと考えることは何ですか。その理由を踏まえて述べなさい。

また，その役割を果たすために，あなたは教師としてどのように取り組みたいかを2つ以上の視点から具体的に述べなさい。

(800字程度)

●テーマの分析

教育基本法で教育の目的として，

① 人格の完成を目指し

② 平和で民主的な国家及び社会の形成者として必要な資質を備え

③ 心身ともに健康な国民の育成を期す

とある。「教育の目標」も5本の柱を掲げている。これが学校教育の目的であり目標である。すなわち「果たすべき役割」なのである。

学校教育はこれらの目的や目標を，計画的・組織的に導くのである。

テーマは「取り組みたいか」と問うている。教員採用試験論文であるから，この回答は「私はこのようにする」と述べることである。また理由も教育基本法にあるからではなく，教育者としての筆者の考えを述べるのである。

●論点

前文では，「子どもの教育における学校の果たすべき役割」として最も大切なのは何か，これを理由とともに述べる。この役割を果たすために，筆者ならどうするか，その結論もこの前文で示す。

次の本文では，先に述べた結論を，異なる2つの視点から具体的に述べる。計画的と組織的の具現化でもよいし，担当教科科目の指導で2点挙げてもよい。この本文の字数は，全体の3分の2を当てる。

最終段落は，テーマに関する筆者の研修課題を挙げ，課題解明にどのように努力するかを簡潔に述べるとよい。計画的・組織的指導に，子どもの実態をどう加味するかなどであろう。

2009年度　論作文実施問題

【全校種】

●テーマ

児童，生徒に適切な指導，支援をするためには，一人一人の状況をよく理解することが大切です。
Aさんは，4月から元気に登校していましたが，4月の終わり頃になって，元気がなくなり，一人でいることが多くなってきました。
学習に対する意欲も低下しており，授業にも集中できない様子がうかがえます。
あなたは，教師として，どのような方法でAさんの状況を理解し，それを受けて，どのように指導，支援していきますか。800字程度で具体的に述べなさい。

●テーマの分析

すべての学校教育は，児童生徒理解から始まる。それぞれの子を理解しないで指導など不可能である。中央教育審議会平成17年10月答申の「優れた教師の条件」にも，そのことがある。第2項「教育の専門家としての確かな力量」の中である。

Aさんについてのこの設問は，①Aという児童生徒の理解，②そのAに対しての指導，支援の2点である。

①は意欲低下の原因究明である。どのように向き合うかである。

②は①の実態を踏まえての指導・支援である。

●論点

前文では，まず学校教育においての児童生徒理解の必要性を述べる。そして，このAへの対応の基本的な考えを述べる。

次の本文では志望校種を明示して，Aさんに対する基本的な考えを「私ならこのようにする」と具体的に述べる。それが①と②である。ここに全体の3分の2の字数を当てる。

最終段落では，この設問に関するあなた自身の研修課題を挙げる。その課題解明にどのように努力するかを簡潔に述べる。カウンセリング・マインドなどである。

2008年度　論作文実施問題

【全校種】

●テーマ

「教師が変われば，授業が変わる，子どもが変わる」と言われています。このことについて，あなたの考えを述べなさい。

●テーマの分析

この課題は，現職の教員にとって，耳の痛い，本来在ってはならない事である。この様な現象は，すべての学校に当てはまることであるが，生徒の目は大人達が思っているほど，甘くはない。担当・担任を拝命されてから，約2週間(ホームルーム週間)でその学級の基礎ができてしまう。担当，特に担任の学級に対する所信表明の訓話の意気込みで外枠が決まってしまう。荒れる学級を作るその原因は経験不足の若い教師や，高齢の教師(講師)に多く見られ，教室巡回をしていると，学級差がはっきりと分かる。その原因をここに分析してみよう。①やたら愛想を振りまく教師。②教授のテクニックに乏しい高齢の教師。③生徒にとって，差別をしている感じを持たれる教師。④余談・雑談が多い教師。⑤見るからに威厳に乏しく見える教師。⑥教師の発言として相応しくない言動が度々見受けられる教師。⑦やたらと男性教師が女子生徒に触れるケースの多い担当教師。この様な問題は，私が，学年主任をしていた時にも，多く見受けられ，親からの苦情に同席したケースが数回有った。だからといって，担任を任期半ばで交代させるような手段をとるような学校は，その組織自体に問題が有り，人事決定権を持つ学校長に問題が先ず有ると考える。人事を決定する際には，幹部が各教師のこれまでの実績や行動力，担当教科内での知識等，を総合的に分析し，生活指導に優れている教諭には，やんちゃな子どもや，学校以外の遊びに流されがちな生徒の比較的多い学級に配属をするなど，極力適材適所の場に就かせることが必要であるが，教諭を志す者が，この様な配属を考えられる対象になるような人物であるならば，学校という組織には不向きの一言に尽きるであろう。「いじめ」の発端は，教師の教授法一つで防げる。板書中に子どもたちに背を向けているときこそ，子どもたちと向き合い授業を行っているときの数倍も神経を生徒に向けていなくてはならないし，生徒に話しかける時は，S字型に目線を配り，話かけていく高度なテクニックを要することを勉強して頂きたい。要するに，このテーマを肯定する意見をお持ちの方には，教師に不向きである証であるといっても過言ではない。その辺を配慮し，文章の展開に気を配る必要がある。

●論点

テーマの分析の結論部分に記述したように，課題内容に否定的意見を多分に用い，肯定的な意見は避けるべきである。これは教育に携わる者にとっての宿命であり，学級差が有ってはならないことが大原則だからである。教師が学級の生徒を選べないのと同様，生徒も教師を選べないのである。

2007年度　論作文実施問題

【全校種】

●テーマ

福井県では求める教師像として「子どもたちに対する深い愛情を持ち，人間的魅力あふれる教師」を掲げている。教師としての人間的魅力について，あなたの考えを述べなさい。

●テーマの分析

月刊教職課程(協同出版)2002年6月号に「福井県の求める教師像」が載っている。そこには次のようにある。

本県では，変化の激しい時代の中で，創造的で活力ある社会の形成を目指して，国際的視野を持ち，自立心や社会性を備えた創造性豊かな個性と郷土愛に満ちた人材の養成に努めることを県の教育方針として定め，子どもたちに「ゆとり」の中で「生きる力」はぐくむ教育を展開していきます。

このような本県の教育方針の実現のために，次のような素養を持つ教師を求めています。

○基礎的な学力と広い教養

○専門的知識・技能

○充実した指導力

○豊かな人間性

しかし，福井県教育庁のホームページを開いても，県が求めている教師像が「子どもたちに対する深い愛情を持ち，人間的魅力あふれる教師」であると，どこに記載されてあるのか見い出せない。

●論点

福井県は求めるは教師像として，①子どもへの深い愛情　②人間的魅力の2点を上げている。なぜこれを挙げたかを前文(字数は全体の6分の1程度)で述べる。この求めを受けて，書き手(受験者)は教師としてどう努力をするか，その結論をここで述べる。

本文(字数は全体の6分の1程度)はで，先の努力をどのようにするのかを具体的に述べる。①にしても②にしても，書き手の個性あふれるやり方を記述するのである。そのためには，志望校種の子どもの発達段階をどのように配慮するかを述べなければならない。

結文は前文同様の字数で，このテーマに関する書き手自身の研修課題をどう解明するかを述べるとよい。

2006年度　論作文実施問題

【全校種】

●テーマ

児童・生徒の学力向上には,「学ぶ意欲」をいかに引き出すかが重要である,と言われている。

1　このことについて,あなたの考えを述べなさい。

2　1で述べた考えに立って,どの様に取り組むか,あなたの志望する校種に即して,具体的に述べなさい。

●テーマの分析

学習に限らずあらゆる課題は,意欲無くして成果はあがらない。特に学校教育は学習内容が基礎基本であり,動機付け(モチベーション)いかんが成果に大きな影響を及ぼすものである。また学習展開においても,意欲が持続するような工夫も必要である。講義や問答,それに討議等をどのように織り込むかである。さらにはテストなどの評価も,そのねらいに意欲の高揚がある。この論文では,それらのどこを取り上げて論述するかである。

●論点

「1」テーマは「と言われている」である。重要であることは誰もが認めるところであるが,さらになぜ重要かを述べる。論文は論理的でなければならないからである。

「2」では,学習意欲を高めるのにどのような工夫をするかを述べる。中高校であるなら,担当の教科科目で具体的に述べる。「私はこのような考えで,このような点を工夫し,このような授業を行う」とする。そこに己の姿を浮き彫りにする。

2005年度　論作文実施問題

【全校種共通】

●テーマ

「教育は人なり」と言われるように，学校教育の成果は，児童・生徒の教育に直接携わる教員の資質能力に依存するところが極めて大きい。これからの教師にはどのような資質や能力が必要か，求められる資質や能力を順に挙げ，あなたの描く教師像を述べなさい。

●テーマの分析

「教育は人なり」をうけての，教師にとって必要な資質能力とは何か。教養審答申(平成9年)に「教員に求められる資質能力」が述べられている。いい機会であるから読み直しておくとよい。

●論点

前文(全体の6分の1程度の字数)で，「教育は人なり」のこの人に備えていなければならない資質能力とはどのようなものかをはっきり述べる。と同時にその理由もである。その資質能力を備えている教師，それが理想像なのである。さらに子どもたちのために，この資質能力をどのように活かしていくか，その基本的な考えを述べる。例えば，「個の発掘と伸長する力」などである。

本文(全体の3分の2程度の字数)では志望校種を明らかにし，前文で述べた資質能力を具体的にどのように指導に活かしていくかを述べる。起承転結の承と転の2例を示す。承で個性の発掘にどう支援するかであり，転では個性の伸長にどう取り組むかである。どちらにしても，「私はこのようにする」と具体的な方策を述べるのである。

結文(全体の6分の1程度の字数)は己の評価をするとよい。志望校種の子どもの個性を発掘し伸長するには，児童生徒理解が前提である。教師としては未熟であるのは当然であり，今後どのように努力するかである。決意表明ではなく，何をするかを述べるのである。

2004年度　論作文実施問題

【全校種】

●テーマ

これからの変化の激しい社会の中で「確かな学力」を育成することが求められている。これについてあなたの考えを述べよ。

●テーマの分析

文部科学省は平成14年1月17日に「確かな学力向上のための2002アピール『学びのすすめ』」を発表し，「確かな学力の向上のための指導の重点」として5つ挙げている。キーワードで表現すると，「①きめ細かな指導で基礎基本や自ら学び自ら考える力の育成，②個性に応じた指導，③学ぶことの楽しさを体験，④学ぶ習慣を身につける，⑤確かな学力向上のための特色ある学校づくり」である。

●論点

前文(字数は全体の6分の1程度)で「確かな学力」の「確か」とはどのような意味であるか。また「学力」は「新しい学力観」の声もありどのような学力かを明らかにする。その「確かな学力」を向上させるための基本的な考え方もここで述べる。

本文(字数は全体の3分の2程度)では，具体的にどうするかを述べる。担当する教科の授業で，「学びのすすめ」の5点の中から2点をどのように展開するかを述べる。例えば学習習慣を身につける具体策を取り上げ，確かな学力の向上を図るのもよい。また楽しい授業を創造するのもよいであろう。それらを具体的に述べるのである。

こう述べてくると，「新学習指導要領」「学びのすすめ」「新しい学力観」などを読みほぐしておかなければならない。

2003年度　論作文実施問題

【不明】

●テーマ

児童生徒の個性を生かした教育を行うためには，どのような工夫をすればよいか。

●テーマの分析

学習指導要領の「改訂の基本方針」には4点ある。その3点目に「ゆとりある教育活動を展開する中で，基礎・基本の確実な定着を図り，個性を生かす教育を充実すること」がある。また教育課程審議会の12年12月答申「児童生徒の学習と教育課程の実施状況の評価の在り方について」の中では「児童生徒がそれぞれの個性や能力に応じて，自ら学び，自ら知識や技能などを習得し，自ら創造的な活動を行うことを助けて行くことがこれからの教育と教員の重要な役割であることを考えるとき，評価は大きな意味を持つ」とある。

しかし個性とは何であろうか。自分勝手な行動も，その時の思いつきでの行動も個性であるとして，それに応じるというのでよいであろうか。個性は生涯にわたって本人が発掘し続けるものであって，教師がおまえの個性はこれだと決めつけるのはおかしいのではなかろうか。好き勝手なことをさせるのが個性尊重ではないはずである。

●論点

テーマの「個性を生かした教育」とは如何なる教育のことかを，まずはっきりさせる。と同時にその必要性を述べる。文部科学省が言うから必要だでは論文とは言い難い。次の本文では「個性を生かした教育」の具体的な方策を述べるので，その具体的な方策の基本的な考え方をこの前文で述べるとよい。

本文の具体的な方策として「起承転結」の「承」と「転」の2例を挙げるのである。教科(高校なら科目であるが，この段階で校種をはっきりさせる)，道徳，特別活動，総合的な学習の時間のうちの2つにするのもよい。また同一教科の学習活動でも，様々な場で個に応じた支援ができる。その2例を挙げるのもよい。

このテーマは「どのような工夫を」である。ただ個性尊重教育を述べればよいというのではない。先に「校種を明らかにし」と述べたが，中学校であるなら中学生の特質をつかみ，それを活かした学習活動にするのである。つまり，読み手に「この受験者は中学生の心の動きを適切につかめるな」と思わせる展開をするのである。今日の学校が求めている望ましい教師像の中には，「児童生徒の心の動きが読み取れる教師」がある。

多くの子どもたちは，まだ自分の個性をはっきりとつかみきれていない。すなわち小中学生はもとより高校生でも，個性発掘に挑戦している時期である。教師のあなたはその子どもたちに，どのような手を差し伸べるのか。あなたに適切な支援ができるのか。あなた自身の課題を述べるとよい。

【不明】

●テーマ

引っ込み思案なA子が担任に「仲の良かったB子と離れてしまい，なかなか友達がつくれない。B子はもう友達ができたみたい。」と言ってきた。そこで，担任は「では，あなたも早く友達をつくればいいのに。」と答えた。

上の文の担任の対応として問題点を指摘し，あなたならどのような対応をするか説明しなさい。

●テーマの分析

学校は集団教育の場である。個に応じた教育活動をするにしても，集団教育の中での個に応じた指導である。このテーマの事例はA子の心の動揺を担任が読み取れずに，「あなたも早く友達をつくればいいのに」と突き放している。そのことにあなたが気づくであろうかと出題されている。今日の学校が求めている教師像は，子どもの心の動きが読み取れ即応できる教師なのである。このことから言うと，この担任はA子の心の内が読み取れていないので，教師失格者だといえる。ただ，今回のように問題点がはっきりした問いかけだと出題者が何を求めているのかすぐ読み取れ，誰もがこの担任が取った行動を非難するであろう。現実はもっと厳しく，教員採用試験ももっと複雑な出題が多い。このように簡単に読み取れるとは限らない。

●論点

このA子は小学生と思われるが，校種を明らかにして論ずることである。まず前文で結論を述べる。結論とは問題点とその理由である。今回のテーマは，担任がA子の心の動揺を見抜けなかったことにある。問題点としては，

①引っ込み思案なA子が担任に語ったのである。よほど思い詰めて来たのであろう。そのことに気づいていない。

②A子が何を思ってこう言ったかを考えずに，突き放した回答をしている。

本文では「あなたならどのような対応をするか」に答える。前文で①と②を挙げたのであれば，それに対してどうするかである。特にあなたの助言である。あなたなら何と答えるかである。その助言を「起承転結」の「承」で述べ，「転」はその後のA子の様子をどのように観察するかを述べるとよい。この本文は，全体の字数の3分の2程度が妥当であろう。

結文はあなた自身の資質能力を見つめる。A子の悩みを共有できるかである。この担任のように，他人事として処理してしまうようなこ

とがないであろうか。まだ教師として必要な資質能力を備えていないとするなら，これからどうするというのか。そのことを述べるとよい。

面接試験　実施問題

2024年度

※受験者全員の携行品は，受験票，筆記用具，上履きおよび下足入れ袋。

◆実技試験(1次試験)

▼中高音楽

【課題1】

□弾き歌い

中学校歌唱共通教材のうち，指定された5曲の中から，当日指定された曲(2曲)の主旋律を自らのピアノ伴奏で歌う。

「荒城の月」　(土井晩翠作詞・滝廉太郎作曲・飯沼信義伴奏編曲)
「早春賦」　(吉丸一昌作詞・中田章作曲)
「夏の思い出」(江間章子作詞・中田喜直作曲)
「花の街」　(江間章子作詞・團伊玖磨作曲)
「浜辺の歌」　(林古溪作詞・成田為三作曲)

※伴奏は，原則として原曲または教科書による。

※移調可。

※「荒城の月」山田耕筰編は指定外。「早春賦」中田喜直伴奏編曲も可。

【課題2】

□初見演奏

当日提示された楽譜(主旋律にコードネームが付いた楽譜)を見て，主旋律に即興的な伴奏をつけて演奏する。

※メジャーコード，マイナーコード，ドミナントセブンスコードを含む。

【課題3】

□自由演奏

各自の選曲により，声楽または器楽(和楽器を含む)のいずれかの曲を演奏する。
※伴奏者同伴可。
<評価の観点>

種　別	配　点	評　価　の　観　点
弾き歌い	５０点	・歌唱能力（発声，声量，音程，発音など） ・伴奏能力（基礎的なピアノ演奏技術） ・総合的な表現力（曲想表現，フレージング，歌唱と伴奏とのバランスなど）
初見演奏	３０点	・初見能力（主旋律） ・即興演奏能力（伴奏におけるリズムの工夫など） ・コードネームに関する知識
自由演奏	２０点	・演奏技術 ・表現力 ・曲の難易度

<携行品>
※自由演奏で使用する楽器(ピアノを除く。原則，受験者のみで移動・設置可能な楽器とする。原則によらない楽器については，事前に問い合わせ，許可を得ること。)
※自由演奏で使用する楽譜(自分用以外に提出用3部，コピー可。声楽および器楽の受験者ともに提出すること。提出した楽譜は返却されない。)

▼中高美術
【課題1】
□基礎技能(制限時間60分間)
与えられたモチーフ(透明カップ)と自身の手を構成し，鉛筆をデッサンしなさい。
※画用紙の縦横は自由に設定してよい。
※モチーフの数は1つとする。

【課題2】

□創造表現(制限時間60分間)

1辺20cmの正方形を両面とする。その画面を任意の直線3本と任意の円3個で分割してイメージをつくり，透明表現を用いて彩色しなさい。

※ケント紙は縦，紙の中央に正方形の枠を書く。

※作品の右下に，主題と整理番号を記入する。

※絵の具は不透明水彩を使用し，平塗りとする。

※使用する色の数は自由。

＜評価の観点＞

種　別	配　点	評　価　の　観　点
基礎技能	５０点	①　形を適切にとらえているか。 ②　立体感や陰影をとらえているか。 ③　構図は適切か。
創造表現	５０点	①　課題内容を正確に把握しているか。 ②　形，構成についての独創性。 ③　形，構成についての技能。

＜携行品＞

※H～5Bの鉛筆，定規，コンパス，不透明水彩絵具(12色)，色鉛筆(12色)，筆(各種)，筆洗バケツ，パレット，のり，はさみ

▼中高保体

【課題1】

□基礎体力

反復横跳び，ハンドボール投げ

【課題2】

□器械運動

跳び箱運動

【課題3】

□武道・ダンス

ダンス，柔道，剣道

【課題4】

□球技

バレーボール，サッカー

＜評価の観点＞

種　別	配 点	評　価　の　観　点
ア　反復横跳び	5点	・文部科学省新体力テスト　反復横跳び男女得点表（２０～６４歳対象）の得点を $\frac{1}{2}$ に換算する。（小数点以下は切り捨て）
イ　ハンドボール投げ	5点	・文部科学省新体力テスト　ボール投げ男女得点表（２０～６４歳対象）の得点を $\frac{1}{2}$ に換算する。（小数点以下は切り捨て）
ウ　跳び箱運動	１５点	・各技の出来ばえ：実施技 切り返し系（開脚跳び，かかえ込み跳び，開脚伸身跳び），回転系（台上前転，首はね跳び，頭はね跳び）
エ　ダンス	１５点	・表現力 ・独創性（創意工夫）
オ　柔道	１５点	受け身の基本動作 後ろ受け身，横受け身（動作の正確さ） 前回り受け身（動作の正確さ）
カ　剣道	１５点	・基本動作 跳躍正面素振り（動作の正確さ，リズム） 正面打ち（動作の正確さ）
キ　バレーボール	１５点	・パスの正確さ オーバーハンドで直上パスを連続１０回行う。同様にアンダーハンドで直上パスを連続１０回行う。 ・サーブの正確さ コートのエンドラインから，肩より高い位置でボールをヒットするサーブを相手コートに打つ。
ク　サッカー	１５点	・時間内でジグザグドリブルを行う。 ・リフティングを連続１０回行う。

＜携行品＞

※トレーニングウェア，シューズ(内履き)，マスク入れ

※柔道着，剣道用具(竹刀・防具)は必要ありません。

▼中高家庭

【課題1】

□被服分野「きんちゃく袋(片ひもタイプ)を制作する」

(1)　配付物等　実技試験問題用紙1枚，無地布1枚(たて約16cm×横約24cm)，ボタン1個，手縫い糸，ビニール袋

(2)　所要時間　約25分(準備・後始末を含む)

(3)　問題　　　作業制限時間20分

①1枚の布を用いて，きんちゃく袋(片ひもタイプ)を製作しなさい。

<指示および条件>

・布は必要量に裁断済みである。

・縫い糸は，すべて1本取りとすること

・底辺部分はスタート位置から5cm以上(6cm未満)半返し縫いをし，残りは並縫いとする。(いずれも縫い目は2～3cm程度)縫い代は1cm程度とすること

・わきは並縫いとし，縫い目は2～3cm程度，縫い代は1cm程度とすること

・ひも通し口はふさわしい方法で始末すること

・ひも通し部分は1cm，2cmの三つ折りにし，まつり縫いをすること

・まつり縫いの縫い目は用途にふさわしい幅とする。

・仕上げのひも通しは省略

②きんちゃく袋の表面にボタン(2穴)をつけなさい。

<指示および条件>

・糸は2本取りとすること

・玉どめ，玉結びは裏面に出ないように工夫すること

・つける箇所はきんちゃく袋の表面ならどこでもよい。

(4)　提出　作品は，ビニール袋に入れて提出しなさい。途中のものや余り布，手縫糸，糸くず等についてもすべて袋の中に入れなさい。

【課題2】

□食物分野「錦糸卵を作り，提出する」

(1) 配付物等　実技試験問題用紙1枚，卵1個，フライパン，包丁，まな板，キッチンペーパー，菜箸，油，紙皿，塩，砂糖，計量スプーン(大，小)，ボウル

(2) 準備　　　調理にふさわしい服装

(3) 所要時間　約12分(後始末を含む)

※用具は適する物を使用しなさい

(4) 問題　【制限時間2分30秒】

「錦糸卵」を作りなさい。

・材料は下記分量を計量スプーンで計量しなさい。

・錦糸卵は，紙皿にきれいな盛り付けて提出しなさい。

・終了したら，最初の状態になるように後始末をしなさい。(洗剤を使用してもよい)

【材料】

卵　　1個(Lサイズ)

砂糖　小さじ$\frac{1}{2}$

塩　　少々

油　　大さじ$\frac{1}{2}$

<評価の観点>

種　別	配　点	評　価　の　観　点
被服分野	３０点	・並縫いの縫い目の幅は指示通りか（縫い目３mm以内)。 ・正しくまつり縫いができているか。 ・まつり縫いの表の縫い目が目立っていないか。 ・ボタンは丈夫についているか。 ・時間内に作品を完成させ、指示通りに提出しているか。 など

食物分野	２０点	・身支度は適切か。 ・まな板・包丁を洗ってから使用しているか。 ・安全な包丁の使い方をしているか。 ・錦糸卵はおおむね3.5㎜以下の幅でそろっているか。 ・砂糖，油，卵，塩の計量方法は適切か。 など

＜携行品＞

※調理実習の身支度として必要なもの，裁縫道具(はさみ〈布裁断用，糸切り用〉，縫い針〈長・短〉，縫い糸〈色つき〉，まち針，チャコペンシル，しつけ糸)，30㎝定規

▼中高英語

□英語による口頭試問

ALT(インタビュアー)とJTE(テスター)がセットを組み，英語による口頭試問を行う。

〈評価の観点〉

種　別	配　点	評　価　の　観　点
口頭試問	２０点	コミュニケーション能力
	３０点	論理的思考力，問題解決能力

◆適性検査(2次試験)　60分

□質問紙法による心理検査

※適性検査は第１次選考合格者（全部免除含む）を対象にオンラインで実施。

◆個人面接(2次試験)　面接官3人　15分×2

※個人面接は同日に2回行われる。

＜評価項目＞

(ア)　人物所見

①　身だしなみ，誠実性　②　判断力，表現力　③　責任感

④　積極性

(イ)　教員としての資質能力

①　専門性　②　使命感　③　教育観　④　倫理観

2023年度

※受験者全員の携行品は，受験票，筆記用具，上履きおよび下足入れ袋。

◆実技試験(1次試験)

▼中高音楽」

【課題1】

□弾き歌い

中学校歌唱共通教材のうち，指定された5曲の中から，当日指定された曲の主旋律を自らのピアノ伴奏で歌う。

「荒城の月」　(土井晩翠作詞・滝廉太郎作曲・飯沼信義伴奏編曲)

「早春賦」　(吉丸一昌作詞・中田章作曲)

「夏の思い出」(江間章子作詞・中田喜直作曲)

「花の街」　(江間章子作詞・團伊玖磨作曲)

「浜辺の歌」　(林古溪作詞・成田為三作曲)

※伴奏は，原則として原曲または教科書による。

※移調可。

※「荒城の月」山田耕筰編は指定外。

【課題2】

□初見演奏

当日提示された楽譜(主旋律にコードネームが付いた楽譜)を見て，主旋律に即興的な伴奏をつけて演奏する。

※メジャーコード，マイナーコード，ドミナントセブンスコードを含む。

【課題3】

□自由演奏

各自の選曲により，声楽または器楽(和楽器を含む)のいずれかの曲を演奏する。

※伴奏者同伴可。

〈評価の観点〉

種　別	配　点	評　価　の　観　点
弾き歌い	５０点	・歌唱能力（発声，声量，音程，発音など） ・伴奏能力（基礎的なピアノ演奏技術） ・総合的な表現力（曲想表現，フレージング，歌唱と伴奏とのバランスなど）
初見演奏	３０点	・初見能力（主旋律） ・即興演奏能力（伴奏におけるリズムの工夫など） ・コードネームに関する知識
自由演奏	２０点	・演奏技術 ・表現力 ・曲の難易度

〈携行品〉

※自由演奏で使用する楽器(ピアノを除く。原則，受験者のみで移動・設置可能な楽器とする。原則によらない楽器については，事前に問い合わせ，許可を得ること。)

※使用する楽譜(自分用以外に提出用3部，コピー可。声楽および器楽の受験者ともに提出すること。)

▼中高美術

【課題1】

□基礎技能(制限時間60分間)

1辺10cmの立方体を1つと，任意の直方体を1つつくりなさい。

つくったものと与えられた木の立体を，台紙の上で構成しなさい。

※台紙の右下に，題名と整理番号を記入すること。

※題名は主題が分かるようにすること。

【課題2】

□創造表現(制限時間60分間)

創造表現で構成した作品を鉛筆でデッサンしなさい。

※画用紙の縦横は自由に設定してよい。

〈評価の観点〉

種　別	配　点	評　価　の　観　点
基礎技能	５０点	①　課題内容を正確に把握しているか。 ②　形、構成についての独創性。 ③　形、構成についての技能。
創造表現	５０点	①　形を適切にとらえているか。 ②　立体感や陰影をとらえているか。 ③　構図は適切か。

〈携行品〉

※H～5Bの鉛筆，定規，コンパス，不透明水彩絵具(12色)，色鉛筆(12色)，筆(各種)，筆洗バケツ，パレット，のり，はさみ

▼中高保体

【課題1】

□基礎体力

反復横跳び，ハンドボール投げ

【課題2】

□器械運動

マット運動

【課題3】

□武道・ダンス

ダンス，柔道，剣道

【課題4】

□球技

バレーボール，サッカー

〈評価の観点〉

種　別	配点	評　価　の　観　点
ア　反復横跳び	５点	・文部科学省新体力テスト　反復横跳び男女得点表（２０～６４歳対象）の得点を１/２に換算する。（小数点以下は切り捨て）
イ　ハンドボール投げ	５点	・文部科学省新体力テスト　ボール投げ男女得点表（２０～６４歳対象）の得点を１/２に換算する。（小数点以下は切り捨て）
ウ　マット運動	１５点	・各技の出来ばえ（７種目） 倒立前転、開脚前転、側方倒立回転、伸膝後転、後転倒立、片足正面水平立ち、前方倒立回転跳び
エ　ダンス	１５点	・表現力 ・独創性（創意工夫）
オ　柔道	１５点	・受け身の基本動作 後ろ受け身、横受け身（動作の正確さ） 前回り受け身（動作の正確さ）
カ　剣道	１５点	・基本動作 跳躍正面素振り（動作の正確さ、リズム） 正面打ち（動作の正確さ）
キ　バレーボール	１５点	・パスの正確さ オーバーハンドで直上パスを連続５回行う。同様にアンダーハンドで直上パスを連続５回行う。 ・サーブの正確さ コートのエンドラインから、肩より高い位置でボールをヒットするサーブを相手コートに打つ。
ク　サッカー	１５点	・時間内でジグザグドリブルを行う。 ・リフティングを連続５回行う。

〈携行品〉

※トレーニングウェア，シューズ(内履き)，マスク入れ

※柔道着，剣道用具(竹刀・防具)は必要ありません。

▼中高家庭

【課題1】

□被服分野

(1)　配付物等　実技試験問題用紙1枚，白布1枚(34cm×20cm)，手縫い糸(赤糸)，ポケットティッシュ，ビニール袋

(2)　所要時間　約30分(準備・後始末を含む)

(3)　問題　作業制限時間25分

「1枚の白布を用いて，ポケットティッシュケースを製作しなさい。」

・配付したポケットティッシュが入る大きさに布を裁断すること

・裁断した布の短辺となる部分は，1cm幅で三つ折りにし，まつり縫いすること

・それ以外の縫製は，並縫いとし，縫い目は2～3mm程度，縫い代は5mm程度とすること

・縫い方は，すべて1本取りとすること

(4)　提出　作品は，ポケットティッシュを入れた状態でビニール袋に入れて提出しなさい。途中のものや余り布，手縫糸，糸くず等についてもすべて袋の中に入れなさい。

【課題2】

□食物分野

(1)　配付物等　実技試験問題用紙1枚，リンゴ(1/4個×2)，包丁，まな板，バット，紙皿3枚(A～C)

(2)　準備物　筆記用具

(3)　所要時間　約6分(後始末を含む)

(4)　問題　問1【制限時間2分30秒】

「配られたリンゴの皮むき及び廃棄率を計算しなさい。」

・皮をむいたリンゴは2つつくり，Aの皿にのせなさ

い。
・廃棄物はBの皿にのせなさい。
・廃棄率は小数以下を四捨五入し，所定の用紙に記入しなさい。

問2【制限時間1分30秒】
「『うさぎリンゴ』を2つつくりなさい。」
・作品と廃棄物をCの皿にのせなさい。
・終了したら，最初の状態になるように後始末をしなさい。(洗剤を使用してもよい)

〈評価の観点〉

種　別	配　点	評　価　の　観　点
被服分野	３０点	・短辺が１cm幅の三つ折りになっているか。 ・正しくまつり縫いができているか。 ・まつり縫いの表の縫い目が目立っていないか。 ・まつり縫いの縫い目が真っ直ぐか。 ・作品の四隅を丁寧に仕上げているか。　など
食物分野	２０点	・身支度は適切か。 ・まな板・包丁を洗ってから使用しているか。 ・リンゴの芯のとり方は適切か。 ・安全な包丁の使い方をしているか。 ・うさぎリンゴが出来上がっているか。　など

〈携行品〉
※調理実習の身支度として必要なもの，裁縫道具(はさみ〈布裁断用，糸切り用〉，縫い針〈長・短〉，縫い糸〈色つき〉，まち針，チャコペンシル，しつけ糸)，30cm定規

▼中高英語

□英語による口頭試問

ALT(インタビュアー)とJTE(テスター)がセットを組み，英語による口頭試問を行う。

〈評価の観点〉

種　別	配　点	評　価　の　観　点
口頭試問	２０点	コミュニケーション能力
	３０点	論理的思考力、問題解決能力

◆適性検査(2次試験)　60分

※適性検査は第１次選考合格者(全部免除含む)を対象にオンラインで実施。

◆個人面接(2次試験)　面接官3人　15分×2

※個人面接は同日に2回行われる。

〈評価項目〉

(ア)　人物所見

①　身だしなみ，誠実性

②　判断力，表現力

③　責任感

④　積極性

(イ)　教員としての資質能力

①　専門性

②　使命感

③　教育観

④　倫理観

▼小学校教諭

【質問内容】

□出願の際に提出する志望動機や子どもの関わりで学んだことなどについて深く掘り下げる。
□学力調査の結果について。
□子どもが「先生の授業つまらない」と言ったらどうするか。

▼小学校教諭
【質問内容】
□福井県の志望理由。
□他の県も合格したらどうするか。
□福井県の教育のよい所。
□小学校の志望理由。
□どのような教員になりたいのか(具体的に) 。
□打たれ強さでいうと自身は何点か(100点満点中)。
□自分のストレス発散法は何か。

▼小学校教諭
【質問内容】
□校種の志望理由。
□県外に出て気付いた福井のよさ。
□人間関係で揉めた経験はあるか。
□「やりたくない」という子どもにどのように対応するか。
□あなたを採用したらどんなメリットがあるか。
□志望理由。
□福井のよいところ・課題は。
□保護者との連携で気を付けること。

2022年度

※令和4年度福井県公立学校教員採用試験の面接・実技試験は昨年から以下の点について変更があった。

※「専門教育分野」「英語教育分野」に「スポーツ教育分野」「芸術教育分野」を追加。これに伴い，従来の「スポーツ・芸術特別選考」を廃止する。

◆実技試験(1次試験)

▼中高音楽

【課題1】

□弾き歌い

次の中から，当日指定された曲を自らのピアノ伴奏で主旋律を歌う。

「荒城の月」　(土井晩翠作詞・滝廉太郎作曲・飯沼信義伴奏編曲)
「早春賦」　(吉丸一昌作詞・中田章作曲)
「夏の思い出」(江間章子作詞・中田喜直作曲)
「花の街」　(江間章子作詞・團伊玖磨作曲)
「浜辺の歌」　(林古溪作詞・成田為三作曲)

なお，伴奏は原曲または教科書によることを原則とする。ただし，移調は可とする。

【課題2】

□初見演奏

当日提示された楽譜(主旋律にコードネームが付いた楽譜)を見て，主旋律に即興的な伴奏をつけて演奏する。ただしコードネームは，メジャーコードとマイナーコード(セブンスコードを含む)とする。

【課題3】

□自由演奏

各自の選曲により声楽または器楽(和楽器を含む)のいずれかを演奏する。なお，伴奏者の同伴を可とする。

※持ち物：自由演奏で使用する楽器(ピアノを除く。原則，受験者のみで移動・設置可能な楽器とする。原則によらない楽器については，事前に問い合わせ，許可を得ること。)

※使用する楽譜(自分以外に提出用3部　コピー可。声楽および器楽の受験者ともに提出すること。)

〈評価の観点〉

種　別	配　点	評　価　の　観　点
弾き歌い	５０点	・歌唱能力（発声、声量、音程、発音など） ・伴奏能力（基礎的なピアノ演奏技術） ・総合的な表現力（曲想表現、フレージング、歌唱と伴奏とのバランスなど）
初見演奏	３０点	・初見能力（主旋律） ・即興演奏能力（伴奏におけるリズムの工夫など） ・コードネームに関する知識
自由演奏	２０点	・演奏技術 ・表現力 ・曲の難易度

▼中高美術

【課題1】

□基礎技能(制限時間60分間)

野菜を手に持ち，その様子を色鉛筆でデッサンしなさい。

〈注意事項〉

※画用紙の縦横は自由に設定してよい。

※野菜はトマトかキュウリから1つを選ぶこと。

※使用する色鉛筆は12色とする。

【課題2】

□創造表現(制限時間60分間)

野菜を用いて9つのマスに繰り返す文様をデザインしなさい。

野菜はトマトとキュウリを用いるが，両方用いてもどちらか1種類でもよい。

文様は，水彩絵具で着色すること。

〈注意事項〉

※野菜は切ってもよい。

※コンパス，定規を用いてもよい。
※どのように繰り返すかは自由。
※必要に応じて試しの用紙を使うこと。試しの用紙は切ってもよい。
※用紙の下に題名と整理番号を記入すること。
〈評価の観点〉

種　別	配　点	評　価　の　観　点
基礎技能	５０点	① 形を適切にとらえているか。 ② 立体感や陰影をとらえているか。 ③ 構図は適切か。
創造表現	５０点	① 課題内容を正確に把握しているか。 ② 色や形、構成についての独創性。 ③ 色や形、構成についての技能。

〈携行品〉
※H～5Bの鉛筆，定規，コンパス，不透明水彩絵具(12色)，色鉛筆(12色)，筆(各種)，筆洗バケツ，パレット，のり，はさみ。

▼中高保体
【課題1】
□基礎体力テスト
反復横跳び，立ち幅跳び
【課題2】
□機械運動
マット運動
【課題3】
□武道・ダンス
ダンス，柔道，剣道
【課題4】
□球技
バレーボール，バスケットボール

〈評価の観点〉

種　別	配 点	評　価　の　観　点
ア　反復横跳び	5点	・文部科学省新体力テスト　反復横跳び男女得点表（２０～６４歳対象）の得点を1/2に換算する。（小数点以下は切り捨て）
イ　立ち幅跳び	5点	・文部科学省新体力テスト　立ち幅跳び男女得点表（２０～６４歳対象）の得点を1/2に換算する。（小数点以下は切り捨て）
ウ　マット運動	１５点	・各技の出来ばえ（７種目） 倒立前転、側方倒立回転、開脚前転、伸膝後転、後転倒立、片足正面水平立ち、前方倒立回転跳び
エ　ダンス	１５点	・表現力 ・独創性（創意工夫）
オ　柔道	１５点	・受け身の基本動作 後ろ受け身、横受け身（動作の正確さ） 前回り受け身（動作の正確さ）
カ　剣道	１５点	・素振りの基本動作 正面素振り（動作の正確さ） 跳躍正面素振り（動作の正確さ、リズム）
キ　バレーボール	１５点	・ゴールに入った成功数 バスケットボールのフリースローラインから，アンダーハンドで直上パスし、続けてオーバーハンドパスでバスケットゴールにボールを入れる。
ク　バスケットボール	１５点	・時間内でのフリースローおよびドリブルシュートの成功数

〈携行品〉

※トレーニングウェア，シューズ(内履き)等。

※柔道着，剣道用具(竹刀・防具)は必要ない。

▼中高家庭

【課題1】

□被服分野

布を用いて正バイアステープを作る。

(1)　配付物等　実技試験問題用紙1枚

布1枚(15cm×15cm)，手縫い糸，ビニール袋，へら，

台紙

(2)　所要時間　約30分(準備・後始末を含む)

(3)　準備　針に糸を通し，1本取りにする。

(4)　問題　作業制限時間25分

「布を用いて，正バイアステープを作りなさい。
正バイアステープの幅は，仕上がり約1cmとし，長さは30cm～40cm程度とする。」

①「始め」の合図で行い，「やめ」の合図で作業をやめなさい。

②つなぎ目の縫い代は1cm，縫い目は2mm間隔とする。

③折り目は，へらで付け，1cm幅に仕上げて，台紙に巻きなさい。

④作品と余った布，配付した道具は，袋に入れて提出しなさい。

(5)　提出　ビニール袋に作品を入れて提出しなさい。途中のものや余り布，切れ端の布についてもすべて袋の中に入れなさい。

【課題2】

□食物分野

大根の「つま」を作り，提出する。

(1)　配付物等　実技試験問題用紙1枚，大根(約5cm幅)，包丁，まな板，菜箸，バット，ボウル，ざる，クッキングペーパー，紙皿2枚(提出用・残部用)

(2)　所要時間　約6分(後始末を含む)

(3)　問題

①「始め」の合図で大根の「つま」を作りなさい。

【制限時間4分】

※必ず「かつらむき」を切り方の技法に加えること。

※できる限り，薄くかつらむきをし，細い「つま」を30g以上作ること。

※用具は適するものを使用しなさい。

②「やめ」の合図でAの皿に①で切った大根の「つま」を盛りつけ，指定の場所に提出しなさい。

③　残った大根と廃棄する部分はBの皿にのせて調理台に置きなさい。

④　最初の状態になるように，後始末をしなさい。

※洗剤を使用してもよい。

〈評価の観点〉

種　別	配　点	評　価　の　観　点
被服分野	３０点	・布目に対して斜め４５°で裁断できているか。 ・裁断した幅は適切か。 ・つなげる方法（布の重ね方）は適切か。 ・縫い目の幅は指示通りか。 ・縫い代の長さは指示通りか。　など
食物分野	２０点	・身支度は適切か。 ・大根のかつらむきの手順は効率的か。 ・材料をおさえる手が適切か。 ・大根は薄さ１ｍｍ、細さ１ｍｍ程度で仕上がっているか。 ・後始末は、指示通りであるか。　など

〈携行品〉

※調理実習の身支度として必要なもの，裁縫道具(はさみ〈布裁断用，糸切り用〉，縫い針〈長・短〉，縫い糸〈色つき〉，まち針，チャコペンシル，しつけ糸)，30cm定規。

▼中高英語

□英語による口頭試問

ALT(インタビュアー)とJTE(テスター)がセットを組み，英語による口頭試問を行う。

〈評価の観点〉

種　別	配　点	評価の観点
口頭試問	２０点	コミュニケーション能力
	３０点	論理的思考力、問題解決能力

◆適性検査(2次試験)　60分

□クレペリン検査

◆個人面接(2次試験)　面接官3人　15分×2回

▼小学校教諭

【質問内容】

□部活のこと。

□どんな教員が求められているか。

□教員に必要な資質能力を4つ，理由付きで述べよ。

□上司と意見が違ったらどうするか。

□インターンシップとは。

□出身自治体と福井市の違いは。

□どんな先生になりたいか。

□落ちたらどうするか。

□卒論について。

□ICTについて。

□実習について。

□主体的な子供を育てるには。

□教員生活で楽しみなことと不安に思っていることは。

□教育現場に求められていることを3つ，うち1つを理由付きで述べよ。

□生徒指導で大切にしたいことは。

□指導と支援の違いは。

□打たれ強いか。
□不祥事を起こさないためにどうするか。
□新任のあいさつをこの場でせよ。

▼養護教諭
【質問内容】
〈面接1〉
□社会で貢献したことは何か。
□志望動機は。
□養護教諭で一番大変だと思うことは。
□あなたの短所は。
□残りの大学生活で何をしたいか。
□いじめを打ち明けられた。どうするか。
□チームワークを発揮した，と思うこと。
□コロナ禍において学校で大切にしたいこと3つは。
□ストレス発散法。
〈面接2〉
□小中高のどこがいいか。
　→なぜそこの校種を希望するのか。
□あなたが思う健康とは。
□養護教諭は社会からどう思われているか。
□いじめを打ち明けられた。どうするか。
□「LINE教えて」と言われた。どうするか。
□実習で感じたギャップは。
□実習で考えが変わったことは。
□試験は全部予想通りの内容だったか。簡単だったか。

2021年度

※受験者全員の携行品は，受験票，筆記用具，上履きおよび下足入れ袋。

令和3年度福井県公立学校教員採用試験の面接・実技試験は昨年から以下の点について変更があった。

※教科等専門「小学校」の試験内容のうち，実技試験(水泳・キーボード演奏)を廃止。

※2次選考における面接方式を，集団討論をなくし，個人面接2回に変更。

◆実技試験　(1次試験)

▼中高音楽

【課題1】

□弾き歌い

中学校歌唱共通教材のうち，指定された5曲の中から，当日指定された曲の主旋律を自らのピアノ伴奏で歌う。

「荒城の月」(土井晩翠作詞・滝廉太郎作曲・飯沼信義伴奏編曲)

「早春賦」(吉丸一昌作詞・中田章作曲)

「夏の思い出」(江間章子作詞・中田喜直作曲)

「花の街」(江間章子作詞・團伊玖磨作曲)

「浜辺の歌」(林古渓作詞・成田為三作曲)

※伴奏は，原則として原曲または教科書による。

※移調可。

※「荒城の月」山田耕筰編は指定外。

【課題2】

□初見演奏

当日提示された楽譜(主旋律にコードネームが付いた楽譜)を見て，主旋律に即興的な伴奏をつけて演奏する。

※メイジャーコード，マイナーコード，ドミナントセブンスコードを含む。

【課題3】

□自由演奏

各自の選曲により，声楽または器楽(和楽器を含む。)のいずれかの曲を演奏する。

※伴奏者同伴可。

〈評価の観点〉

種　別	配　点	評　価　の　観　点
弾き歌い	５０点	・歌唱能力（発声、声量、音程、発音など） ・伴奏能力（基礎的なピアノ演奏技術） ・総合的な表現力（曲想表現、フレージング、歌唱と伴奏とのバランスなど）
初見演奏	３０点	・初見能力（主旋律） ・即興演奏能力（伴奏におけるリズムの工夫など） ・コードネームに関する知識
自由演奏	２０点	・演奏技術 ・表現力 ・曲の難易度

〈携行品〉

・自由演奏で使用する楽器(ピアノを除く。原則，受験者のみで移動・設置可能な楽器とする。原則によらない楽器については，事前に問い合わせ，許可を得ること。)

・使用する楽譜(自分用以外に提出用3部　コピー可。声楽及び器楽の受験者ともに提出すること。)

▼中高美術

【課題1】

□基礎技能

現在の社会状況における自分の心情を反映した自画像を鉛筆で描きなさい。

〈注意事項〉

※画用紙の縦横は自由に設定してよい。

※題名をつけること。

【課題2】

□創造表現

三点透視図法を用いて立方体を描きなさい。

※立方体には，福井の未来をイメージした1文字を入れ，着色すること。また，作品の制作意図を説明しなさい。

〈注意事項〉

※制作について

① 立方体の数は問わないが，消失点は全て一致していること。文字は1つの立方体に描くこと。

② 背景は着色しなくてもよい。

③ 立方体と文字以外の線は描かないこと

※制作意図について

① 完成した自分の作品について，他者に表現内容を説明する形式で記入する。

② 字数は，100字以上，150字以内とする。

※用紙の右下に整理番号を記入すること。

〈評価の観点〉

種　別	配　点	評　価　の　観　点
基礎技能	５０点	① 形を適切にとらえているか。 ② 立体感や陰影をとらえているか。 ③ 構図は適切か。
創造表現	５０点	① 課題内容を正確に把握しているか。 ② 三点透視図法を正確に描けているか。 ③ 色や形、構成についての独創性。 ④ 色や形、構成についての技能。 ⑤ 文章による表現・伝達の力は適切か。

〈携行品〉

※H～5Bの鉛筆，定規，コンパス，不透明水彩絵具(12色)，色鉛筆(12色)，筆(各種)，筆洗バケツ，パレット，のり，はさみ

▼中高保体

【課題】

□基礎体力

ア　反復横跳び　イ　立ち幅挑び

□器械運動

ウ　マット運動

□武道・ダンス

エ　ダンス　オ　柔道　カ　剣道

□球技

キ　バレーボール　ク　バスケットボール

〈評価の観点〉

種　別	配 点	評 価 の 観 点
ア　反復横跳び	5点	・文部科学省新体力テスト　反復横跳び男女得点表（２０～６４歳対象）の得点を1/2に換算する。（小数点以下は切り捨て）
イ　立ち幅跳び	5点	・文部科学省新体力テスト　立ち幅跳び男女得点表（２０～６４歳対象）の得点を1/2に換算する。（小数点以下は切り捨て）
ウ　マット運動	１５点	・各技の出来ばえ（７種目） 倒立前転、側方倒立回転、開脚前転、伸膝後転、後転倒立、片足正面水平立ち、前方倒立回転跳び
エ　ダンス	１５点	・表現力 ・独創性（創意工夫）
オ　柔道	１５点	・受け身の基本動作 後ろ受け身、横受け身（動作の正確さ） 前回り受け身（動作の正確さ）
カ　剣道	１５点	・素振りの基本動作 正面素振り（動作の正確さ） 跳躍正面素振り（動作の正確さ、リズム）
キ　バレーボール	１５点	・ゴールに入った成功数 バスケットボールのフリースローラインから、アンダーハンドで直上パスし、続けてオーバーハンドパスでバスケットゴールにボールを入れる。
ク　バスケットボール	１５点	・時間内でのフリースローおよびドリブルシュートの成功数

〈携行品〉

・トレーニングウェア・シューズ(内)　等

※柔道着，剣道用具(竹刀・防具)は必要ありません。

▼中高家庭

【課題1】

□被服分野

カギホックを丈夫な縫い方で所定の位置に付ける。

(1) 配付物等　実技試験問題用紙1枚，白布1枚(33cm×8cm)，手縫い糸，カギホック，ビニール袋

(2) 所要時間約　30分(準備・後始末を含む)

(3) 準備　針に糸を通し，1本取りにする。

(4) 問題　作業制限時間25分

「スカートやズボンのベルト部分に見立てて，カギホックを縫いつけなさい。」

「始め」の合図で行い，「やめ」の合図で作業をやめ，袋に入れ提出しなさい。

① 布の短辺を半分に折りなさい。

② わを上にして左布を縫い代1cmで半返し縫いしなさい。

※表目縫い目間隔2mm

③ 布を表に返しなさい。

④ わを上にし，カギホックを丈夫な縫い方で縫いつけなさい。

※布の重なりは2cmにし，ベルト幅の中央につける。

(5) 提出　ビニール袋に入れて提出。

【課題2】

□食物分野

錦糸卵を作って紙皿に盛り付け提出する。

(1) 配付物　実技試験問題用紙1枚，卵1個，砂糖，塩，酢，醤油，油，包丁，まな板，菜箸，計量スプーン(大・小・$\frac{1}{2}$小)，計量カップ，ボウル，バット，フライパン，両手鍋，クッキングペーパー，アルミホイル，提出用容器

(2) 所要時間　約10分(後始末を含む)

(3) 問題　・錦糸卵を作り，提出用容器に盛り付けなさい。

※調味料は適するものを選び使用しなさい。

※用具は適するものを使用しなさい。

・最初の状態になるように，後始末をしなさい。

※洗剤を使用してもよい。

※制限時間10分

※「やめ」の合図で，盛り付けた皿を提出しなさい。

〈評価の観点〉

種　別	配　点	評　価　の　観　点
被服分野	３０点	・ホックを丈夫に縫いつけているか。 ・アイを丈夫に縫い付けているか。 ・半返し縫いの間隔・縫い目は適切か。 ・ホックとアイをはめた時に仕上がりは適切か。 ・時間内に仕上げることができたか。　など
食物分野	２０点	・身支度は適切か。 ・錦糸卵の厚みは均一か。 ・錦糸卵の焼き色はむらがなく美しいか。 ・材料・用具を安全に衛生的に扱っているか。 ・後始末は、指示通りであるか。　など

〈携行品〉

・調理実習の身支度として必要なもの

・裁縫道具(はさみ〈布裁断用，糸切り用〉，縫い針〈長，短〉，縫い糸〈色つき〉，まち針，チャコペンシル，しつけ糸)

・30cm定規

▼中高英語　面接官2人(ALT，テスター)　受験者1人　10分

【課題】

□口頭試問

※ALT(インタビュアー)とJTE(テスター)がセットを組み，英語による口頭試問を行う。

〈評価の観点〉

種　別	配　点	評　価　の　観　点
口頭試問	２０点	コミュニケーション能力
	３０点	論理的思考力、問題解決能力

〈受験者が実際にされた質問〉

・How was the exam you just took before?

・Why do you want to be an English teacher?

・Why do you maintain your English skills?

・What do you think about connecting English to other subjects?

・Some students talk with only their friends. What do you do?

◆適性検査(2次試験)　60分

【検査内容】

作業検査法による心理検査

□クレペリン

・足し算を繰り返し行う。

◆個人面接(2次試験)　面接官3人　15～20分×2回

□個人面接は同日に2回行われる。

〈評価項目〉

(ア)　人物所見

①　身だしなみ，誠実性

②　判断力，表現力

③　責任感

④　積極性

(イ)　教員としての資質能力

①　専門性

②　使命感

③　教育観

④　倫理観

▼小学校

【質問内容】

□志望動機。

□教育実習について。

□卒業論文について。

□福井県独自の教育政策「楽しむ教養」について。

□教員になるにあたって高めたい力と自己研鑽の方法。

□挫折の経験と，立ち直り方。

□伝え合う力を高める授業とは。

□教育，コロナウイルス以外の気になるニュース。

□パワハラ，クレーム対応，働き方改革等において，現時点で不安なこと。

□教育の必要性を感じたことはあるか。

・面接官を変えて2回面接を行った。

・3人の面接官に順番に質問される。(1人は主に記録係)

▼小学校

【質問内容】

□1回目と2回目は別の面接官。

・1回目も2回目も年配の男性，年配の女性，壮年の男性の組み合わせ。

・質問内容は，いくつか重複していた。

〈重複していた質問〉

□所有免許状。

□なぜ福井県を受験したのか。

□指導が得意な教科。
□学級担任として最も経験が多かった学年。
〈重複しなかった質問〉
□中学校英語2種免許を取得した理由。
□学級担任として頑張ってきたことやうれしかったこと。
□校務分掌で頑張ってきたこと。
□教員としてのあなたの課題。
□あなたの課題を解決するために努力していること。
□あなたは同僚からどう思われているか(メタ認知)。
□学級にはいろいろな児童がいるが，最も指導に困難を感じた児童は。
□表現力の乏しい児童や問うても答えない児童にはどう指導するのか。
□中学年で最も困難を感じたこと。
□教員としてのあなたの課題。
□教員としてのあなたの課題を克服するために努力していること。
□教員の常識は世間の非常識という言葉があるが，そのためにあなたが努力していること。

▼小学校
【質問内容】
・15分の面接試験を2回，別室，異なる面接官で行った。
〈面接1〉
□取得予定の免許の確認。
□大学生活で力を入れたこと。
□卒論はどのような内容か，どうしてその内容にしたのか。
□教育実習について。
→授業をする際に気をつけたこと。
□ICTをどのように活用したいか。
□上司と意見が合わなかったらどうするか。
〈面接2〉

□(教育実習のクラスをイメージして)いじめが起きたらどのような対応をするか。
→保護者にはどのように対応するか。
□いじめを予防するためには何が大切か。
□引き出す教育と楽しむ教育について。
□自身の長所をどう活かすか。
□これまで出会った先生の中で，良かった先生と反面教師にしたい先生について，理由を踏まえて自分はどのような教師像を持っているか。
□ズバリ子どもは好きか嫌いか，具体的な理由を踏まえて述べよ。
□働くうえで不安なことを一つ。
□コロナウイルスの影響で4，5月休業していたがその対応についてあなたはどのように考えているか。
□コロナウイルスの影響の中で，修学旅行の実施についてどのように考えているか。
□学校が再開したが気をつけていくべきことは何か。
・2回とも最初に福井県の志望理由を聞かれた。
・とにかく自信をもって笑顔で受け答えするといいと思われる。
・面接官によって質問内容は異なると思われる。(コロナウイルス関連の質問は聞かれていない人もいた。)

▼小学校
〈面接1〉
□所有免許状の確認。
□大学時代のクラブ活動の経験。
□試験を受けるのは何回目か。
□他県で現職として働いているようだが，福井の教育に足りない点はなにか。
□あなたのクラスで登校を渋る児童がいる。どう対応するか。
□新学習指導要領の主体的な学びの評価についてどのように実践を行

っていくか。

〈面接2〉

□他県で現職をしているようだが，具体的にどのような職務を行っているのか。

□勤務校の新型コロナウイルス対策について。

□これまで現場で経験した中で不登校や指導に困った児童はいたか。→その対応について。

□クラス運営で一番大切にしていることは何か。

□これまでの教職経験で一番頑張った(仕事をしたな)と思ったことは何か。

□あなたは周りからどのような性格と言われるか。

・面接については，名前順に呼び出されるので，早い人は午前からの試験，遅い人は午後から夕方の試験だった。(コロナの関係もあると思われる。)

・面接の中身については，受験生から向かって左の人が司会的な役割(おそらく教頭か指導主事，中央と右側が校長と思われる。)

・県の育てたい人物像や求められる教員像についても確実に暗記して，答えられるようにした。

・私は現場の経験を主に語ったので圧迫には感じられなかったが，学生や年次が浅い先生方には厳しい内容もあったと思われる。

・答えたことに対して，追加の質問や掘り下げる質問があったので，できるだけ具体的に答えることや質問者が分かりやすいように答えることが大切だと思われる。また，課題に対しては，1つの解決策を述べるのではなく，こうなったらこうする，このような場合はこうすると複数の解決策を示すと試験官からの質問の掘り下げはないように感じた。

▼中高英語

【質問内容】

□取得免許状の確認。

□恩師の何がよかったか。
□福井の英語教育のいいところ，課題。
□大学院進学予定。
□研究をどう活かせるか。
□福井の先生のいいと思うところ。
□中学校と高校ではどちらがよいか。
□他の自治体や民間を受けているか。
□どうやって対策してきたか。
□どんな英語教育をしたいか。
□どんな教育をしたいか。

◆個人面接(2次試験)　面接官3人　15分×2

▼特別支援

【質問内容】

〈面接1〉　面接官　特別支援の教員　3名
□特支について。
□コロナの世の中でどう学校ですごしたか。
□手話をしてみてください。
□自閉傾向の強い子にはどう対応する。

〈面接2〉　面接官　管理職　3名
□福井の魅力，特支の魅力。
□体罰についてどう思うか。
□自分の学校生活でいらないもの。

◆個人面接(2次試験)　面接官3人

▼養護教諭

□養護教諭を目指した理由。
□養護教諭の免許は取得見込みであるが，どのような状況か。

□性教育の重要性が高まっており，養護教諭の指導も求められるようになって行くが，あなたが性教育を行う時に何を伝えたいか，大切にしたいか。
□児童生徒の生活習慣を正す必要があるとあるが，どうするか(集団・個人)。
□いじめをなくすためにはどうしていくべきか。
□いじめはなくなると思うか。
□同僚や地域との連携が重要になっているが，あなたは何をするか。
□あなたは中学校の養護教諭です。保健室に中学二年生の女子生徒が相談があると来室し，SNSでいじめられているとのことだった。どう対応するか。
→いじめられていることに対して「誰にも言わないで」と言われた，どう対応するか。
□養護教諭は大学に入った時から目指したのか。
□看護学生時代の病棟実習を通して養護教諭を目指す気持ちが強くなることはあったか。
□部活動やアルバイトで何か養護教諭で活かせることはあったか。
□今までで参考にしたい先生はいたか。
□理不尽な対応をされたことはあるか。
□大変だったこと，辛かったこと。
□保健室に来た児童生徒の何を最初に見るか。
→(上記の質問に「表情や姿勢」と答えて)表情は一人一人それぞれ違うと思うが，どうアセスメントするか。
□留学で学んだこと。
□今日の面接に点数をつけるなら何点か。その理由。

▼養護教諭
【質問内容】
□養護教諭の職務内容を5つ答えよ。
□組織活動の「学校保健委員会」について述べよ。

□前職で一番辛かったことは何か？
□あなたは運がいい方だと思うか，悪い方だと思うか。
→その理由。

2020年度

◆実技試験(1次選考)
※受験者全員共通の携行品：受験票，筆記用具，上履きおよび下足入れ袋
※第1次選考，第2次選考ともに教育公務員採用志願者にふさわしい身なりで受験すること(上着，ネクタイの着用は不要)。
※試験会場においては，ICレコーダー，デジタルカメラ，スマートフォン，携帯電話，録音・録画・通信・通話のできる機器の使用を禁止します。
▼小学校教諭
【課題1】
□水泳(25m)
クロールまたは平泳ぎのどちらか1種目を各自が選択して泳ぐ。
【課題2】
□キーボード演奏
次の小学校唱歌教材の中から，各自が選択した1曲を伴奏のみ演奏する(繰り返し不要・前奏付き)。
・「春の小川」　(3年生歌唱教材)
・「とんび」　(4年生歌唱教材)
・「冬げしき」　(5年生歌唱教材)
・「ふるさと」　(6年生歌唱教材)
※キーボードは鍵盤数が61のものを使用し，音の強弱や速度の変化や足のペダルはないものを前提として実施する。
※平成27年度改訂版教科書の伴奏譜，または，『新　音楽の授業づくり』(教育芸術社)より，本格伴奏または簡易伴奏を演奏する(本格伴

奏と簡易伴奏の評価に優劣はつけない)。

〈評価の観点〉

種目	配点	評価の観点
水泳	10点	A：足をつかずに25m泳ぎ切る。(10点)
		B：途中足をついたが，25mに達する。(5点)
		C：25mに達しない。泳げない。途中で歩いた。(0点)
キーボード演奏	10点	A：規定の速度で止まらずに弾き切る。 (ミスタッチ等2回まで) (10点)
		B：つかえながらも弾き切る。または，止まらずに弾き切るが規定の速度ではない。(5点)
		C：所定時間内に最後まで弾き切ることができない。(0点)

※今年度「A」と評価された者は，令和3年度教員採用試験(令和2年実施)以降において，水泳・キーボード演奏の受験を免除し，10点を与えます。

※平成29年度教員選考試験(平成28年実施)以降において「A」と評価された者は，水泳・キーボード演奏の受験を免除し，10点を与えます。

〈携行品〉

○水泳受験者：水泳着および水泳帽，サンダル，バスタオル

○キーボード演奏者：キーボード演奏で使用する楽譜(自分以外に提出用2部，コピー可)

▼中高音楽

【課題1】

□弾き歌い

指定された5曲の中から，当日指定された曲を自らのピアノ伴奏で主旋律を歌う。

「荒城の月」(土井晩翠作詞・滝廉太郎作曲・飯沼信義伴奏編曲)

「早春賦」 (吉丸一昌作詞・中田章作曲)

「花」 (武島羽衣作詞・滝廉太郎作曲)

「花の街」 (江間章子作詞・團伊玖磨作曲)

「浜辺の歌」(林古溪作詞・成田為三作曲)
※伴奏は原曲または教科書によることを原則とする。
※移調可。
【課題2】
□初見演奏
当日提示された楽曲(主旋律にコードネームが付いた楽譜)を見て，主旋律に即興的な伴奏をつけて演奏する。
※コードネームはメジャーコードとマイナーコード(セブンスコードを含む)とする。
【課題3】
□自由演奏
各自の選曲により声楽または器楽(和楽器を含む)のいずれかを演奏する。
※伴奏者同伴可。
〈評価の観点〉

種別	配点	評　価　の　観　点
弾き歌い	５０点	歌唱能力、伴奏能力、総合的な表現力 以上の観点から総合的に評価する。
初見演奏	３０点	・初見能力（主旋律）、即興演奏能力、コードネームに関する知識 以上の観点から総合的に評価する。
自由演奏	２０点	・演奏技術、表現力、曲の難易度 以上の観点から総合的に評価する。

〈携行品〉
○自由演奏で使用する楽器(ピアノを除く。原則，受験生のみで移動・設置可能な楽器とする。原則によらない楽器については，事前に問い合わせ，許可を得ること。)
○使用する楽譜(自分用以外に提出用2部，コピー可。声楽および器楽の受験者ともに提出すること。)

▼中高美術
【課題1】
□基礎技能(制限時間60分)
ピーマンとA4再生紙を，鉛筆と白の色鉛筆で灰色画用紙にデッサンする。
※A4再生紙は，自由にアレンジして配置すること。
※画用紙の縦横は自由に設定してよい。

【課題2】

□創造表現(制限時間60分)

オリンピックを題材に，抽象彫刻をつくる。

※製作について：競技の動きをイメージソースにして抽象化すること。
※製作意図について：①完成した自分の抽象作品について，他者に表現内容を説明する形式で記入する。
②字数は100字以上150字以内とする。
※用紙の右下に整理番号を記入すること。

〈評価の観点〉

種別	配点	評価の観点
基礎技能	５０点	① 形を適切にとらえているか。 ② 立体感や陰影をとらえているか。 ③ 構図は適切か。
創造表現	５０点	① 伝えたいイメージが的確に表現されているか。 ② 形や立体的な構成の技能が適切か。 ③ 文章による表現・伝達の力は適切か。

〈携行品〉

H～5Bの鉛筆，定規，コンパス，不透明水彩絵の具(12色)，色鉛筆(12色)，筆(各種)，筆洗バケツ，パレット，のり，はさみ

▼中高保体

【課題1】

□基礎体力テスト

反復横跳び，立ち幅跳び

【課題2】

□器械運動

マット運動

【課題3】

□武道・ダンス

○柔道

○剣道

○ダンス

【課題4】

□球技

○バレーボール

○バスケットボール

〈評価の観点〉

種目	配点	評価の観点
【基礎体力】 反復横跳び	5点	・文部科学省新体力テスト　反復横跳び男女得点表（20歳～64歳対象） 得点を1/2に換算する。（小数点以下は切り捨て）
【基礎体力】 立ち幅跳び	5点	・文部科学省新体力テスト　立ち幅跳び男女得点表（20歳～64歳対象） 得点を1/2に換算する。（小数点以下は切り捨て）
【器械運動】 マット運動	15点	・技の出来ばえ 実施技：倒立前転、側方倒立回転、伸膝後転、片足正面水平立ち、 前方倒立回転とび ・技と技のつなぎ
【ダンス】 ダンス	15点	・表現力 ・独創性（創意工夫）
【武道】 柔道	15点	・受け身の基本動作 後ろ受け身・横受け身（動作の正確さ） 前回り受け身（動作の正確さ）
【武道】 剣道	15点	・素振りの基本動作 正面素振り（動作の正確さ） 跳躍正面素振り（動作の正確さ、リズム）
【球技】 バレーボール	15点	・バスケットボールのフリースローラインから、アンダーハンドで直上パスし、 続けてオーバーハンドパスでバスケットゴールにボールを入れる。 ゴールに入った成功数
【球技】 バスケットボール	15点	・時間内でのフリースローおよびドリブルシュートの成功数

〈携行品〉

トレーニングウェア，シューズ(内履き)など

※柔道着，剣道用具(竹刀・防具)は必要ありません。

▼中高家庭

【課題1】

□食物分野

指定の切り方で人参を切る。

(1)　配布物　　実技試験問題用紙1枚
人参1本
包丁，まな板，ふきん，菜ばし，バット，
クッキングペーパー，紙皿(提出用)

(2)　所要時間　約5分(後始末を含む)

(3)　問題　　①人参の長さが半分になるように切りなさい。
②A，Bの皿に①で切った人参をそれぞれひとつずつのせなさい。
③Aの皿に入れた人参を「始め」の合図で，厚さ2mm以下の色紙切りにしなさい。[制限時間30秒]
④「やめ」の合図で，人参(「切ったもの」と「作業途中で切ってないもの」)をAの紙皿に置きなさい。
⑤Bの皿に入れた人参を「始め」の合図で拍子木切りにしなさい。
[制限時間30秒]
⑥「やめ」の合図で，人参(「切ったもの」と「作業途中で切ってないもの」)をBの紙皿に置きなさい。
⑦最初の状態になるように，後始末しなさい。ただし，用具類は洗わず，クッキングペーパーでふきとりなさい。

(4)　提出方法　切った人参を紙皿にのせて提出しなさい。

【課題2】

□被服分野

指定の縫い方(平縫い)を行う。

(1)　配布物　　実技試験問題用紙1枚
布1枚(17cm×15cm)，手縫い糸，ビニール袋

(2)　所要時間　約5分

(3)　問題　　「始め」の合図で行い，「やめ」の合図で作業をやめ，袋に入れて提出しなさい。
①針に糸を通し，1本取りにしなさい。

②布の耳の方を，3cmの二つ折りにし，耳ぐけをしなさい。

表目：2mm以内，縫い目間隔20mm以内

③耳の反対側の布端は，かがり縫いをしなさい。

④布の中央で，重ね継ぎになるように，並縫いをしなさい。

縫い目：4mm以内，縫い目間隔4mm以内

(4) 提出方法　ビニール袋にすべて入れて提出しなさい。

〈評価の観点〉

種別	配点	評価の観点
食物分野	２０点	①身支度は適切か。 ②指定の切り方（色紙切り、拍子木切り）で正しく均一に切ることができたか。 ③用具を安全に衛生的に扱っているか。 ④時間内に仕上げることができたか。
被服分野	３０点	①用具の準備、扱い方は適切か。 ②指定の通り、二つ折りができたか。 ③指定の縫い方（耳ぐけ、かがり縫い、なみ縫い）で正しく均一に縫うことができたか。 ④指定の通り、重ね継ぎが正しくできたか。 ⑤時間内に仕上げることができたか。

〈携行品〉

○調理実習の身支度として必要なもの

○裁縫用具…はさみ(布裁断用，糸切り用)，縫い針(長・短)，縫い糸(色つき)，まち針，チャコペンシル，しつけ糸

○30cm定規

▼中高英語　時間10分程度

【課題】

□ALT(インタビュアー)とJET(テスター)がセットを組み，口頭試問(英語)による検査を行う。

〈評価の観点〉

評価項目	配点	評価の観点
①英語運用(コミュニケーション)能力	25点	①積極的にコミュニケーションをしようとする態度を持っているか。 ②日常生活レベルで、自分の言いたいことを表現できるか。 ③上記の②を、Content・Fluency・Accuracy(Global errors)の観点から見る。
②論理的思考力 問題解決能力	25点	①解決すべき問題や状況を適切に分析(把握)できているか。 ②解決すべき問題の内容を論理的に表現できているか。 ③上記の②を、話の展開や論理性の観点から見る。

▼高校書道

【注意事項】

※前半60分，(休憩10分) 後半60分で実施します。

※全ての課題において，左下表面に算用数字で受験番号を記入しなさい(鉛筆使用)。

※前半，後半それぞれの課題を問題番号順にして提出しなさい(上から1，2，3…の順)。

※「やめなさい」の指示の後，速やかに課題を提出しなさい。

※ゴミなどは各自で持ち帰りなさい。

【課題1】

□創作

指定の用紙に課題を創作する。

1　次の題材を後の指示に従い書きなさい。

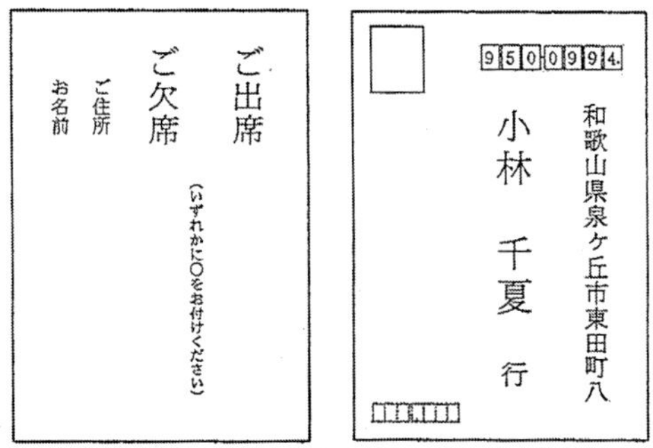

(1)　指定の用紙を使用し，ボールペンで書きなさい。

(2)　島本光さんが，小林千夏さんへ会議に出席する返事を出します。相手へ失礼の無いように体裁よく書きなさい。行送りは自由とします。

(3)　送り主の住所「郵便番号　910－3409　坂井市春江町青葉区六丁目三番一号」

2　次の題材を後の指示に従い書きなさい。

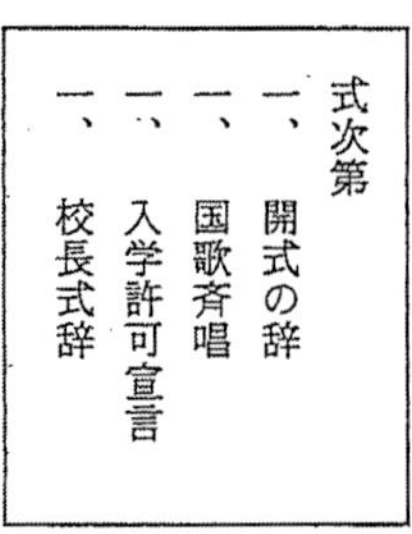

式次第
一、開式の辞
一、国歌斉唱
一、入学許可宣言
一、校長式辞

(1)　指定の用紙を横長に使用し，毛筆で書きなさい。

(2)　式次第として，縦書きで体裁よく書きなさい。

(3)　提出する作品について，用紙は折らず，鉛筆で下書きなどした場合は必ず消しなさい。

【課題2】

□臨書

指定の用紙に古典を臨書する。

1　次の古典を指定の用紙に臨書しなさい。

※問題における図版は，著作権上の都合により掲載できません。

(「蘭亭序」より)

2　次の古典を指定の用紙に臨書しなさい。

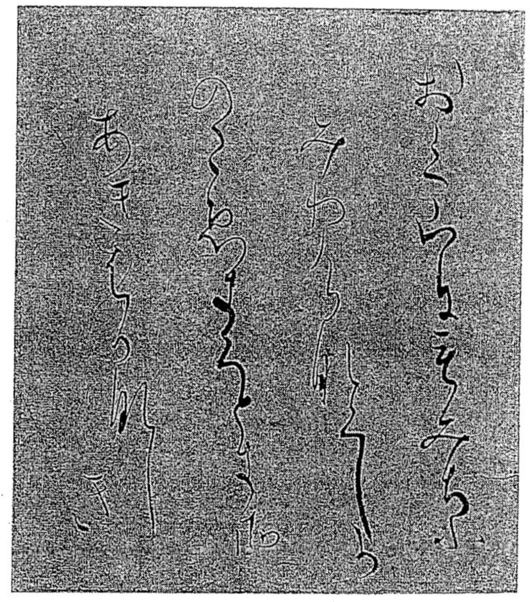

【課題3】

□実用書

1　次の題材を後の指示に従い揮毫しなさい。

月清し遊行のもてる砂の上

(1) 古典を踏まえた「漢字仮名交じりの書」の作品として揮毫しなさい。

(2) 指定の用紙(半切1／2)を使用しなさい。

(3) 記名は「建治書(かく)」とし，押印については大きさ，形，位置を赤ペンで記入しなさい。

(4) 変体仮名の使用，漢字と仮名の交換は不可とします。

2 次の(ア)～(ウ)の題材の中から一つ選び，指定の用紙(半切)に揮毫しなさい。

(ア)

竹亭陰合偏宜夏水檻風涼不待秋

(1) 「漢字の書」の作品として揮毫しなさい。

(2) 記名は「雪乃書」とし，押印については大きさ，形，位置を赤ペンで記入しなさい。

(3) 書体，書風，構成は自由とします。

(イ)

花(はな)の色(いろ)は移(うつ)りにけりないたづらに我(わ)が身世(みよ)にふるながめせしまに

(1) 「仮名の書」の作品として揮毫しなさい。

(2) 記名は「雪乃書(かく)」とし，押印については大きさ，形，位置を赤ペンで記入しなさい。

(3) 書体，書風，構成は自由とします。

(4) 変体仮名の使用，漢字と仮名の変換は自由とします。

(ウ)

古郷や何をほこらむたのしまむ海よりはこぶ初秋の風

(1) 「漢字仮名交じりの書」の作品として揮毫しなさい。

(2) 記名は「雪乃書(かく)」とし，押印については大きさ，形，位置を赤ペンで記入しなさい。

(3) 書体，書風，構成は自由とします。

(4) 変体仮名の使用，漢字と仮名の変換は不可とします。

〈評価の観点〉

種別	配点	評価の観点
臨書	30点	・筆使い、字形、紙面構成、墨量 以上の観点から総合的に評価する。
創作	50点	・筆使い、字形、紙面構成、墨量、落款、創造性 以上の観点から総合的に評価する。
実用書	20点	・筆使い、字形、配列、書式 以上の観点から総合的に評価する。

〈携行品〉

○筆…大筆，小筆

○紙…画仙紙(半切)，漢字用半紙，仮名用半紙

○墨…固形墨または墨汁

○硯，下敷，文鎮，水差し

※字典や参考書類の持ち込みは禁止します。

◆適性検査(2次試験)

【検査内容】

作業検査法による心理検査

□クレペリン

◆集団討論(2次試験)　面接官3人　受験者7人

〈評価の観点〉

①総合評価　A，B＋，B，C，D，E

②評価項目　・社交性，適応性　・協調性　・指導性　・論理的思考力　・柔軟性

▼小学校教諭

【質問内容】

□人生100年時代において，高齢者が活躍できる場があり，元気に活躍でき，安心して暮らせる社会をどのようにつくるか。

◆個人面接(2次試験)　面接官3人　約15分

〈評価の観点〉

①総合評価　A，B＋，B，C，D，E

②ア　人物初見　・身だしなみ，誠実性　・責任感

・判断力，表現力　・積極性

イ　教員としての資質能力　・使命感　・倫理観

▼小学校教諭

【質問内容】

□プログラミング的思考を育成するメリット・デメリットは何か。

□中学校へ赴任しても大丈夫か。(授業面，生活指導面で)

□中学校ではどのような授業を行ったか。何回行ったか。

□どんな学級にしたいか。

・試験官の方は優しくうなずきながら話を聞いてくれた。

2019年度

◆実技試験(1次選考)

※全員共通携行品：受験票，筆記用具，上履きおよび下足入れ袋

※第1次選考，第2次選考ともに教育公務員採用志願者にふさわしい身なりで受験すること。(上着，ネクタイの着用は不要)

※試験会場においては，ICレコーダー，デジタルカメラ，スマートフォン，携帯電話，録音・録画・通信・通話のできる機器の使用を禁止します。

▼小学校教諭

【課題1】

□水泳(25m)

クロールまたは平泳ぎのどちらか1種目を各自が選択して泳ぐ。

【課題2】

□キーボード演奏

次の小学校歌唱教材の中から，各自選択した1曲を伴奏のみ演奏する。(繰り返し不要・前奏付き)

・「ふじ山」　(3年生歌唱教材)
・「とんび」　(4年生歌唱教材)
・「スキーの歌」(5年生歌唱教材)
・「ふるさと」(6年生歌唱教材)

※キーボードは鍵盤数が61のものを使用し，音の強弱や速度の変化や足のペダルはないものを前提として実施する。

※平成27年度改訂版教科書の伴奏譜，または『新　音楽の授業づくり』(教育芸術社)より，本格伴奏または簡易伴奏を演奏する(本格伴奏と簡易伴奏で評価に優劣はつけない)。

＜評価の観点＞

内容	配点	評価の観点
水泳	１０点	A　２５ｍを立たずに泳ぎ切る（１０点） B　止まってもよいので２５ｍに達する（５点） C　２５ｍに達しない、泳げない（０点）
キーボード演奏	１０点	A　規定の速度で止まらずに弾き切る（ミスタッチ等２回まで）（１０点） B　つかえながらも弾き切る、または、止まらずに弾き切るが規定の速度ではない（５点） C　所定時間内に最後まで弾き切ることができない（０点）

※今年度「A」と評価された者は，2020年度教員採用選考試験(平成31年実施)以降において，「水泳」および「キーボード演奏」の受験を免除し，10点を与えます。

※平成29年度教員採用選考試験(平成28年実施)以降において「A」と評価された者は，「水泳」および「キーボード演奏」の受験を免除し，10点を与えます。

＜携行品＞

○水泳着および水泳帽，サンダル，バスタオル

○キーボード演奏で使用する楽譜(自分用以外に提出用2部，コピー可)

▼中高音楽

【課題1】

□弾き歌い

指定された5曲の中から，当日指定された曲を自らのピアノ伴奏で主旋律を歌う。

「荒城の月」(土井晩翠作詞・滝廉太郎作曲・飯沼信義伴奏編曲)
「早春賦」　(吉丸一昌作詞・中田章作曲)
「花」　　　(武島羽衣作詞・滝廉太郎作曲)
「花の街」　(江間章子作詞・團伊玖磨作曲)
「浜辺の歌」(林古溪作詞・成田為三作曲)

※伴奏は原曲または教科書によることを原則とする。
※移調可。

【課題2】
□初見演奏
当日提示された楽譜(主旋律にコードネームが付いた楽譜)を見て，主旋律に即興的な伴奏をつけて演奏する。
※コードネームは，メイジャーコードとマイナーコード(セブンスコードを含む)とする。

【課題3】
□自由演奏
各自の選曲により声楽または器楽(和楽器を含む)のいずれかを演奏する。
※伴奏者同伴可。

＜評価の観点＞

種別	配点	評価の観点
弾き歌い	５０点	歌唱能力・伴奏能力・総合的な表現力 以上の観点から総合的に評価する。
初見演奏	３０点	初見能力（主旋律）・即興演奏能力　・コードネームに関する知識 以上の観点から総合的に評価する。
自由演奏	２０点	演奏技術・表現力・曲の難易度 以上の観点から総合的に評価する。

＜携行品＞
◯自由演奏で使用する楽器(ピアノを除く。原則，受験者のみで移動・設置可能な楽器とする。原則によらない楽器については，事前に問い合わせ，許可を得ること)。
◯使用する楽譜(自分用以外に提出用2部，コピー可。声楽および器楽の受験者ともに提出すること)。

▼中高美術

【課題1】

□デッサン(制限時間60分間)

与えられたモチーフ(特大クリップ2つ，トイレットペーパー)を，画用紙上に任意に配置し，黒ボールペンでデッサンしなさい。

※鉛筆などによる下描きはしない。支給された黒ボールペンのみ使用すること。

※画用紙の縦横は自由に設定してもよい。

※用紙の右下に整理番号を記入すること。

【課題2】

□デザイン(制限時間60分間)

「自然界の形」を題材に，不透明水彩絵の具を用いた平面構成をしなさい。また，作品の制作意図を説明しなさい。

※ケント紙を縦に使用し，以下の枠を作図すること。

① 上部に縦25cm×横25cmの枠(平面構成用)

② 下部に縦5cm×横15cmの枠(制作意図記入用)

※平面構成については以下の点に注意すること。

①「自然界の形」1～2種をイメージソースにしてデザイン化すること。

② 画面構成については「リズム感」を出すこと。

③ 色彩表現では，「情感」(例：「強い」「柔らかい」「軽い」など)を各自で設定し，表現すること。

※制作意図については，以下の点に注意すること。

① 完成した自分の平面構成作品について，他者に表現内容を説明する形式で記入する。

② 字数は100字以上150字以内とする。

※用紙の右下に整理番号を記入すること。

＜評価の観点＞

種別	配点	評価の観点
デッサン	５０点	① 形を適切にとらえているか ② 立体感や陰影をとらえているか ③ 構図は適切か
デザイン	５０点	①課題内容を正確に把握しているか ② 形による構成や表現の技能は適切か ③ 色彩による表現の技能が適切か ④ 文章による表現・伝達の力は適切か

＜携行品＞

H～5Bの鉛筆，定規，コンパス，不透明水彩絵の具(12色)，色鉛筆(12色)，筆(各種)，筆洗バケツ，パレット，のり，はさみ

▼中高保体

【課題1】

□基礎体力テスト

反復横跳び，立ち幅跳び

【課題2】

□器械運動

マット運動…連続技

倒立前転→側方倒立回転→伸膝後転→片足正面水平立ち→前方倒立回転とび

【課題3】

□武道・ダンス

○柔道…横受け身，後ろ受け身，前回り受け身

○剣道…正面素振り，跳躍正面素振り

○ダンス

【課題4】

□球技

○バレーボール…所定の区域内で，アンダーハンドパスで直上し，続けてオーバーハンドパスでバスケットゴールにボールを入れる。

○バスケットボール…時間内でのドリブルシュート

＜評価の観点＞

種目	配点	評価の観点
【基礎体力】 反復横跳び	5点	文部科学省新体力テスト　反復横跳び男女得点表（２０歳～６４歳対象） 得点を１／２に換算する（小数点以下は切り捨て）
【基礎体力】 立ち幅跳び	5点	文部科学省新体力テスト　立ち幅跳び男女得点表（２０歳～６４歳対象） 得点を１／２に換算する（小数点以下は切り捨て）
【器械運動】 マット運動	１５点	・技の出来ばえ 実施技：倒立前転、側方倒立回転、伸膝後転、片足正面水平立ち、 前方倒立回転とび ・技と技のつなぎ
【ダンス】 ダンス	１５点	・表現力 ・独創性（創意工夫）
【武道】 柔道	１５点	・受け身の基本動作 横受け身・後ろ受け身（動作の正確さ） 前回り受け身（動作の正確さ）
【武道】 剣道	１５点	・素振りの基本動作 正面素振り（動作の正確さ） 跳躍正面素振り（動作の正確さ、リズム）
【球技】 バレーボール	１５点	・所定の区域内で、アンダーハンドパスで直上し、続けてオーバーハンドパスでバスケットゴールにボールを入れる。ゴールへ入った成功数
【球技】 ﾊﾞｽｹｯﾄﾎﾞｰﾙ	１５点	・時間内でのドリブルシュート成功数

＜携行品＞

トレーニングウェア，屋内用シューズ等

※柔道着，剣道用具(竹刀・防具)は必要ありません。

▼中高家庭

【課題1】

□食物分野

指定の切り方できゅうりを切る。

(1) 配付物　実技試験問題用紙1枚
きゅうり1本
包丁，まな板，ふきん，菜ばし，バット，クッキングペーパー，紙皿(提出用)

(2) 所要時間　作業時間5分(後始末を含む)

(3) 問題　①きゅうりの長さが半分になるように切りなさい。
②「始め」の合図で，厚さ2mm以下の半月切りにしなさい。【制限時間20秒】
③「やめ」の合図で，きゅうり(切ったもの，切ってないもの)を紙皿に置きなさい。

④「始め」の合図で蛇腹切りにしなさい。【制限時間1分】
⑤「やめ」の合図で，きゅうり(切ったもの，切ってないもの)を紙皿に，置きなさい。
⑥最初の状態になるように，後始末をしなさい。ただし，用具は洗わず，クッキングペーパーでふきとりなさい。

(4)　提出方法　　切ったきゅうりを紙皿にのせて提出しなさい。

【課題2】

□被服分野

※指定の二つ折りと三つ折りにする。
※指定の縫い方(手縫い)を行う。
※指定された場所にスナップをつける。

(1)　配付物　　実技試験問題用紙1枚
布1枚(15cm×20cm)，スナップボタン，手縫い糸，ビニール袋

(2)　所要時間　　作業時間30分(後始末を含む)

(3)　問題　　「始め」の合図で行い，「やめ」の合図でやめ，袋に入れて提出しなさい。
①針に糸を通し，1本取りにしなさい。
②出来上がりの線に合わせ，三つ折りにしなさい。
③三つ折りの所に，流しまつりをしなさい。
表目：1mm以内，縫い目間隔8mm以内
④スナップをつけなさい。
二つ折り部分に凸スナップ，三つ折り部分に凹スナップをつけ布端がきれいに重なるようにしなさい。

(4)　提出方法　　ビニール袋にすべて入れて提出しなさい。

＜評価の観点＞

種別	配点	評　価　の　観　点
食物分野	２０点	（１）身支度は適切か。 （２）きゅうりの半月切りの形や厚みは適切か。 （３）きゅうりの蛇腹切りの技法ができているか。 （４）材料・用具を安全に衛生的に扱っているか。
被服分野	３０点	（１）3つ折りにすることができたか。 （２）用具の準備、扱い方（流しまつり）で正しく縫うことができたか。 （３）スナップをつけることができたか。 （４）時間内に仕上げることができたか。 均一に縫うことができたか。 （５）時間内に仕上げることができたか。

＜携行品＞

◯調理実習に適した服装に必要なもの

◯裁縫道具…はさみ(布裁断用，糸切り用)，縫い針(長，短)，縫い糸(色つき)，まち針，チャコペンシル，しつけ糸

◯30cm定規

▼中高英語　時間10分

【課題】

□英語による口頭試問

ALT(インタビュアー)とJTE(テスター)がセットを組み，英語による口頭試問による検査を行う。

＜評価の観点＞

評価項目	配点	評　価　の　観　点
①英語運用 (コミュニケーション) 能力	２５点	（１）積極的にコミュニケーションをしようとする態度を持っているか。 （２）日常生活レベルで、自分の言いたいことを表現できるか。 （３）上記の（２）を、Content・Fluency・Accuracy (Global errors) の観点から見る。
②論理的思考力 問題解決能力	２５点	（１）解決すべき問題や状況を適切に分析（把握）できているか。 （２）解決すべき問題の内容を論理的に表現できているか。 （３）上記の（２）を、話の展開や論理性の観点から見る。

▼高校書道

【注意事項】

※前半60分，(休憩10分)後半60分で実施します。
※全ての課題において，左下表面に算用数字で受験番号を記入しなさい(鉛筆使用)。
※前半，後半それぞれの課題を問題番号順にして提出しなさい(上から1，2，3・・・の順)。
※「やめなさい」の指示の後，速やかに課題を提出しなさい。
※ゴミなどは各自で持ち帰りなさい。

【課題1】

□創作

指定の用紙に課題を創作する。

1．次の題材をあとの指示に従い書きなさい。

図書委員会からのお知らせ 以下の通り委員会を開催します。委員は必ず出席してください。 記 日時　九月十日(月)午後四時三十分 場所　第二会議室 内容　図書巡回文庫について

(1)　フェルトペンを使用し，用紙は指定のものを使用しなさい。

(2)　用紙は横置きにし，横書きで体裁よく書きなさい。行送りは自由とします。

2．次の題材をあとの指示に従い書きなさい。

〒910-8580 福井市大手3丁目11番7号 福井県教育庁　芸術文化課 課長 越前　敦子

(1)　毛筆を使用し，用紙は指定のもの(封筒)を使用しなさい。

(2)　宛名書き(表)として，縦書きで体裁よく書きなさい。行送りは自由とします。

【課題2】

□臨書

指定の用紙に古典を臨書する。

1. 次の古典を指定の用紙に臨書しなさい。

2. 次の古典を指定の用紙に臨書しなさい。

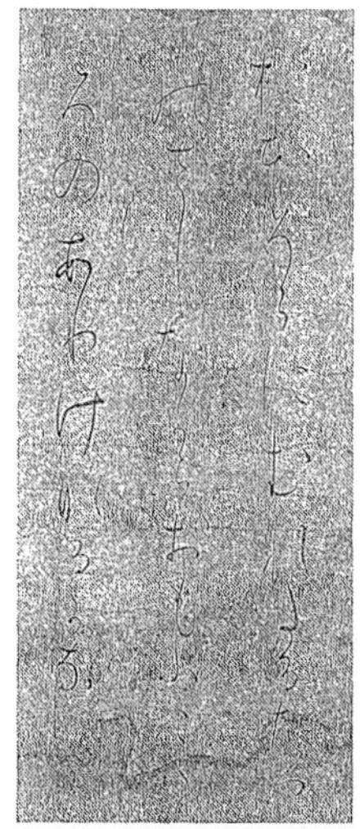

【課題3】

□実用書

指定の用紙に小筆，硬筆で揮毫する。

1．次の題材をあとの指示に従い揮毫しなさい。

夏草や兵どもが夢のあと

(1)　古典を踏まえた「漢字仮名交じりの書」の作品として揮毫しなさい。

(2)　指定の用紙(半切1/2)を使用しなさい。

(3)　記名は「順子書(かく)」とし，押印については大きさ，形，位置を赤ペンで記入しなさい。

(4)　変体仮名の使用，漢字と仮名の変換は不可とします。

2. 次の(ア)～(ウ)の題材から一つ選び，指定の用紙(半切)に揮毫しなさい

(ア)

門無客至惟風月案有書存但老荘

(1) 「漢字の書」の作品として揮毫しなさい。

(2) 記名は「左内書(かく)」とし，押印については大きさ，形，位置を赤ペンで記入しなさい。

(3) 書体，書風，構成は自由とします。

(イ)

人(ひと)はいさ心(こころ)も知(し)らず古里(ふるさと)は花(はな)ぞ昔(むかし)の香(か)ににほひける

(1) 「仮名の書」の作品として揮毫しなさい。

(2) 記名は「左内書(かく)」とし，押印については大きさ，形，位置を赤ペンで記入しなさい。

(3) 書体，書風，構成は自由とします。

(4) 変体仮名の使用，漢字と仮名の変換は自由とします。

(ウ)

海鳴りに耳を澄ましているような水仙の花ひらくふるさと

(1) 「漢字仮名交じりの書」の作品として揮毫しなさい。

(2) 記名は「左内書(かく)」とし，押印については大きさ，形，位置を赤ペンで記入しなさい。

(3) 書体，書風，構成は自由とします。

(4) 変体仮名の使用，漢字と仮名の変換は不可とします。

<評価の観点>

種別	配点	評　価　の　観　点
臨書	３０点	筆使い、字形、紙面構成、墨量 以上の観点から総合的に評価する。
創作	５０点	筆使い、字形、紙面構成、墨量、落款、創造性 以上の観点から総合的に評価する。
実用書	２０点	筆使い、字形、配列、書式 以上の観点から総合的に評価する。

<携行品>

◯筆…大筆，小筆

◯紙…画仙紙(半切)，漢字用半紙，仮名用半紙

◯墨…固形墨または墨汁

◯硯，下敷，文鎮，水差し

※字典や参考書類の持ち込みは禁止します。

◆適性検査(2次選考)　60分

【検査内容】

□クレペリン

<受験者のアドバイス・感想>

・ひたすら足し算。

◆集団討論(2次選考)　面接官3人　受験者6人　時間60分

課題検討室で与えられた課題について15分間検討した後，討論室へ移動。1人1分ずつ考えを述べてから20分間討論する。討論が終わったら1分間で討論のまとめを話す。

※討論後，面接官による質疑がある。

<評価の観点>

①総合評価…A，B＋，B，C，D，E

②評価項目

・社交性，適応性　　　・協調性
・指導性　　　　　　　・論理的思考
・柔軟性

▼中高社会

【テーマ】

□生徒のスマホ依存が問題となっているが，どのような指導をするか。

※1人ずつ1分で考えを述べる。その後，リーダーのことなどは何も言われずにスタート。最後にもう1度1分ずつ述べ，時間があれば質問される(挙手制)。

・始まってから数秒での雰囲気づくりを大切に。
・私たちのグループは，リーダーを決めずに「自由」にやった。
・学生に足りない経験をどこでカバーするのか考えておくとよい。
・集団討論の教室には時計があった。

▼中学美術

【テーマ】

□今年は福井地震から70年の節目の年である。福井地震は「震度7」が創設されるきっかけとなった非常に強い地震であった。また今年は地震・豪雨・猛暑・大雪など様々な自然災害に見舞われている。

　児童生徒の防災意識を高めるために教員としてどう取り組むか，討論しなさい。

※課題文と討論時のメモは持ち帰り不可。

【討論後の質問内容】

□被災経験があればその時の，なければ見聞きした話でも構わないが，防災教育が役立った・役立たなかった経験について考えがまとまった人から話しなさい。

◆個人面接(2次選考)　面接官3人　時間15～20分

＜評価の観点＞

①総合評価…A，B＋，B，C，D，E
②評価項目

ア	人物所見	・身だしなみ，誠実性	・責任感
		・判断力，表現力	・積極性
イ	教員としての	・専門性	・教育観
	資質能力	・使命感	・倫理観

▼中高社会
【質問内容】
□福井県のよいところはどこか。
□実家に帰省するルートは?(使用する交通機関等)
□(私の実家が県外のため)両親はどう思っているか。
□先生方の英語偏重についてどう思うか。
□英語で日本史を教えることはどう思うか(外国の方に対してなど)。
□コミュニケーションで大切にしていることはなにか。
□部活動は何ができるか。
・場面指導なし。小論文や討論のことにも触れられなかった。
・浅い質問が多かったように思う。
・自分にとっても，面接官にとっても，楽しいものにしようと意識した(集団討論も)。
・福井県で校長をされていた方によると，やはり福井大学出身や地元の方が合格することが多いようです。ただ，私のように県外からの受験でもしっかりと見てくれているようなので，希望を捨てないことです。

▼中学美術
【質問内容】
□試験は何回目の受験で，その内2次試験に進めたのは何回か。
□受からない理由を分析できていれば話して。
□これまでの講師経験について業務内容を詳しく話して。

□無職の期間は何をして過ごしたか。
□志願理由の内容について詳しく述べよ。
□小学校で教えるにあたって大変だったことはなにか。
□現在高校で教えているが，人数とコマ数は?
　→高校で教えていて大変なことはなにか。
　→教えるにあたって大切にしていることを3つ挙げよ。
　→(上記3つ挙げた中から1つについて)学校現場ではどのように行っていくか。
□中学校だとやる気のない生徒もいる。彼らにどのように対処するか。
□良い叱り方と下手な叱り方とは。
□ボランティアサークルに所属していたとあるが，今は何かボランティアをしているか。
□ストレス解消法はあるか。

2018年度

◆実技試験(1次選考)
▼小学校全科
【課題】
□1．水泳25m…選択1種目〔クロール／平泳ぎ〕
□2．キーボード演奏(伴奏)…事前提示課題曲より自由選択で1曲演奏する。
〔事前提示課題曲〕
「ふじ山」(3年生歌唱教材)　「スキーの歌」(5年生歌唱教材)
「もみじ」(4年生歌唱教材)　「おぼろ月夜」(6年生歌唱教材)
〈条件〉
＊演奏：本格伴奏または簡易伴奏を行う。
本格伴奏と簡易伴奏で評価に優劣はつけない。
繰り返し不要。前奏付き。
＊楽譜：平成27年度改訂版教科書の伴奏譜，『新　音楽の授業づ

くり』教育芸術社　(どちらでもよい)

＊キーボード：鍵盤数が61のもの

※音の強弱や速度の変化や足のペダルはないものを前提とする。

＜持ち物＞

◯水泳着および水泳帽，サンダル，バスタオル

◯キーボード演奏で使用する楽譜3部(自分用以外に提出用2部，コピー可)

＜評価の観点＞

内容	評価の観点
水泳	A ２５mを立たずに泳ぎ切る　(１０点) B 止まってもよいので２５mに達する　(　５点) C ２５mに達しない、泳げない　(　０点)
キーボード演奏	A 既定の速度で止まらずに弾き切る　(１０点) 　ミスタッチ等２回まで B つかえながらも弾き切る、または、止まらず弾き切るが規定の速度ではない　(　５点) C 所定時間内に最後まで弾き切ることができない　(　０点)

＜受験者のアドバイス・感想＞

・オルガンでの演奏だったため，ピアノに慣れていると間隔が狭く，弾きにくい。

▼中高英語　時間10分

【課題】

□英語による口頭試問…ALT(インタビュアー)とJTE(テスター)による。

＜評価の観点＞

(1)　英語運用(コミュニケーション)能力

＊積極的にコミュニケーションをしようとする態度を持っているか。

＊日常生活レベルで，自分の言いたいことを表現できるか。

(Content，Fluency，Accuracy-Global errors)

(2)　論理的思考力・問題解決能力

＊解決すべき問題や状況を適切に分析(把握)できているか。

＊解決すべき問題の内容を論理的に表現できているか。(話の展開，論理性)

▼中高家庭

【課題】

□1．食物分野

調理「にんじんを切る」…いちょう切り，ねじ梅(ねじり梅)

□2．被服分野

(1)ミシン…上糸と下糸をかけ，下糸を引き出す。

(2)手縫い…なみ縫い，半返し縫い，千鳥がけを行う。

＜持ち物＞

◯調理実習に適した服装に必要なもの

◯裁縫道具…はさみ(布裁断用，糸切り用)，縫い糸(色つき)，しつけ糸
縫い針(長，短)，まち針，チャコペンシル

◯30cm定規

＜評価の観点＞

[食物分野]

＊身支度は適切か。

＊指示通り正しく均一に切ることができたか。

＊できばえが良いか。

＊用具を安全に衛生的に扱っているか。

[被服分野]

＊糸を正しくかけることができたか。

＊下糸を正しく引き出すことができたか。

＊用具の準備，扱い方は適切か。

＊指定どおり正しく均一に縫うことができたか。

＊時間内に仕上げることができたか。

▼中高音楽

【課題】

□1. 弾き歌い…事前提示課題より当日指定される1曲を演奏する。
〔事前提示課題曲〕
「荒城の月」(土井晩翠作詞・滝廉太郎作曲・飯沼信義伴奏編曲)
「早春賦」 (吉丸一昌作詞・中田章作曲)
「花」 (武島羽衣作詞・滝廉太郎作曲)
「花の街」 (江間章子作詞・團伊玖磨作曲)
「浜辺の歌」(林古溪作詞・成田為三作曲)
〈条件〉
＊自らのピアノ伴奏で主旋律を歌う。
＊伴奏は原曲または教科書によることを原則とする。
＊移調してもよい。

□2. 初見演奏…当日指定曲(主旋律)に即興的な伴奏をつけた演奏をする。
〈条件〉
＊楽譜は主旋律にコードネームが付いたものである。
＊コードネームは，メイジャーコードとマイナーコード(セブンスコードを含む)とする。

□3. 自由演奏…自由選曲の声楽または器楽演奏。
〈条件〉
＊楽器：和楽器でもよい。
＊伴奏者：同伴可。

＜持ち物＞
○自由演奏で使用する楽器(ピアノを除く。原則，受験者のみで移動・設置可能な楽器とする。※原則によらない楽器については，事前に問い合わせ，許可を得ること。)
○自由演奏の楽譜(自分用以外に提出用2部，コピー可)

＜評価の観点＞
＊弾き歌い…歌唱能力，伴奏能力，総合的な表現力
＊初見演奏…初見能力，即興演奏能力，コードネームに関する知識
＊自由演奏…演奏技術，表現力，曲の難易度

▼中高保体

【課題】

□1. 基礎体力テスト(反復横跳び，立ち幅跳び)

□2. 器械運動(マット運動)…連続技

①倒立前転→②側方倒立回転→③伸膝後転→④片足正面水平立ち→⑤前方倒立回転とび

□3. 武道・ダンス

○柔道…横受け身，後ろ受け身，前回り受け身

○剣道…正面素振り，跳躍正面素振り

○ダンス

□4. 球技

○バレーボール…所定の区域内で，アンダーハンドパスで直上し，続けてオーバーハンドパスでバスケットゴールにボールを入れる。

○バスケットボール…時間内でのドリブルシュート

＜持ち物＞

トレーニングウェア，屋内用シューズ

※柔道着，剣道用具(竹刀・防具)は持参する必要がない。

＜評価の観点＞

種目	評価の観点
反復横跳び	文部科学省新体力テスト・反復横跳び男女得点表（２０歳～６４歳対象）得点を１／２に換算する 小数点以下は切り捨て
立ち幅跳び	文部科学省新体力テスト　立ち幅跳び男女得点表（２０歳～６４歳対象）得点を１／２に換算する 小数点以下は切り捨て
マット運動	・技の出来ばえ　・技と技のつなぎ
ダンス	・表現力　・独創性（創意工夫）
柔道	動作の正確さ
剣道	・正面素振り（動作の正確さ） ・跳躍正面素振り（動作の正確さ、リズム）
バレーボール	ゴールへ入った成功数
ﾊﾞｽｹｯﾄﾎﾞｰﾙ	ドリブルシュート成功数

▼中高美術

【課題】

□1. デッサン…色鉛筆デッサン

〈条件〉

＊モチーフ：水入りペットボトル，軍手

＊使用色数：自由(※黒色は使用しない)

□2. デザイン…テーマ「風」・立体構成

〈条件〉

＊材料：ケント紙，コピー用紙

＊製作意図を言葉で書く。

＊ケント紙で20cm×20cmの台座をつくり，作品をその上に固定する。

＊作品の彩色はしない。

＜持ち物＞

H～5Bの鉛筆，色鉛筆(12色)，不透明水彩絵具(12色)，筆(各種)，筆洗バケツ，パレット，のり，はさみ，定規，コンパス

＜評価の観点＞

[デッサン]

＊形を適切にとらえているか。

＊立体感や陰影をとらえているか。

＊構図は適切か。

＊イメージに合わせ色彩を効果的に使用しているか。

[デザイン]

＊デザインの意図が明確にわかるか。

＊伝えたいイメージが的確に表現されているか。

＊形や立体的な構成の技能が適切か。

＊統一感があり，説得力があるか。

▼高校書道

【課題】

□1. 漢字仮名交じりの書(実用書を含む)…小筆，硬筆で揮毫する。
□2. 漢字の書
□3. 仮名の書
＜持ち物＞
○筆…大筆，小筆
○紙…画仙紙(半切)，漢字用半紙，仮名用半紙
○墨…固形墨または墨汁
○硯，下敷，文鎮，水差し
※字典や参考書類の持ち込みは禁止である。
＜評価の観点＞
＊臨書…筆使い，字形，紙面構成，墨量
＊創作…筆使い，字形，紙面構成，墨量，落款，創造性
＊実用書…筆使い，字形，配列，書式

◆適性検査(2次選考)　60分
【検査内容】
□クレペリン
＜受験者のアドバイス・感想＞
・ひたすら足し算を行った。

◆集団討論(2次選考)　面接官3人　受験者5人
＜試験の流れ＞
①課題検討室で諸注意・方法の説明・課題配布
②課題の検討　15分　＊筆記具の使用可
③試験室へ移動
④整理番号と課題に対する自分の考えを1分以内で順番に述べていく。
⑤自由討論　20分
⑥④とは逆順に再度(改めて)自分の考えを1分以内で述べていく。

<課題検討室での諸注意>
＊討論の定義
「グループでの協働作業であり，誰かを打ち負かすことが目的ではありません」
「リラックスして話し合いに参加してください」
「できる限り，結論を得るように討論を進めて下さい」
＊試験官は時間を計測する。
＊指定時間になると「そこまでです」と告げられる。
＊指定時間を大幅に超えると減点対象となる。
＊議論がそれたり止まったりしたら，試験官による指示・軌道修正が行われる場合がある。

▼小学校全科
※討論後，面接官による質疑がある。
【討論テーマ】
□紙の辞書，電子辞書，ICTを利用したアプリなどの3つの中で，何を使って指導していくのがよいか。
□学校の様子や学校行事の様子をSNSを活用して保護者に伝える際，メリットとデメリットについて自由に討論してください。
【討論後の面接官の質問内容】
□今の自分の討論に点数を付けるなら何点ですか。自分の良かった点と改善課題をまとまった人から述べてください。

▼中学校数学　面接官3人　受験者7人　時間40分
【テーマ】
□福井のブランド米「いちほまれ」をPRするには，どうするか。

▼中高社会
【テーマ】
□福井県において「ふるさと教育」の推進を充実していくために，どのような取り組みが考えられるか。また，Uターン・Iターンを増やすための取り組みはどうするべきか。具体例を挙げつつ討論しなさい。

【討論後の面接官の質問内容】

□Aさんから順に，この集団討論について，自己採点とその理由を簡潔に述べなさい。

<受験者のアドバイス・感想>

・司会者を立てるか等，各グループの判断に任せられる。

・時間が余ったグループは質疑応答があった。

◆個人面接(2次選考)　面接官3人　時間20分

▼小学校全科

【質問内容】

□面接票に記述した内容について。

→保有する免許状について教えてください。

→出身学科を何に活かせますか。

□英語はどれくらい話せますか。

□一般企業は受けましたか。

→なぜ受けなかったのか。理由を簡潔に。

□本は読みますか。

□なぜ小学校の先生になりたいのか。

□東京と福井の児童の違いは？(実習先が東京)

□附属小と公立の児童の違いは？(実習先が附属と公立)

□【場面指導】朝学校へ行ったら，児童に「靴がない」と言われました。どうしますか。

[他県現職教諭]

□これまでの経験を教えてください。

□本県でこれまでの経験をどのように生かそうとしますか？

□他県で教員をしているのに，なぜ，わざわざ本県で教員をしたいのですか？

→(回答に対し)

面接官：「それはあなたのエゴです。本県の子どもたちには何の関係もない」

□もしかして，他県で何か大きな失敗をしたのですか?

□嫌になったのですか？

□居られなくなったのですか？

□自分が満足する仕事を与えてもらえないのですか？

□本県の教員になったとして，本県の子どもたちにメリットがあるのですか？

→(回答に対し)

面接官：「本県で教員をしようが，他県で教員をしようが，子どもたちは変わらないでしょ？」

□他県で教員経験をした人は本県の教育現場で苦悩しているようです。「これまでとやり方が違う」「指導が極め細かすぎる」など，職場でうまくやれていないという話をよく聞きます。あなたは大丈夫ですか？

[再受験者]

□なぜ何度受験しても受からないのですか。

□2次の面接まで最近漕ぎ着けられるようになったのは，なぜですか。

＜受験者のアドバイス・感想＞

・面接票の中から質問された。

・場面指導は，その場を演じるようなものではなく，口頭で自分がどのように対応するかを述べるものだった。

・面接官は3人で，うち1人は気さくに挨拶や天気の話をしたり，リラックスしてくださいなど，笑顔で対応された。他2人は，何度も同じような質問や理屈っぽい質問，掘り下げた質問をするタイプだった。常に冷静さを保って臨むとよいと思われる。

▼中学数学

【質問内容】

□工学部に所属しているのに数学教員を志望する理由。
□【場面指導】部活動でけが人が出た場合どうするか。保護者からのクレームがあったら？

▼中学社会
【質問内容】
[講師経験者]
□所有免許状の確認について。
□大学及び大学院では何を専攻してきましたか。
□教員を強く志した時期はいつですか。
□中高一括採用だが，勤務校種を選択できる場合，どちらの校種を希望しますか。理由を含めて。
□志願書に書いた内容について。
→人生に影響を与えた人物を1人挙げ，どのような人物か紹介してください。
→(抽象的な記述に対して)自分なりに考えている事例を1つ挙げて下さい。
□採用試験の受験回数について
→受験は何回目ですか。
→受験したうち，2次試験は何回受けていますか。
→2次試験を突破できない要因をどう捉えていますか。
□教員の不祥事について，どう考えていますか。
□教育には「褒める事」と「叱る事」の両方が必要だと思いますが，貴方が教員になった場合，どちらをより大事にしていきますか。その理由も教えて下さい。
□今年1月の大学入試センター試験の地歴公民の問題を解きましたか。
→解いた感想はどうですか。
□(別の面接官との質疑応答から)自己分析した上で採用試験の不合格の理由を話されていると思いますが，コミュニケーションは得意ではないのですか。

□最近の気になるニュースを教えて下さい。

＜受験者のアドバイス・感想＞

・集団討論後に1人ずつ実施された。

・面接官はストップウォッチで時間を管理していた。

・他の受験者の方の意見も含め，講師経験者(他都道府県現職)は，「自分がどのような取り組みをしてきたか」「そこから何を学んで，福井県の教員としてどのように活かしていくか」という視点から，質疑応答が行われていたと思います。筆記試験でも，「福井県」に関する問題が見られます。「福井県」に関する知見・情報を適宜収集する機会を作っておくべきです。教育施策や抱える課題をHPや新聞などでこまめにチェックするとよいと思われます。

2017年度

◆実技試験(1次選考)

▼小学校全科

【実技課題1】

□水泳

※クロール又は平泳ぎのどちらか1種目を各自が選択して泳ぐこととする。(25m)

※評価については次のとおりである。

A (25mを立たずに泳ぎ切る。)…10点

B (止まってもよいので25mに達する。)…5点

C (25mに達しない，泳げない。)…0点

※会場の学校のプールが6コースであり，6人1組で泳いだ。

・泳げる人にとっては落ち着いて泳げば乗り切ることができる。

・泳ぎが苦手な人はあらかじめ練習しておいたほうがよい。

【実技課題2】　試験官2人　5分

□キーボード演奏

※次の小学校歌唱教材の中から，各自選択した1曲の伴奏を演奏する。(繰り返し不要・前奏付き)

〈参考『新　音楽の授業づくり』(教育芸術社)より〉

・「茶つみ」(3年生歌唱教材)…P128

・「もみじ」(4年生歌唱教材)…P136

・「こいのぼり」(5年生歌唱教材)…P137

・「おぼろ月夜」(6年生歌唱教材)…P146

※キーボードは鍵盤数が61鍵のものを使用。

※音の強弱や速度の変化や足のペダルはないものを前提として実施する。

※評価については次のとおりである。

A　(規定の速度で止まらずに弾き切る。ミスタッチ等2回まで。)…10点

B　(つかえながらも弾き切る，または，止まらずに弾き切るが規定の速度ではない。)…5点

C　(所定時間内に最後まで弾き切ることができない。)…0点

※本格伴奏，簡易伴奏を選んで演奏。なお，両者の選択による優越はつけられない。

※椅子に座って演奏するが，椅子が教室によくある椅子なので高さ調節はできない。

・ゆっくりと落ち着いて弾くことが大切だと思った。

・椅子の高さが調節できず，弾きにくいと感じた。

※持ち物は水泳着，水泳帽，サンダル，バスタオル，キーボード演奏で使用する楽譜(自分用以外に提出用2部　コピー可)である。

▼中高英語

【実技課題】

□英語による口頭試問。

▼中高家庭

【実技課題1】

□食物に関して。

【実技課題2】

□被服に関して。

※持ち物は，調理実習に適した服装に必要なもの，裁縫道具(はさみ(布裁断用，糸切り用)，縫い針(長，短)，縫い糸(色つき)，まち針，チャコペンシル，しつけ糸)，30cm定規である。

▼中高音楽

【実技課題1】

□弾き歌い

※次の中から，当日指定された曲を自らのピアノ伴奏で主旋律を歌う。

・「荒城の月」(土井晩翠作詞・滝廉太郎作曲・飯沼信義伴奏編曲)
・「早春賦」(吉丸一昌作詞・中田章作曲)
・「花」(武島羽衣作詞・滝廉太郎作曲)
・「花の街」(江間章子作詞・團伊玖磨作曲)
・「浜辺の歌」(林古溪作詞・成田為三作曲)

※伴奏は原曲又は教科書によることを原則とする。ただし，移調は可とする。

【実技課題2】

□初見演奏

※当日提示された楽譜(主旋律にコードネームが付いた楽譜)を見て，主旋律に即興的な伴奏をつけて演奏する。ただしコードネームは，メイジャーコードとマイナーコード(セブンスコードを含む)とする。

【実技課題3】

□自由演奏

※各自の選曲により声楽または器楽(和楽器を含む)のいずれかを演奏する。

※伴奏者の同伴を可とする。

※持ち物は自由演奏で使用する楽器(ピアノを除く)，提出用の楽譜である。なお楽譜は，自分用以外に2部用意すること。

▼中高保体
【基礎体力テスト1】
□反復横跳び
※20秒間を1回のみ実施。
【基礎体力テスト2】
□立ち幅跳び
※1回のみ実施。
【器械運動】
□マット運動
※倒立前転，側方倒立回転，伸膝後転，片足正面水平バランス，前方倒立回転跳びを一連の流れになるように演技。
【武道ダンス1】
□柔道
※後ろ受け身，横受け身(左右)，前回り受け身(左右)。
【武道ダンス2】
□剣道
※正面素振り，跳躍正面素振りを各20回実施。
【武道ダンス3】
□ダンス
※テーマに沿った創作ダンスを計画し，1分間演技をする。
※事前に計画書を作成し，提出する。
※テーマは「対極の動き」であった。
【球技1】
□バレーボール
※バスケットボールのフリースローラインから，アンダーハンド→オーバーハンドの順でトスを上げ，バスケットゴールに入れる。
※1回練習後，5回実施。
【球技2】
□バスケットボール
※45°の角度から左右交互にレイアップシュートを行う。

※40秒間を1回実施。
※4分野8種目の実技試験を行う。
※持ち物はトレーニングウェア，シューズ(内)等。
※柔道着，剣道用具(竹刀，防具)の用意は必要ない。

▼中高美術
【実技課題1】
□デッサン
【実技課題2】
□デザイン
※持ち物はH～5Bの鉛筆，定規，コンパス，不透明水彩絵の具(12色)，色鉛筆(12色)，各種筆，筆洗バケツ，パレット，のり，はさみである。

◆適性検査(2次選考)　60分
▼小学校全科
【検査内容】
□クレペリン

▼中高社会
【検査内容】
□クレペリン

▼中高保体
【検査内容】
□クレペリン
※内田クレペリン精神検査を実施。

▼高校福祉

【検査内容】

□クレペリン

※ひたすら隣り合う数字を足していく。

◆集団討論(2次試験)　面接官3人　受験者4～7人　30～50分

※評価の観点は，社交性，適応性，協調性，指導性，論理的思考力，柔軟性である。

▼小学校全科

【テーマ】

□福井県は今，恐竜の県として注目を集めている。また，福井駅前には動く恐竜のオブジェがあり話題を呼んでいる。今後福井県の観光客を増やすにはどうすればよいか。また，外国人観光客を増やすにはどうすればよいか。あなたの考えをまとめ，グループで話し合いなさい。

※「福井県についてこれだけは一番よく知っている，または大好きだということを述べよ。」と試験官から質問が出た。

・集団討論は，皆で1つの結論を導き出そうという仲間意識が生まれ，明るく楽しい雰囲気であった。

・話題に行き詰まると，受験者の誰かが「皆さんにお尋ねします。」と話題を提供してくれた。3回ほど複数の受験者が話題を提供してくれた。

・また，あまり意見を言っていない受験者にはあえて「○さんは，どうですか?」と尋ねる人もいた。

・30分間はあっという間であった。

▼中高社会

【テーマ】

□福井県の教育に関する大綱の方針1では「ふるさと福井に誇りと愛着を持ち将来の福井を考える人を育てる「ふくい創生教育」の推進」

が挙げられている。福井県において「ふるさと教育」の推進を充実していくために，どのような取り組みが考えられるか。具体例を挙げつつ討論しなさい。

※試験室は受験生が扇形に着席し，正面に試験官が3人いる。

※試験室が3つあり，1タームに2～3グループが同時試験する。なおグループは，校種・教科ごとに編成される。

※試験官は基本的に集団討論に介入しないが，議論がそれたり，止まったりした場合は指示が出ることもある。

※課題検討前の諸注意に「グループでの協働作業であり，誰かをつぶすことが目的ではありません。」「固くならず，リラックスして話し合いに参加してください。」「できる限り，結論を得るように討論を進めてください。」とあった。

※発言は要点を踏まえて短めに行う旨の注意がある。

※他人の発言を引用する場合などは，お互いを「Aさん」「Bさん」と呼ぶ。

※討論後，「討論を踏まえ，自分の考えと教育にどう活かしていくか」という視点で，改めて自分の考えを1分以内で述べていく。

※時間次第では，質疑応答がある。

※時間指定で話をする場合，時間オーバーがひどいと減点対象になるというアナウンスがあった。

※試験官が時間を計測し，時間がくると「そこまでです。」と言う。途中，残り時間のアナウンスはない。

※討論中は課題用紙の裏にメモを取っても構わないが，課題用紙は退出時に机の上に置く。

▼中高保体

【テーマ】

□ドローンの活用が進められているが，ドローンの活用のメリット，及びデメリットを自由に討論しなさい。

※課題検討室にて，15分ほど自分の考えを整理する。

※試験会場に移動後，1人1分で考えを発表し，25分で討論する。
※討論後1人1分で討論を通しての考えを述べる。

▼高校福祉
【テーマ】
□毎年，本県から他県に就職・進学する割合が増え，人口の流出が止まらない。本県では繊維や工業製品などのものづくり産業が昔から盛んである。このことを踏まえ，あなたはどのように学校教育において人口の流出を防ぐか。
※初めに1分，終わりに1分所見を述べる時間がある。
※面接官から2問質問がある。思いついた順の挙手制で回答する。
※質問内容は，「プログラミング教育についてどう思いますか」「本県が抱える福祉の課題は何ですか」であった。
※討論について司会・まとめ役も決めなさいという指示はなく，問題用紙にメモを取ることが可能である。

◆個人面接(2次試験)　面接官3人　受験者1人　10～15分
※評価の観点は，人物所見(身だしなみ，誠実性，責任感，判断力，表現力，積極性)，教員としての資質能力(専門性，教育観，使命感，倫理観)である。
▼小学校全科
【質問内容】
□免許状の確認。
□別校種への希望や命令があった場合について，どうするか。
□指導できる部活動は何か。
□(他県現職だが，)これまで担任した学年は何があるか。
□主な校務分掌は何か。
→研究主任として最も苦労したことは何か。
□休みの日の過ごし方はどんな風か。

□これまでの教員人生で一番うれしかったことは何か。
□これまでの教員人生で一番辛かったことは何か。
□これまでの教採受験回数は何回か。
□合格に向けてどんな勉強をしてきたか。
□どうして福井県を希望したのか。
※会場中央に椅子のみ設置されている。
※手荷物は会場の隅の指示された場所へ置く。
・質問の前半は，事前提出した受験出願用紙に明記してあることについてであった。
・質問に答えても，3人の試験監督はほぼ表情は変えず，常に能面のようだった。
・後から振り返って考えると，集団討論の後だったせいか，つい余計なことまで言ってしまった。
・質問に対して端的に答えのみ話せばよかったかなとも思う。

▼中高社会
【質問内容】
□所有免許状の確認。
□高校公民が一種である理由。
□中高一括採用だが，願書の志願理由から高校での勤務をより強く希望しているように見える。その点について述べよ。
□将来的に人事交流などで小学校に勤務することになっても大丈夫か。
□勤務先は全県どこでも大丈夫か。僻地勤務も可能か。
□他県の併願の有無。
□採用試験の受験回数について。
→受験は何回目か。そのうち，2次試験は何回受けているか。
→2次試験を突破できない要因をどう捉えているか。
□現在の勤務校における授業で教えている科目は何か。
□生徒の興味関心を惹きつけるなど，日々の授業での取り組み・工夫はあるか。

□(表情を見ていると随分緊張しているように見えると指摘された上で)過去7回の面接も含め，その顔は面接用に作っているのか。

→貴方が勤務している学校の生徒の前でも，その顔で話をするのか。

□大学院に進学した理由は何か。

□同じ学校で5年間連続で勤務しているが，自分から望んで勤務しているのか。

□志願理由に「教員としての使命感・責任感」と書いているが，勤務校の管理職から「貴方の使命感は○○だよ」というような形ではっきりと伝えられていることは何かあるか。

□あなたを教員として採用した際の最大の強みは何か。

□講師をしていて，「困難を乗り越えて成功した」という経験があれば述べなさい。

□保護者からあなたの指導に対してクレームがきた。どう対応するか。

・試験官の一人が各質問ごとに，タイマーでこちらの回答時間を計測しているようだった。

▼中高保体

【質問内容】

□所有免許の確認。

□これから他の免許は取得するか。

□中学校，高校どちらが希望か。

□福井県内ならどこでも大丈夫か。

□中学校で働くなかで心がけていることは何か。

□講師経験で学んだ事を述べよ。

□今の教員を見ていて大変そうなところは何か。

□今の教員に足りないところは何だと考えるか。

□五輪に関して，注目している競技は何か。

□4×400mリレーの面白さは何か。

□陸上競技以外で注目している競技はあるか。

□五輪を扱ってどう授業をしていきたいか。
□陸上経験で得たことは何か。
□体育主任の役割は何だと考えるか。
□管理職にしかられたことはあるか。
□今まで出会った教員に言われた心に残る言葉は何か。
□教員としてやりたいことは何か。
□体育科の教員としてこれだけは誰にも負けないことは何か。

▼高校福祉

【質問内容】
□あなたの職務内容について述べなさい。(持ち時間・分掌・部活動など。)
□なぜ以前の仕事を辞めたのか。
□教えることの魅力とは何か。
□ストレスがたまった時の対処法は何かあるか。
□上司と意見が食い違った時どうするか。
□どんなクラスを作りたいか。
□教師は非常識と言われているがどう思うか。
□あなたが人から言われる良いところは何か述べよ。
□前職の経験を今，学校でどう生かしているか。
□ほめることと叱ることについてどう思うか。
□不登校だった生徒が久しぶりに登校してきた。あなたはクラスの生徒に何を伝えるか。
□他の教師にこれだけは負けないというものは何か。
□福祉科のある本県の学校はどこか知っているか。
□他県は受けているか。
※集団討論が終わった流れでいきなり個人面接控室に通される。
・集団討論と個人面接の間に一言もしゃべることができず，気持ちの整理がつかなかった。

2016年度

◆実技試験(1次試験)

▼小学校

【体育課題】

□水泳

クロールまたは平泳ぎのどちらか1種目を各自が選択して泳ぐ。(25m程度)

※タイムと泳法の完成度が評価される。

【音楽課題】

□キーボード演奏

次の小学校歌唱教材の中から，各自選択した1曲を伴奏のみ演奏する(繰り返し不要・前奏付き)。

※キーボードは鍵盤数が61のものを使用し，音の強弱や速度の変化や足のペダルはないものを前提として実施する。

※原則的に本格伴奏を求めるが，簡易伴奏であっても評価対象とする。本格伴奏の楽譜は平成23年度もしくは平成27年度版教科書の伴奏譜とする。

※参考『新　音楽の授業づくり』(教育芸術社)より

「茶つみ」(3年生歌唱教材)…P128

「春の小川」(3年生歌唱教材)…P129

「もみじ」(4年生歌唱教材)…P136

「こいのぼり」(5年生歌唱教材)…P137

「おぼろ月夜」(6年生歌唱教材)…P146

※基礎的な演奏技術(楽譜どおりに正確に弾いているか，運指がスムーズか，授業で使える演奏か，本格伴奏か簡易伴奏か)は評価される。

※携行品は，水泳着，水泳帽，サンダル，バスタオル，キーボード演奏で使用する楽譜(自分用以外に提出用2部，コピー可)。

▼中高英語

【課題】

□英語による口頭試問

外国人指導助手(ALT)がインタビュアになり，日本人英語教師がテスターとなり，英語による口頭試問を行う。

※時間は，1人10分程度である。

※評価項目は，以下のとおりである。

①英語運用(コミュニケーション)能力…(1)積極的にコミュニケーションをしようとする態度をもっているか。(2)日常レベルで，自分の言いたいことを表現できるか。(3)(2)をConcept, Fluency, Accuracy (Global errors)の観点から見る。

②論理的思考力，問題解決能力…(1)解決すべき問題や状況を適切に分析(把握)できているか。(2)解決すべき問題の内容を論理的に表現できているか。(3)(2)を，話の展開や論理性の観点から見る。

▼中高家庭

【課題】

□食物分野

調味料等の計量

※評価の観点は，以下のとおりである。(1)身支度は適切か(エプロン，三角巾，手拭き，髪，アクセサリー類)。(2)計量スプーンとすり切り棒を正しく使用しているか。(3)計量カップで正しく計量しているか。(4)調味料の分量を正確に計量できているか。(5)水の分量を正確に計量できているか。(6)時間内に計量できたか。(7)後始末がきれいにできているか。

□被服分野

18cm×20cmの長方形の布で，3cm幅，長さ50cmのバイヤステープを作る。

※評価の観点は，以下のとおりである。(1)裁ちばさみの扱いが適切であるか。(2)45度に正しく裁断されているか。(3)正しくつなぎ合わ

せているか。(4)縫い代の始末が正しくできているか。(5)丈夫な縫い方になっているか。(6)幅3cm，長さ50cmに作製できたか。

※持参品は，調理実習に適した服装に必要なもの，裁縫道具(はさみ(布裁断用，糸切り用)，縫い針(長，短)，縫い糸(色つき)，まち針，チャコペンシル，しつけ糸)。

▼中高音楽

【課題】

□弾き歌い

次の中から，当日指定された曲を自らのピアノ伴奏で主旋律を歌う。

「早春賦」(吉丸一昌作詞・中田章作曲)

「夏の思い出」(江間章子作詞・中田喜直作曲)

「花」(武島羽衣作詞・滝廉太郎作曲)

「花の街」(江間章子作詞・團伊玖磨作曲)

「浜辺の歌」(林古溪作詞・成田為三作曲)

※伴奏は原曲または教科書によることを原則とする。

※移調可。

※歌唱力，ピアノ伴奏の技術・総合的な表現力から総合的に評価される。

□初見演奏

当日提示された楽譜(主旋律にコードネームが付いた楽譜)を見て，主旋律に即興的な伴奏をつけて演奏する。

※コードネームは，メイジャーコードとマイナーコード(セブンスコードを含む)とする。

※初見演奏力(主旋律)，即興演奏能力(伴奏)，コードネームに関する知識から総合的に評価される。

□自由演奏

各自の選曲により，声楽または器楽(和楽器を含む)のいずれかを演奏する。

※伴奏者同伴可。

※演奏技術，表現力，曲の難易度から総合的に評価される。
※携行品は，自由演奏で使用する楽器(ピアノを除く)および提出用楽譜(声楽および器楽の受験者とも，当日自分用以外に2部(コピー可)用意する)。

▼中高保体
【課題1】
〈基礎体力テスト〉
□反復横跳び
※文部科学省新体力テスト反復横跳び男女得点表(20歳～64歳対象)得点を$\frac{1}{2}$に換算して評価される。
□立ち幅跳び
※文部科学省新体力テスト立ち幅跳び男女得点表(20歳～64歳対象)得点を$\frac{1}{2}$に換算して評価される。
【課題2】
〈器械運動〉
□マット運動
倒立前転，側方倒立回転，伸膝後転，片足正面水平立ち，前方倒立回転跳び
※技の出来ばえと，技と技のつなぎから評価される。
【課題3】
〈武道・ダンス〉
□ダンス
※表現力と独創性(創意工夫)により評価される。
□柔道
※受け身の基本動作(横受け身，後ろ受け身，前回り受け身)の正確さから評価される。
□剣道
※素振りの基本動作(正面素振り，跳躍正面素振り)の正確さやリズムから評価される。

【課題4】
〈球技〉
□バレーボール
所定の区域内で，アンダーハンドパスで直上し，続けてオーバーハンドパスでバスケットボールゴールにボールを入れる。
※ゴールへ入った成功数から評価される。
□バスケットボール
※時間内でのドリブルシュート成功数で評価される。
※携行品は，トレーニングウェア，シューズ(屋内用)等。
※柔道着，剣道用具(竹刀・防具)は持参する必要はない。

▼中高美術
【課題】
□デザイン
「新しい時代」というテーマのもとで，与えられたケント紙を全て用いて立体構成する。また，どのようなことを表現しようとしているか，言葉で書く。
※①デザイン意図が明確に伝わるか。②伝えたいイメージが的確に表現されているか。③形や立体的な構成の技能が適切か。④統一感があり，説得力があるか，から評価される。
□デッサン
「デザイン」で制作した作品を，色鉛筆でデッサンする。使用した色について，制作意図を書く。
※①形を適切にとらえているか。②立体感や陰影をとらえているか。③構図は適切か。④イメージに合わせ色彩を効果的に使用しているか，から評価される。
※携行品は，H～5Bの鉛筆，定規，コンパス，不透明水彩絵の具(12色)，色鉛筆(12色)，筆(各種)，筆洗バケツ，パレット，のり，はさみ。

◆適性検査(2次試験)　60分

【検査内容】

□クレペリン

◆集団討論(2次試験)　試験官3人　受験者6人　40分

▼高校地歴

【課題】

□(福井県の交通インフラ整備が観光客を増加させた経緯を5行ほど述べられたのち)福井県の今後の発展にむけてどのような取り組みが求められるか，について具体例を挙げつつ自由に討論する。

〈質問〉

交通インフラの整備発展は，教育活動における県内の公共施設の利用という点で便利になったと思われるが，それ以外の面でどういった教育活動が考えられるか，思いついた人から挙手制で述べて下さい。(全員ではなく，時間が来た段階で終了。)

※指定された集合時間までに受付し整理番号をもらった後，以下のように進行した(課題用紙の下に，下記の①～⑦の内容の但し書きがついていた)。

①試験開始30分前(私のグループは受付完了後間もなく)，課題検討室へ移動。

②課題検討室で諸注意・方法の説明の後，課題が配布され15分間，課題の検討を行う。筆記用具の使用は可能。

③課題検討後，試験室に誘導され，自分の座席の後ろに立ち，試験官に一礼したのち着席。

④A→Fの順番に，整理番号と課題に対する自分の考えを1分以内で述べていく。

⑤25分間，課題について自由討論する。司会者などを立てるかどうかは各グループの判断に任せられる。

⑥討論を踏まえて，自分の考えと教育にどう生かしていくかという視

点で，指名された人から改めて自分の考えを1分以内で述べていく。

⑦時間次第では(時間が余ったグループなどは)，質疑応答がある。

※試験室は受験生が扇形のように着席し，正面に試験官が3人おられる。試験室が3つあり，1チームは2～3グループが同時に試験をする。グループは校種・教科ごとに編成されている。

※試験官は基本的に介入しないが，議論がそれたり，止まったりしたら，指示がある場合がある。

※課題検討前の諸注意の一例を挙げれば，「討論は教育的観点からお願いします」，「グループでの協働作業であり，誰かをつぶすことが目的ではありません」，「堅くならず，リラックスして話し合いに参加してください」などである。

※発言はだらだらではなく，要点を踏まえて短めに行う旨の注意がある。他人の発言を引用するなどの場合は，お互いを「Aさん」「Bさん」と呼ぶ。時間指定で話をする場合は，時間オーバーがひどいと減点対象になる旨も告げられた。試験官は時間をストップウオッチで計測し，「残り○○分」などの案内はないが，時間がくると「そこまでです」と言う。

・集団討論後，座席の後ろに立って一礼したのち，退出して個人面接受付・控室に向かう。討論中は課題用紙の裏にメモをとっても構わないが，課題用紙は退出時に机の上に置く。

・他校種・教科の方との話では，課題は今年度も校種・教科の色合いが出ているらしい。

◆個人面接(2次試験)　面接官3人　約20分

※受験者の入室，確認(約1分)→模擬授業(約7分)→面接官による質問(約12分)の流れで行われる。

※面接官による質問は，模擬授業および具体的指導場面に関するものと，全般的な学習指導・生徒指導・学級経営に関するものとがある。

▼小学校教諭，中学校教諭

〈模擬授業〉

【課題1】

□(小・中)学校○年1組の教科(学級)担任です。

○○の教科の今年度最初の授業です。これから1年間，授業を受ける際に大切にしてほしいことについて授業を行ってください。

□(小・中)学校○年1組の学級担任です。

子どもたちに学級活動の時間で生活を振り返らせたところ，清掃の時間に遊んでいる人がいることが挙げられました。このことをどのように指導しますか。学級活動の一場面を設定し，授業を行ってください。

【課題2】

□(小・中)学校○年1組の教科(学級)担任です。

○○の教科の授業です。前時の学習内容の復習から始め，課題への意識を高めながら本時の学習に入っていくことができるような授業を行ってください。

□(小・中〉学校○年1組の学級担任です。

子どもたちに学級活動の時間で生活を振り返らせたところ，朝読書の時間に宿題を行っている人がいることが挙げられました。このことをどのように指導しますか。学級活動の一場面を設定し，授業を行ってください。

【課題3】

□(小・中)学校○年1組の教科(学級)担任です。

○○の教科を学習した1年間を振り返りながら，次年度に向けて子どもたちの学習意欲を喚起することについて授業を行ってください。

□(小・中)学校○年1組の学級担任です。

子どもたちに学級活動の時間で生活を振り返らせたところ，学級の中で忘れ物をする人が多くなっていることが挙げられました。このことをどのように指導しますか。学級活動の一場面を設定し，授業を行ってください。

【課題4】

□(小・中)学校○年1組の教科(学級)担任です。

○○の教科の授業の終末時に，子どもの意見を取り上げながら成就感を味わえるような本時のまとめを行ってください。

□(小・中)学校○年1組の学級担任です。

子どもたちに学級活動の時間で生活を振り返らせたところ，給食係の中に給食着をきちんと着ていない人がいることが挙げられました。このことをどのように指導しますか。学級活動の一場面を設定し，授業を行ってください。

※受験時間帯により課題1～4のいずれかが行われる。

※小学校教諭受験者は，入室，確認の際，英語による自己紹介(20秒)がある。

▼高等学校教諭

〈模擬授業〉

【課題1】

□○学年○○科目の授業です。

授業に集中できない生徒が多く，落ち着きません。授業に集中させるために，どのように指導しますか。担当している科目の一場面を設定して授業を行ってください。

□○学年1組のホームルーム担任です。

基本的生活習慣の確立のために，どのように指導しますか。ホームルームの一場面を設定して授業を行ってください。

【課題2】

□○学年○○科目の授業です。

○○科目を不得意とする生徒が多く，授業への意欲が高まりません。授業への意欲を高めるために，どのように指導しますか。担当している科目の一場面を設定して授業を行ってください。

□○学年1組のホームルーム担任です。

社会の一員として守るべきルールやマナーを身に付けさせるため

に，どのように指導しますか。ホームルームの一場面を設定して授業を行ってください。

【課題3】

□○学年○○科目の授業です。

授業内容に関する質問をしたところ，すぐに一人の生徒が挙手し，勘違いと思われる考えを述べました。このような場合に，どのように指導しますか。担当している科目の一場面を設定して授業を行ってください。

□○学年1組のホームルーム担任です。

教室環境を整備する意識を高めるために，どのように指導しますか。ホームルームの一場面を設定して授業を行ってください。

【課題4】

□○学年○○科目の授業です。

ある生徒が，説明に対してしきりに首をかしげています。このような場合に，どのように指導しますか。担当している科目の一場面を設定して授業を行ってください。

□○学年1組のホームルーム担任です。

他人を思いやる心の育成のために，どのように指導しますか。ホームルームの一場面を設定して授業を行ってください。

※受験時間帯により課題1～4のいずれかが行われる。

▼高校地歴

【質問内容】

(試験官A)

□(「福井型18年教育」の理念を知っているかを踏まえ，小学校免許を所有していることを確認の上,)初任地が小学校でも勤務できるか。
→全県・へき地勤務でも支障はないか。

□「高校地歴」を第1希望，「中学社会」を第2希望とする理由は。逆ではだめなのか。

□授業をするために教室に行ったら，生徒が机に突っ伏していた。ど

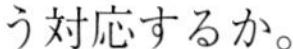

う対応するか。

□生徒から,「先生に質問したいから,メールアドレスを教えて下さい」と言われた。どう対応するか。

□先日,発表された次期学習指導要領の骨子案について,あなたが見聞きしている中で,知っていることを述べよ。→この案について,あなたの思うところを述べよ。

□他県の併願の有無・採用試験の受験回数について。→受験は何回目か。そのうち,2次試験は何回受けているか。

□2次試験を突破できない要因をどう捉えているか。

(試験官C)

□土日はどのようにして過ごしているのか。あなたのリラックス法は何か。

□歴史に興味を持たない生徒に対して,興味を持たせるためにどのような方法が考えられるか,あなたの考えを述べよ。

□「十字軍の遠征」を現代までの歴史に位置づける際,どう捉えることができるか。

(試験官B)

□あなたは,志願書で「社会の多様性」という言葉を用いていて,先ほどの質問(次期学習指導要領の骨子案について)で「歴史の転換点」ということを述べていたが,古代から現代に至るまでに歴史の転換点があるとすれば,どの部分が当てはまるか,その理由も含めて述べよ。

□あなたの考えは,オリジナルか,誰かの学説を参考にしているのか。

□(勤務校(定時制高校)での生徒指導は大変だろう,と念を押された上で,)生徒に「規則を守る大切さ」をどのように指導するか。

・集団討論後に1人ずつ実施。自分の時間の3分前になったら,試験室の前に移動し着席。試験室から「どうぞ」の合図で,荷物を持って入る。荷物は入り口付近の机に置いておく。試験官は3人。受験者と試験官が向かい合う。

・入室後,整理番号を告げ,着席後,試験官A(左側)→C(右側)→B(正

面)の順に質問があり，応答する。17分間程度行われ，終わったら退出して，通路に沿って校外に出る。

▼特別支援学校小学部教諭

〈模擬授業〉

【課題1】

□学級活動の時間です。道路での歩行や横断の仕方に触れ，安全に気をつけて通行することについての授業を行ってください。

□社会見学の事後指導です。見学先での児童の様子に触れ，元気よくあいさつをすることについての授業を行ってください。

【課題2】

□学級活動の時間です。学校給食を担当している職員に触れ，お礼の気持ちを言葉で伝えることについての授業を行ってください。

□避難訓練の事前指導です。地震発生時の校内の状況に触れ，指示に従って避難することについての授業を行ってください。

【課題3】

□学級活動の時間です。教室の清掃活動を分担することに触れ，集団の中で自分の役割を果たすことについての授業を行ってください。

□社会見学の事前指導です。美術館では静かに見学することに触れ，公共のマナーを守ることについての授業を行ってください。

【課題4】

□生活単元学習の授業です。いろいろな職業があることに触れ，将来働くことについての授業を行ってください。

□健康診断の事前指導です。うがいや手洗いの仕方に触れ，清潔に気をつけることについての授業を行ってください。

※受験時間帯により課題1～4のいずれかが行われる。

※入室，確認の際，英語による自己紹介(20秒)がある。

※対象児童の学年，学級の実態や個々の障害の状態等を，受験者が設定し，そのことを模擬授業の前に説明する。

▼特別支援学校中学部・高等部教諭

〈模擬授業〉

【課題1】

□学級(ホームルーム)活動の時間です。登下校時の通学の様子に触れ，交通ルールを守ることについての授業を行ってください。

□職場体験の事後指導です。体験先での生徒の様子に触れ，気持ちのよいあいさつをすることについての授業を行ってください。

【課題2】

□学級(ホームルーム)活動の時間です。学校の環境整備をする職員に触れ，感謝の気持ちを言葉で伝えることについての授業を行ってください。

□避難訓練の事前指導です。地震発生時の校内の状況に触れ，指示に従って避難することについての授業を行ってください。

【課題3】

□学級(ホームルーム)活動の時間です。学級のいろいろな係活動を分担することに触れ，集団の中で自分の役割を果たすことについての授業を行ってください。

□登下校の指導です。路線バス内での過ごし方に触れ，公共のマナーを守ることについての授業を行ってください。

【課題4】

□生活単元学習の授業です。働いている先輩の職場での様子に触れ，進路実現に向けて努力することについての授業を行ってください。

□修学旅行の事前指導です。旅行当日までの過ごし方に触れ，自分自身で体調を管理することについての授業を行ってください。

※受験時間帯により課題1～4のいずれかが行われる。

※対象生徒の学部，学年，学級の実態や個々の障害の状態等を，受験者が設定し，そのことを模擬授業の前に説明する。

▼養護教諭

〈模擬授業〉

【課題1】

□尿検査が近づいてきました。尿検査について授業を行ってください。

□修学旅行が近づいてきました。修学旅行中の健康管理について授業を行ってください。

【課題2】

□新学期が始まりました。友人関係の悩みへの対処について授業を行ってください。

□運動会(体育祭)が近づいてきました。けがの予防と応急処置について授業を行ってください。

【課題3】

□梅雨の時期です。食中毒の予防について授業を行ってください。

□歯と口の健康週間がはじまります。歯と口の健康づくりについて授業を行ってください。

【課題4】

□休み明けの朝，体調不良を訴えて保健室を利用する生徒が増えています。心と身体の関係について授業を行ってください。

□運動会(体育祭)が近づいてきました。運動後の汗の始末について授業を行ってください。

※受験時間帯により課題1～4のいずれかが行われる。

※選択した模擬授業のテーマについて校種と学年を設定すること。

※場面は(小・中・高等・特別支援)学校○年1組の学級活動(ホームルーム活動)における保健指導である。

2015年度

◆実技試験(1次試験)

▼小学校

【体育課題】

□水泳

クロールまたは平泳ぎのどちらか1種目を各自が選択して泳ぐ。

(25m程度)

※6コースの会場で6人一斉に泳ぐ。

※泳法は，入水後その場で伝える。

※1コースずつ記録者がいる。

・一発勝負のため，事前の心構えが大切。

【音楽課題】

□キーボード演奏

次の小学校歌唱教材の中から，各自選択した1曲を伴奏のみ演奏する。(繰り返し不要・前奏付き)

※キーボードは鍵盤数が61のものを使用し，音の強弱や速度の変化や足のペダルはないものを前提として実施する。

※原則的に本格伴奏を求めるが，簡易伴奏であっても評価対象とする。本格伴奏の楽譜は現行教科書の伴奏譜とする。

※参考『新　音楽の授業づくり』(教育芸術社)より

「茶つみ」(3年生歌唱教材)…P128

「春の小川」(3年生歌唱教材)…P129

「もみじ」(4年生歌唱教材)…P136

「こいのぼり」(5年生歌唱教材)…P137

「おぼろ月夜」(6年生歌唱教材)…P146

・キーボードとピアノのタッチは全く違うのでキーボードでの練習をしっかりとしたほうが良い。

※携行品は，水泳着，水泳帽，サンダル，バスタオル，キーボード演奏で使用する楽譜(自分用以外に提出用2部，コピー可)である。

▼中高英語

【課題】

□英語による口頭試問

外国人指導助手(ALT)がインタービュアーになり，日本人英語教師がテスターとなり，英語による口頭試問を行う。

※時間は，1人10分程度である。

▼中高家庭

【課題】

□りんごの皮むき，飾り切り

開始の合図で，

①りんごを3等分のくし形切りにする。

②すべての芯を取る。

③皮をむく。

④うさぎりんごの飾り切りをする。

⑤りんごの木の葉切りをする。

⑥切ったりんごに褐変処理をする。

⑦切ったものすべて(皮，しん等も)を皿に入れて提出する。

⑧提出後，残り時間で後始末をする。

※時間は，15分程度である。

※実技試験問題用紙1枚，ボール(砂糖水入り)，包丁，ペティナイフ，まな板，皿，りんご(2分の1個)が配られた。

※試験官は，2名のみ。

※テーブルに受験者1名，グループ8人同時に行う。

※最初に，手洗いや調理器具を洗う指示が出た。(テスト時間外)

※褐変処理に，普通は塩水なのに砂糖水が用意されていた。試験官はそのことに触れ，「普通は塩水ですが，今回は砂糖水を用意しました。砂糖水は，次の受験者も使用するので，そのままで捨てないでください。」と指示があった。

・試験官は試験中メモをしていたが，8人をたった2人で観察するのは端から見ていても大変そうだった。

・今回は例年と比べてやさしめな試験だと感じた。

□被服

完成図を参考に，4枚の布を縫い合わせてお手玉を作成する。

縫い方は手縫い糸を1本どりにして並み縫いを基本とする。

角は半返し縫いをする。

中に小豆を入れることを想定して縫い合わせる。

※時間は，30分程度である。
※実施試験問題用紙，ビニール袋(中に布4枚が入っており，黄色2枚，緑2枚。それぞれ長方形でおよそ4×10)が配布された。
※ビニール袋に入れ提出する。
※試験官が，黒板に大きめの見本を掲示してくれた。
※調理実習に適した服装に必要なもの，裁縫道具(はさみ(布裁断用，糸切り用)，縫い針(長，短)，縫い針(色つき)，まち針)を持参する。
・大変分かりやすい見本と問題内容だった。特に図がよかった。
・30分あれば，たいていの受験者はできていたようだった。

▼中高音楽
【課題】
□弾き歌い
次の中学校歌唱共通教材の中から，当日指定された曲を自らのピアノ伴奏で主旋律を歌う。
「赤とんぼ」(三木露風作詞・山田耕筰作曲)
「早春賦」(吉丸一昌作詞・中田章作曲)
「夏の思い出」(江間章子作詞・中田喜直作曲)
「花の街」(江間章子作詞・團伊玖磨作曲)
「花」(武島羽衣作詞・滝廉太郎作曲)
※伴奏は，原則として原曲または教科書による。
※移調可。
□初見演奏
当日提示された楽譜(主旋律にコードネームが付いた楽譜)を見て，主旋律に即興的な伴奏をつけて演奏する。メイジャーコード，マイナーコード，ドミナントセブンスコードを含む。
□自由演奏
各自の選曲により，声楽または器楽(和楽器を含む)のいずれかの曲を演奏する。
※伴奏者同伴は可。

※携行品は，自由演奏で使用する楽器(ピアノを除く)および提出用楽譜(声楽および器楽の受験者とも，当日自分用以外に2部(コピー可)用意する。)である。

▼中高保体

【課題1】

〈基礎体力テスト〉

□反復横跳び

□立ち幅跳び

※文部科学省新体力テスト(20歳～64歳対象)に基づいて実施される。

【課題2】

〈器械運動〉

□マット運動

倒立前転，側方倒立回転，伸膝後転，片足正面水平バランス，前方倒立回転跳び

【課題3】

〈武道・ダンス〉

□柔道

受け身の基本動作(横受け身，後ろ受け身，前回り受け身)

□剣道

素振りの基本動作(正面素振り，跳躍正面素振り)

□ダンス

【課題4】

〈球技〉

□バレーボール

所定の区域内でアンダーハンドパスで直上パスし，オーバーハンドパスでバスケットボールゴールへボールを入れる。

□バスケットボール

ドリブルシュート

※携行品は，トレーニングウェア，シューズ(屋内用)等である。

※柔道着，剣道用具(竹刀・防具)は持参する必要はない。

▼中高美術

【課題】

□デッサン

「表現する手」というテーマで，手を鉛筆でデッサンする。

□デザイン

平成30年に福井で開催される国体のロゴタイプを制作する。

1. 「しあわせ元気国体」の文字をデザインすること。
2. 「織りなそう　力と技と美しさ」のサブテーマを踏まえ，自由に設定すること。
3. 色は3色までとし，持参した絵の具を使用すること。
4. 制作意図を具体的に書くこと。

※携行品は，H～5Bの鉛筆，定規，コンパス，不透明水彩絵具(12色)，色鉛筆(12色)，筆(各種)，筆洗バケツ，パレット，のり，はさみである。

◆適性検査(2次試験)　60分

【検査内容】

□内田クレペリン

・選考基準には適性検査の位置づけは明記されていないが，昨年度が点数化しないという扱いであったので今年度も点数化せず参考資料扱いだと思われる。

◆集団討論(2次試験)　試験官3人　受験者6人　40分

▼中学数学

【課題】

□理科離れ，化学教育離れが謳われる中，どのようにして理数教育を充実させるべきか。

▼高校地歴

【課題】

□福井県の今後の地域経済の活性化にむけてどのような取り組みが求められるか。

□地域経済の活性化という視点を教育にどう活かすか。

□人口減が急速に進んでいくなかで，教育的立場からこれを防ぐにはどうすれば良いか。

〈質問内容〉

□(西川一誠知事が今年の4月新採用教員に対して行った訓示を例に)教育に関する本で，あなたが印象に残った本の題名とその作者名を1つ挙げなさい。(思い出した人から述べていく。)

□志願書にも色々書いたと思うが，あなたが教員になりたいと思った時期ときっかけを1分以内で簡単に述べなさい。

※課題検討室で諸注意・方法の説明の後，課題が配布され15分間で課題の検討を行う。筆記用具の使用は可能。

※課題検討後，試験室に誘導され自分の座席の後ろに立ち，試験官に一礼したのち着席。

※指定された人から順番に，整理番号と課題に対する自分の考えを1分以内で述べていく。

※25分間，課題について自由討論する。司会者などを立てるかどうかは各グループの判断に任せられる。

※討論を踏まえて，自分の考えと教育にどう活かしていくかという視点で，指名された人から改めて自分の考えを1分以内で述べていく。

※時間次第では(時間が余ったグループなどは)，質疑応答がある。

※試験室は受験生が扇形のように着席し，正面に試験官が3人いる。

※グループは校種・教科ごとに編成されている。

※試験官は基本的に介入しないが，議論がそれたり止まったりした

ら，指示がある場合がある。

※課題検討前の諸注意として，「討論は教育的観点からお願いします。」「グループでの協働作業であり，誰かをつぶすことが目的ではありません。」「固くならず，リラックスして話し合いに参加してください。」などが挙げられた。

※発言はだらだらとではなく，要点を踏まえて短めに行う旨の注意がある。

※他人の発言を引用するなどの場合は，お互いを「Aさん」「Bさん」と呼ぶ。

※時間指定で話をする場合，時間オーバーがひどいと減点対象になる旨も告げられる。

※試験官は時間を計測しているが，「残り○分」などの案内はない。

※集団討論後，座席の後ろに立って一礼したのち，退出して個人面接受付・控室に向かう。

※討論中は課題用紙の裏にメモを取っても構わないが，課題用紙は退出時に机の上に置く。

・他校種・教科の方の話では，課題は昨年に比べると校種・教科の色合いが出ているらしい。

◆個人面接(2次試験)　面接官3人　約17分

▼中学数学

【質問内容】

□免許や地域，地元の確認。

□道徳教育について。

□中学生に足りないものは何だと思うか。

□卒業論文について。

□部活指導について。

□印象的なニュースについて。

▼高校地歴

【質問内容】

□志望理由。

□なぜ社会科なのか。

□どのような授業をしていきたいか。

□生徒にどのような力を身に付けてほしいか。

□大学時代の専攻分野は何か。大学院に進学した理由は。

□(履歴欄から)非常勤講師の経験が長く，多様な学校に勤務していることについて。

→現在の勤務校は定時制・通信制が併設されているようだが，どちらに所属しているのか。

□現在の勤務校における授業づくりに関して自分なりの工夫・取り組みは何か。

□学習意欲が高まらない生徒に対して，どう向き合って指導してきたか。

□以前勤務していた学校における授業づくりに関して，現在の勤務校との違いを踏まえつつ，覚えている範囲で構わないので自分なりの工夫・取り組みを挙げよ。

□非常勤講師から教諭になると，授業以外の業務が圧倒的に増える。授業以外の業務に対応できるか。

□志願書について。

□「なぜ，世界史を学ばないといけないのですか」という生徒からの質問にどう答えるか。

□非常勤講師として，世界史やその他の地理歴史(公民)の科目を指導するに当たり，どのような自己研鑽を積んできたか。

□中国史が専門ということだが，「現在の中国の教育事情」について何か知っているか。

→日本・中国以外で教育事情について知見があれば，その内容を挙げよ。

→そのような知見を学んだ媒体は何か。

→TVなどのマスメディアを絶対視して捉えているか。

→あなたが一番信頼している情報媒体は何か。

□あなたが指導している高校生から,「私,社会科の先生になりたいのですが」という願望を打ち明けられた。その生徒にどのような声掛けをするか。

→その生徒の願望に応えるべく,具体的な取り組みを提示するとしたらどのような内容ですか。考えている範囲・構想で構わないので述べよ。

※集団討論後に1人ずつ実施。

※自分の時間の3分前になったら,試験室の前に移動し着席。

※試験室から「どうぞ」の合図で,荷物を持って入る。荷物は入り口付近の机に置いておく。

2014年度

◆実技試験(1次試験)

▼小学校教諭

【ピアノ課題】

□次の小学校歌唱教材の中から,各自選択した1曲を伴奏のみ演奏する。

「虫のこえ」(2年生歌唱教材),「春の小川」(3年生歌唱教材),「ふじ山」(3年生歌唱教材),「まきばの朝」(4年生歌唱教材),「スキーの歌」(5年生歌唱教材),「おぼろ月夜」(6年生歌唱教材)

【水泳課題】

□クロール,平泳ぎから泳法選択し,25m程度泳ぐ。

※ピアノ課題は簡易伴奏ではなく,本格伴奏で弾くこととする。

※ピアノ課題の評価の観点は,ピアノ伴奏の基礎・基本(正確さを中心に)であった。

※水泳課題の評価の観点は,20mのタイム,泳法の完成度であった。

▼中高英語　10分

【課題】

□英語による口頭試問

外国人指導助手(ALT)がインタービューアーになり，日本人英語教師がテスターとなる。

※評価の観点は，英語運用能力(積極的にコミュニケーションをしようとする態度を持っているか，日常生活レベルで自分の言いたいことを表現できるか)，問題解決能力・論理構成力(解決すべき問題や状況を適切に分析(把握)できているか，解決すべき問題の内容を論理的に表現できているか)であった。

▼中高家庭

【課題1】(食物分野)

□包丁の扱い等

きゅうりの半月切り，きゅうりの飾り切り

【課題2】(被服分野)

□作品の製作

①A，B2枚の布3辺に，布端から2cmのところに縫い線のしるしをつける。

②2枚の布を中表に合わせ，指定された位置になみ縫い(縫い始めと縫い終わりは一目返し縫い，角は曲線縫い)をする。

③Bの布の布端は，ブランケットステッチ(スカラシップ縫い)をする。

④布Aの三つ折りの中央辺りにボタンを付ける。

※評価の観点は以下の通りである。

(食物分野)…身支度は適切か，きゅうりの半月切りの技法ができているか，きゅうりの半月切りが標準枚数できているか，きゅうりの半月切りの厚みが適当か，きゅうりの飾り切りがきれいにできているか，きゅうりの飾り切りが3種類できているか，時間内に完成したか(手際・段取り)，後始末がきれいにできているか。

(被服分野)…指定された用具を持参しているか，色つき手縫い糸を1本どりにして縫っているか，なみ縫いは正しくきれいにできているか，縫い始めと縫い終わりは一目返し縫いをしているか，表に返したとき角の曲線はきれいに仕上がっているか，三つ折りが寸法通り正しくきれいにできているか，たてまつり縫いは正しくきれいにできているか，ブランケットステッチは正しくきれいにできているか，ボタンを正しく丈夫に縫い付けているか，時間内に仕上がったか(手際・段取り)。

▼中高音楽

【課題1】

□弾き歌い

次の中から，当日指定された曲を自らのピアノ伴奏で主旋律を歌う。

「赤とんぼ」「早春賦」「夏の思い出」「花の街」「浜辺の歌」

【課題2】

□初見演奏

当日指定された楽譜(主旋律にコードネームが付いた楽譜)を見て，右手は主旋律，左手は即興的に伴奏をつけて演奏する。

【課題3】

□自由演奏

各自の選曲により声楽または器楽(和楽器を含む)のいずれかを演奏する。なお，自由演奏に限り伴奏者の同伴を可とする。

※弾き歌いで，伴奏は原曲または教科書によることを原則とする。ただし，移調は可とする。

※課題1の評価の観点は，歌唱力，ピアノ伴奏の技術，総合的な表現力であった。

※課題2の評価の観点は，初見演奏力(主旋律)，即興演奏能力(伴奏)，コードネームに関する知識であった。

※課題3の評価の観点は，演奏技術，表現力，曲の難易度であった。

▼中高保体
【基礎体力課題】
□反復横跳び(20秒1回)
□立ち幅跳び(1回)
【器械運動課題】
□マット運動
倒立前転，側方倒立回転，伸膝後転，片足正面水平バランス，倒立前方回転跳びを連続技で行う。
【武道・ダンス課題】
□柔道
後ろ受け身，前回り受け身，横受け身
□剣道
正面素振り，跳躍正面素振り
□ダンス
創作ダンス1分(テーマ：多様な感じ)

【球技課題】
□バレーボール
オーバーハンドパス，アンダーハンドパスを交互に繰り返す
□バスケットボール
時間内でのドリブルシュート
※バレーボールは制限区域内での直上パスの成功数によって評価する。
※バスケットボールは，時間内でのドリブルシュート成功数によって評価する。

▼中高美術
【課題1】
□デッサン
机の上に置いたワインびんを，鉛筆でデッサンする。

【課題2】

□デザイン

美術館に設置する，独自性のあるピクトグラムを2点制作する。

1. ピクトグラムは場所を表示するものにすること。
2. 1つは「休憩所」とし，もう1つは自由に設定すること。
3. 人の動作や様子がわかるようにすること。
4. 色はそれぞれ一色とし，持参した絵の具を使用すること。
5. 制作意図を具体的に書くこと。

※評価の観点は以下の通り。

(デッサン)…形を適切にとらえているか，質感をとらえているか，構図は適切か。

(デザイン)…設置場所が明確にわかるか，伝えたいイメージが単純に表現されているか，色の選択や着色技能が適切か，2つの作品に統一感があるか。

◆適性検査(2次試験)　60分

【検査内容】

□内田クレペリン検査

◆集団討論(2次試験)　40分

▼中学社会

※試験開始30分前に課題検討室へ移動。課題検討室で諸注意・方法の説明の後，課題が配布され15分間課題の検討を行う。筆記用具の使用は可能。

※試験室は受験生が扇形のように着席し，正面に試験官が3人いる。試験室が3つあり，1タームは3グループが同時に試験をする。グループは校種・教科ごとに編成されており，他のグループから聴いた分も含めると6～9人である。

※受験生はお互いを「Aさん」「Bさん」と呼ぶ。
※討論中はメモを取っても構わないが，課題は退出後に回収された。
※自由討論では，司会者と討論のまとめ役を受験生同士ではじめに決める。課題について話し合って，試験官に結論を報告する。

【集団討論課題】

□(情報をめぐる社会情勢について10行ほど述べられたのち)児童・生徒がこれからの社会を生き抜くために，教師としてどのようにICTを用いた取り組みを進めていくべきか，メリット・デメリットを踏まえてグループ内で話し合い，結論をまとめなさい。

※Aさんから順番に，整理番号と課題に対する自分の考えを30秒以内で述べていく。
※試験官は基本的に介入しないが，役割が決まらなかったり，議論がそれたり，止まったりしたら，介入する場合があるとのこと。
※時間指定で話をする場合は，時間オーバーがひどいと減点対象になる旨も告げられた。試験官は時間を計測しているが，「残り○○分」などの案内はない。なお，集団討論の時間は25分であった。
※10分程度，試験官からの質疑応答。指名された人から自分の考えを述べていく。

【質問内容】

□集団討論の自己採点とその理由について述べよ。

□10年後，ICTに関してはどのようになっている，どのような社会になっていると思うか。

・課題は，ターム内(同時に行う3グループの間)では同じだが，タームが違うと課題は違ったという話を聴いた。

◆個人面接(2次試験)　20分

▼中学社会

※集団討論後に1人ずつ実施。自分の時間の3分前になったら，試験室の前に誘導され，着席。試験室から「どうぞ」の合図で，荷物を持って入る。荷物は入り口付近の机に置いておく。試験官は3人。受験者と試験官が向かい合う。終わったら退出して，通路に沿って校外に出る。

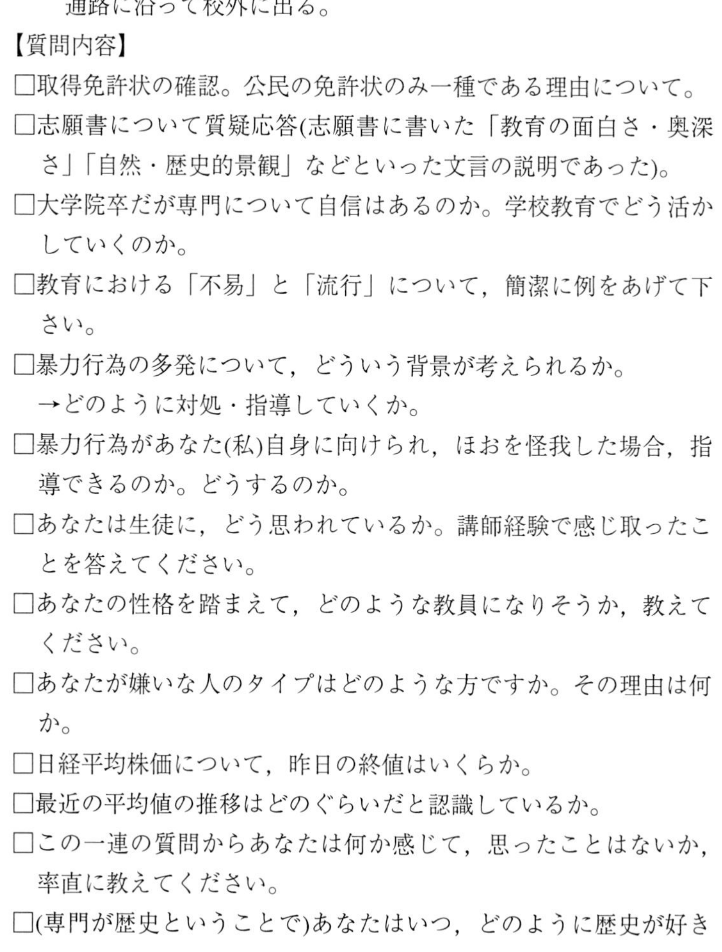

【質問内容】

□取得免許状の確認。公民の免許状のみ一種である理由について。

□志願書について質疑応答(志願書に書いた「教育の面白さ・奥深さ」「自然・歴史的景観」などといった文言の説明であった)。

□大学院卒だが専門について自信はあるのか。学校教育でどう活かしていくのか。

□教育における「不易」と「流行」について，簡潔に例をあげて下さい。

□暴力行為の多発について，どういう背景が考えられるか。
→どのように対処・指導していくか。

□暴力行為があなた(私)自身に向けられ，ほおを怪我した場合，指導できるのか。どうするのか。

□あなたは生徒に，どう思われているか。講師経験で感じ取ったことを答えてください。

□あなたの性格を踏まえて，どのような教員になりそうか，教えてください。

□あなたが嫌いな人のタイプはどのような方ですか。その理由は何か。

□日経平均株価について，昨日の終値はいくらか。

□最近の平均値の推移はどのぐらいだと認識しているか。

□この一連の質問からあなたは何か感じて，思ったことはないか，率直に教えてください。

□(専門が歴史ということで)あなたはいつ，どのように歴史が好きになったか。

□生徒が歴史に興味・関心を持たなくなりつつある。どのようにして，興味・関心を持たせるか。

□歴史上の「近代」と「現代」の始まりについて，あなたの考え・依拠する学説を教えて下さい。

□道徳教育は，学校教育の中で序列をつけたらどこに位置づけるか。

□「道徳」と「社会科」ではどういうところで違いを見出せるか。

□「道徳」では何に力を入れて指導するか。

□教育改革において「道徳教育の強化」が検討されているが，これに関して賛成か・反対か。その理由も教えてください。

2013年度

◆適性検査(2次試験)

□作業検査法による心理検査　55分

□質問紙法による心理検査　25分

◆場面指導(2次試験)

【課題】

□最近，あなたのクラスのある子どもの欠席が目立ち始めました。本日も欠席しています。どうやら，学級の仲間から無視されていることが引き金となっているようです。このことを知った担任のあなたは，クラスの子どもたちにどのような指導をしますか。

□あなたのクラスの中で「あだ名」がはやり始めました。聞いていると，気になる「あだ名」があったので注意しましたが，子どもたちはさほど感じていない様子です。あなたはクラスの子どもたちにどのような指導をしますか。

□2学期になり，あなたのクラスの子どもたちの制服の着こなしが乱れてきました。あなたはクラスの子どもたちにどのような指導をしますか。

□最近，あなたのクラスの子どもたちが入れ替わり立ち替わり遅刻します。あなたは，クラスの子どもたちに，「遅刻」や「時間を守ることの大切さ」について，どのような指導をしますか。

□あなたのクラスで，2学期になり授業中の私語が増えてきました。数名の子どもたちから「授業中，無駄な話し声が聞こえるので集中できない。」という訴えもあります。あなたはクラスの子どもたちにどのような指導をしますか。

□最近，あなたのクラスでは，「物を隠す」「物がなくなる」ということが頻発しています。あなたはクラスの子どもたちにどのような指導をしますか。

□あなたのクラスの複数の子どもたちの情報から，あるインターネット上の掲示板に名前は出ていませんが，隣のクラスの子どもと特定できる悪口が書き込まれていることがわかりました。あなたはクラスの子どもたちにどのような指導をしますか。

□あなたのクラスの子どもたちがパソコンゲームに没頭し，夜更かしをしているという噂を聞きつけました。そのためか，確かに，授業中に居眠りをしている子どもが増えています。あなたはクラスの子どもたちにどのような指導をしますか。

□あなたのクラスの子どもたちの宿題の提出状況が悪いです。家庭学習について，あなたはクラスの子どもたちにどのような指導をしますか。

□来月，校外学習として施設見学をします。事前学習として見学のマナーについて，あなたはクラスの子どもたちにどのような指導をしますか。

□先日，学校に一般市民から「子どもたちが毎朝，気持ちのいい挨拶をしてくれる。」というおほめの電話がありました。このことについて，すべてのクラスで話をすることになりました。あなたはクラスの子どもたちにどのような指導をしますか。

□あなたの学校では，挨拶の励行を学校目標の一つにしています。しかし，しっかりした挨拶ができるのは一部の子どもたちに限られます。あなたはクラスの子どもたちにどのような指導をしますか。

□今日の6限目に避難訓練がありました。しかし，あなたのクラスの子どもたちはおしゃべりをしながら移動したため消防署の人から注意を受けてしまいました。あなたはその後，クラスの子どもたちにどのように指導しますか。

□明日はいよいよ卒業式です。あなたのクラスの子どもたちが学校を巣立ちます。卒業式に向けて，あなたはクラスの子どもたちにどのような指導をしますか。

□学級活動の時間に遠足の行き先を決めていますが，なかなか決まりません。その結果，「遠足なんか，行きたくない。」という子どもまで出てきました。あなたはクラスの子どもたちにどのような指導をしますか。

□最近，あなたのクラスの当番活動がしっかりできていません。あなたはクラスの子どもたちにどのような指導をしますか。

□不審者対応訓練がありました。しかし，あなたのクラスの子どもたちは真剣に取り組む様子が見られませんでした。訓練終了後，あなたはクラスの子どもたちをどのように指導しますか。

□来週の日曜日にボランティア活動として学校周辺の清掃作業を行います。参加は自由ですが，できるだけ多くの子どもたちを参加させるために，あなたはクラスの子どもたちにどのような指導をしますか。

□ゴミ箱に食べ残しのパンが袋に入った状態で捨てられていました。あなたはクラスの子どもたちにどのような指導をしますか。

□明日から新しい月となります。そこで，子どもたちに来月一ヶ月の個人目標を立てさせることにしました。達成感や成就感を感じられる目標を立てさせるために，あなたはクラスの子どもたちにどのような指導をしますか。

□あなたのクラスの中でお金の貸し借りをしていることがわかりました。あなたはクラスの子どもたちにどのような指導をしますか。

□子どもたちの表現力を高めるために，来週より一分間スピーチを始めます。あなたのクラスには人前で話すことが苦手な子どももいます。あなたはクラスの子どもたちにどのような指導をしますか。

□明日，あなたのクラスは老人ホームを慰問します。しかし，クラスの子どもたちは日頃，老人と接する機会が少ないようです。あなたはクラスの子どもたちにどのような指導をしますか。

□あなたは小学校の知的障害特別支援学級の担任です。1年生1名，3年生1名，4年生1名が在籍する学級です。みんなで歩いて植物園に出かけたのですが1年生の歩くペースが遅いことに加えて，歩いている時に気になるものを見つけてたびたび立ち止まるため，みんなから遅れ始めました。あとの二人は早く行きたくて仕方がありません。1年生の児童と3，4年生の児童それぞれにどのように指導しますか。

□あなたは知的障害特別支援学校高等部の学級担任です。高等部2年生のAさんは，人と話しをするのが大好きで，特に若い女性に近づいて親しく話しかけて迷惑をかけることがよくあります。明日は校外学習で電車に乗って出かけるのですが，見ず知らずの女性に話しかけて迷惑をかけることも予想されます。校外学習に出かける高等部の生徒たちに事前学習をすることになりました。あなたはどのように指導しますか。

□あなたは知的障害特別支援学校中学部の学級担任です。学校祭で行う出し物について学級で話し合っていると，担任のあなたを主人公にして劇をしたいという意見が多くなってきました。保護者の方が多く参観されることもあり，これまで先生が表舞台に立つことはほとんどありませんでした。あなたはこの学級の生徒にどのように指導しますか。

□あなたは知的障害特別支援学校小学部低学年の学級担任です。今日は，サツマイモの収穫をする日です。学級4人のうち3人が，1人ではサツマイモを収穫できない子やサツマイモを収穫したことがない子です。あなたはこの学級の生徒にサツマイモを収穫する楽しさを味わわせるために，どのようなセッティングをし，どのように指導しますか。

□あなたは知的障害特別支援学校小学部高学年の担任です。小学部5，6年生5人の学級です。みんなの絵を合わせて共同作品を作る図工の授業です。動物園というテーマで一人ひとりが好きな動物を描いていくことに決まり，いざ描き始めようとすると，自閉症のAさんが，「僕はロボットを描く」と言い始めました。一度言い出すとなかなか自分の気持ちを切り替えられないAさんですが，あなたはこの後どのように授業を進めていきますか。

□あなたは中学校の自閉症・情緒障害特別支援学級の学級担任です。明日は交流バドミントンの大会で，他の学校の特別支援学級の生徒と試合をする予定です。あなたの学級のAさんは，勝ち負けのこだわりが強く，普段でも練習中に自分が負け出すとイライラとして，大声をあげたり，得点係のところに行って相手に点数を入れないように言ったりします。あなたは明日の大会を前に，Aさんを含め，学級の生徒にどのように指導しますか。

□あなたは知的障害特別支援学校中学部の学級担任です。学校祭に向けて中学部でカレーライスのお店をすることになりました。明日から調理の練習を始めますが，あなたの学級が調理を担当することになりました。衛生面で特に注意をしなければなりませんが，あなたはこのことについてどのように指導しますか。

□あなたは小学校自閉症・情緒障害学級の学級担任です。あなたの学級には，今年から転校してきた4年生のAさんがいます。彼女は場面緘黙で，学校ではまだ一度も話しをしたことがありません。明後日から交流学習で通常学級で図工を学習する予定です。交流学習を前に交流する学級の児童にAさんのことを説明して理解してもらう時間をもらいました。あなたは交流学級の児童にどのように指導しますか。

□あなたは，知的障害特別支援学校高等部の学級担任です。今日は避難訓練の日です。障害が重く動作が緩慢なAさん，学級のリーダーのBさんと気の弱いダウン症のCさんの3人で作業をしている時に警報が鳴り，火災発生の緊急放送が入りました。あなたはこの3人の生徒を避難させる役割です。この生徒たちにどのように指示しますか。

□あなたは，病弱特別支援学校中学部の学級担任です。既に1年時から入学している2年生の生徒が2名いますが，明日新たに1年生に2人の生徒が転入学してきます。最初の顔合わせの時間にあなたは生徒たちにどんな指導をしますか?

□あなたは知的障害特別支援学校高等部の担任です。産業現場等における実習(就職するために実際に会社で働く経験をする実習)を控え，一般就労をめざす高等部の生徒を引率して，明日から実習先を訪問して事業主に実習のあいさつまわりをすることになりました。その際には会社の人からは本人が実習で取り組む仕事の説明をしていただくことになっています。あなたは，引率する生徒たちに対してどのような事前指導をしますか。

□あなたは小学校の知的障害特別支援学級の担任です。あなたの学級に在籍している2年生1人と3年生2人の児童に，来週から給食配膳をしてもらうことにしました。最初は，牛乳を配ったり，デザートの果物を配ったりなど簡単なお手伝いから始める予定ですが，この児童たちに給食配膳についてどのように事前指導しますか。

□あなたは中学校の知的障害特別支援学級の担任です。2年生の通常学級の生徒2人が，下校途中にあなたの学級のAさんに荷物を持たせたり，口まねをしてからかったりする場面に遭遇しました。その場で注意して，Aさんを家まで送り，翌日，からかっていた生徒たちに事情を聞いて指導することにしました。この生徒たちに対してあなたはどのような指導をしますか。

□あなたは知的障害特別支援学校小学部高学年の担任です。明日は，あなたの学級の生徒が，学校の宿泊訓練棟を使って宿泊学習をすることになっています。今日は，各自で自分の荷物を確認する学習をします。あらかじめ生徒の荷物は点検してあり，忘れ物はありませんでした。着替え等，合宿で使うものを児童自身に確認させるために，あなたはどのように指導しますか。

□あなたは，肢体不自由特別支援学校小学部高学年の学級担任です。明日，3名の児童が居住地校交流として，地元の学校で授業を受けることになっていますが，3名ともあまり行きたくない様子です。あなたは，今日，どんな事前指導をしますか?

□あなたは知的障害特別支援学校中学部の担任です。学部の生徒15人が毎朝行っている5分間ランニングを体育館でしていると，運動が苦手で肥満傾向のある3年生のAさんが1，2周走ったところで歩き始め，途中で座り込んでしまいました。それを見た他の生徒たち4，5人も走るのを止めて歩き始めました。この後，あなたはどのように生徒たちに指導しますか。

□あなたは知的障害特別支援学校高等部の生徒指導部の担当です。あなたの学校の高等部の生徒8人が電車通学をしています。ある日，地域の複数の人から，この生徒たちの電車や駅でのマナーがよくないという連絡が学校に入りました。そのような事実があることを確認した後，生徒を集めて指導することになりました。あなたは電車内や駅でのマナーをどのように指導しますか。

□生活リズムの乱れが原因で不調を訴え，保健室に来る子が目立ちます。生活習慣についてどのように保健指導をしますか。

□梅雨に入り，食中毒が多発する季節になりました。食中毒の予防について保健指導をします。どのように指導しますか。

□教室で授業を受ける児童の姿勢が良くないことが気になります。目の健康を守るためにどのように保健指導をしますか。

□近隣の学校でインフルエンザが流行してきました。予防のためにどのように保健指導をしますか。

□授業中，けいれんを起こして倒れた生徒がいると連絡がありました。教室に駆けつけると床に横たわっており，けいれんは治まっていました。どのような対応をしますか。

□部活動中に生徒同士がぶつかって膝が痛くて動けない生徒がいると保健室に連絡がありました。どのような対応をしますか。

□マラソンの練習中，喘息発作をおこした生徒が来室しました。どのように対応しますか。

【評価項目】

○理解力　○表現力　○判断力　○コミュニケーション力
○構想力

◆個人面接(2次試験)

【評価項目】

○服装，誠実性　○忍耐力　○判断力・表現力　○協調性
○専門性　○教育観　○使命感　○倫理観

◆実技試験(2次試験)

▼小学校全科

【課題】

□ピアノ実技：次の小学校歌唱教材の中から，当日指定された2曲を伴奏のみ演奏する。

『新 音楽の授業づくり』(教育芸術社)より
「虫のこえ」(2年生歌唱教材)，「春の小川」(3年生歌唱教材)，「ふじ山」(3年生歌唱教材)，「まきばの朝」(4年生歌唱教材)，「スキーの歌」(5年生歌唱教材)，「おぼろ月夜」(6年生歌唱教材)
※簡易伴奏ではなく，本格伴奏で弾くこととする。

▼中高英語　10分

【課題】

□案施方法：外国人指導助手(ALT)がインタービューアーになり，日本人英語教師がテスターとなり，英語による口頭試問を行う。

▼中高音楽

【課題】

□弾き歌い：次の中から，当日指定された曲を自らのピアノ伴奏で主旋律を歌う。

・「赤とんぼ」「早春賦」「夏の思い出」「花の街」「浜辺の歌」※なお，伴奏は原曲または教科書によることを原則とする。ただし，移調は可とする。

□器楽演奏：当日指定された曲をソプラノリコーダーで演奏する。

□自由演奏：各自の選曲により声楽または器楽(和楽器を含む)のいずれかを演奏する。なお，自由演奏に限り伴奏者の同伴を可とする。

▼中高美術

【課題】

□デッサン：透明なプラスチックコップと，手を組み合わせて，鉛筆デッサンをする。

□デザイン：手のいろいろなポーズや動きから，美しい空間を見つけ，抽象形で立体構成する。

1. 与えられた材料内で制作すること。
2. 素材の加工，自分が持ってきた描画材での着色は自由とする。
3. 作品は台紙に固定して提出すること。
4. 別紙に題名，制作意図を書き，提出すること。

▼中高家庭

【課題】

(食物分野)

□トマトの湯むき，くし形切り，キュウリの小口切り

□材料を選んで基本的なフレンチドレッシングを作る。

(被服分野)

□A，B2枚のうち，Aの布の周囲すべての布端から2cmのところに縫い線のしるしをつける。

□2枚の布を合わせ，短辺の1つに，まち針に記載されている番号の順にまち針(5本)を打ち，しつけをかける。まち針はつけたままにしておく。

□もう一方の布端を3cmの三つ折りにした後，奥まつりをする。

□カギホックをつけ，ホックを合わせた状態で提出する。

▼中高保体

【課題】

(共通種目)

□水泳

□器械運動(マット運動)

□陸上競技(ハードル走)

(選択種目1)

□球技：バレーボール，バスケットボール，ソフトボールから1種目選択

(選択種目2)

□武道・ダンス：柔道，剣道，ダンスから1種目選択

2012年度

◆体力テスト(1次試験，2日目)　1グループ／6人

▼中学社会

【課題】

□長座体前屈・ハンドボール投げ・反復横とび(20秒間)

※今年はシャトルランがなくなり，準備運動や諸注意を含め，1時間半程度ですべて終わった。

・基本は教職教養・一般教養の合計の上位から1次合格者を出す。すべての種目がD評価にならない限り，点数としては考慮されないため，怪我しない程度に，真剣に取り組めばいいと思われる。

◆個人面接・場面指導(2次試験)　面接官4人　30分(模擬授業は構想9分＋実技7分)

▼中学社会

【個人面接質問内容】

□取得済み免許と取得見込み免許を確認のために教えて。

□福井県の教員を志願する理由は。

→希望校種以外になっても良いか。

□なぜ中学校社会科なのか。

□自分自身の他県の併願の成否と併願している志願者をどう思うか。

→他県を併願しようとは思わなかったか。

□人生で一番苦しんだことと一番楽しかった，あるいは良かったことは。

□ボランティア等の内容とそこから得た物を，教員としてどのように活かすか。

□自分の長所・短所を含めた観点から，教員に向いてる点を自己PRして。

□他の教員(同僚・校長などの管理職)と意見が衝突した時，どう対応するか。

□次の状況の場合，保護者にどう対応するか。

①日曜日に部活を止めてくれという苦情。

②相手の保護者が感情的になり，あなたが過去に話した言葉の揚げ足を取って苦情を言ってきた。校長から「お前が悪いからとにかく謝れ」と言われている。その場合保護者にどう対応するか。

□試験は何回目の受験か。

□筆記試験(専門教科)の感想は。

□中学生に，部活と勉強の両立をどう指導するか。

□福井県の教育施策「きたえる教育」をどう捉えているか。
□最近印象に残ったニュース(教育とそれ以外で一つとそこで得た物)は。
□担任になったらどんなクラスを作りたいか。
□最近読んだ本と印象に残った理由は。
□福井県の教育施策で何か知っている事は。
□「活字離れ」が叫ばれているが,「活字離れ」に対する取り組みとして,具体的にどのような実践をしようと考えているか。
□教員に採用されたら,どういう教員になりたいか,意気込みを。
【場面指導】
※課題提示室で構想9分＋教室移動し課題を読み上げる＋実技(7分)＋質疑応答
【場面指導課題】
□あなたは中学2年生の担任です。
学級活動で学校の校則について話し合いを始めたら,「どうして茶髪はダメなのか」「なぜ,ピアスはダメなのか」という方向に話し合いの流れが進みそうになっている。担任として校則の意義をどう指導するか。
【質疑応答】
□今行った演技はどういった所を配慮・考慮したか,その要点を述べなさい。
□会話の流れについて,そうした発言をしている人が何人いると想定したか。
□教員になったら学級活動の方針として,どの位主導権を握っていくのか(演技のように生徒の話し合いでも教員が介入するのか,放任して見守るのか)
※受付で1人ずつ整理番号が与えられるので,個人面接・場面指導をそれぞれ始める際は受験番号ではなく整理番号を告げてから始める。
・これまでと違い,教師としての実践的対応力を面接においても問

うてくる。場面指導は志願書記載の志望校種に応じた，学級担任という想定で行われる。個人面接と場面指導で配点は100点しかないが，いろんな面から教師としての適性を厳格に測ろうとしているように感じられた。ともに事前の練習や対策が必要で，特に場面指導(7分)は演技が早く終わりすぎてもいけないし，時間オーバーになってもいけないため，事前の練習で時間感覚をつかんでおく必要がある。

【その他の場面指導課題】

□あなたは，小学校1年生の学級担任です。

地震を想定した避難訓練が行われました。事前指導では，安全に落ち着いて避難するための訓練が大切であることを話したのですが，ふざける子も出てクラス全体がだらだらした避難になってしまいました。訓練終了後に，学級の児童にどのように指導をしますか。

□あなたは，小学校2年生の学級担任です。

保護者へのアンケート調査の結果，就寝時間が遅い児童がいることが分かりました。規則正しい生活習慣の大切さについて，学級の児童にどのように指導しますか。

□あなたは，小学校3年生の学級担任です。

休み時間に子どもたちが遊んでいる様子を観察していると，いくつかのグループができ，グループ以外の児童が一緒に遊びたくても入れない雰囲気があります。学級の児童にどのように指導しますか。

□あなたは，小学校3年生の学級担任です。

学級内で，筆記用具など他人の持ち物を本人に無断で使うことが目立ってきました。あなたは，学級の児童にどのように指導しますか。

□あなたは，小学校4年生の学級担任です。

来週，班替えを予定しています。これまでは教師が班を決めていましたが「好きな子と一緒になりたい，嫌いな子と離れたい。」

と口に出している児童もいます。学級の児童にどのように指導しますか。

□あなたは，小学校4年生の学級担任です。

始業のチャイムが鳴っても，なかなか着席できないことが多かったため，学級会でチャイムが鳴ったらすぐに着席することを決めました。しばらくはきちんと守られていましたが，一週間もするといい加減になってきています。学級の児童にどのような指導をしますか。

□あなたは，小学校5年生の学級担任です。

6年生が卒業するのに伴い，登校班，児童会，委員会や毎日の清掃などで，学校の中心となって活動することが多くなります。学級の中にはそのことに対して不安を持っている児童もいます。6年生になるに当たって，あなたは学級の児童にどのような話をしますか。

□あなたは，小学校5年生の学級担任です。

学級では給食を班ごとにまとまって食べています。しかし，最近，大声を出して離れた班の子としゃべったり，ふざけたりする子が多くなってきました。あなたは，学級の児童にどのように指導をしますか。

□あなたは，小学校6年生の学級担任です。

運動会では学級全員参加のリレーがあります。あなたの学級には，走るのが苦手な児童もいて，学年全体の練習ではあまりよい結果が出ていません。学級全体の意欲を高めるために，学級の児童にどのように指導しますか。

□あなたは，小学校6年生の学級担任です。

休日に，大人の人と一緒に，地区の花壇で水やりや草取りをしているAさんの姿を見かけました。人に喜んでもらえることや人のためになることを進んですることが増えるよう，あなたは学級の児童にどのような話をしますか。

□あなたは，中学1年生の学級担任です。

ある日，教室に掲示してある遠足の集合写真にいたずらがありました。Aさんの顔に画鋲が刺さっていたのです。あなたはこのような行為があったことに対し，学級の生徒にどのように指導しますか。

□あなたは，中学1年生の学級担任です。

最近，校内の生徒の中に，ネット上でブログやプロフを作成し，固有名詞を記載したり，写真を掲載したりする行為がみられます。あなたは情報モラルについて，学級の生徒にどのように指導しますか。

□あなたは，中学2年生の学級担任です。

学級活動の時間に，校則の意義について話し合いました。話し合いを進めるうちに「なぜ茶髪がいけないのか。」「なぜピアス着用がいけないのか。」という方向に話が流れていきました。あなたは校則の意義について，学級の生徒にどのように指導しますか。

□あなたは，中学3年生の学級担任です。

学級通信を1年間だそうと思い，タイトルを生徒に考えてもらいました。生徒は，グループごとにアイディアを出し合い，話し合いの結果，1つのタイトルが決定しました。あなたは，決定したタイトルについて，生徒たちにどのような話をしますか。

□あなたは，中学3年生の学級担任です。

学級のほとんどの生徒が自転車で登校している状況です。しかし，残念なことに，ヘルメットをかぶらずに登校する生徒や並進をする生徒が増加しています。あなたは，交通安全について，どのような指導をしますか。

□あなたは，中学校の部活動の顧問です。

4月からこの学校に赴任し，顧問を務めることになりました。ある日，初めての練習試合を行いました。3月までは負けたことがないチームでしたが，この日は全敗という結果でした。生徒たちは，たいへん落ち込んでいます。あなたは，部員に対しどのような声かけをしますか。

□あなたは，高校1年生の学級担任です。

入学して1ヶ月が経ち，宿題忘れや授業中の私語などが目立ち始めました。あなたは，クラスの生徒にどのような指導をしますか。

□あなたは，高校1年生の学級担任です。

3学期始めには，文系，理系のどちらかを選択しなければなりません。ところが，クラスの生徒の多くが迷っています。あなたは，クラスの生徒にどのような指導をしますか。

□あなたは，高校2年生の学級担任です。

合唱コンクールに向けて練習をスタートしましたが，担任がいないと練習にまじめに取り組みません。自主的に取り組ませるために，あなたは，クラスの生徒にどのような指導をしますか。

□あなたは，高校3年生の学級担任です。

体育祭での役割を決めていますが，みんなが自分の希望を譲らず，なかなか決まりません。あなたは，クラスの生徒にどのような指導をしますか。

□あなたは，4月から高校の男子バレーボール部の顧問になります。

しかし，バレーボールの経験は全くありません。はじめての練習に参加するとき，あなたは，部の生徒にどのような指導をしますか。

□あなたは，小学校の知的障害特別支援学級の担任です。

4年生になるAさんが，初めての交流授業として，来週から4年3組の音楽の授業に行くことになりました。しかし，Aさんは恥ずかしがり屋で，引っ込み思案なところがあります。交流授業を開始するにあたり，あなたは4年3組の学活の授業で話をすることになりました。どのような話をしますか。

□あなたは，中学校の知的障害特別支援学級の担任です。

昨年度在籍していた生徒が全員3年生で卒業してしまったため，このクラスは1年生ばかり4人が在籍しています。今日が進路指導についての最初の授業です。3年後の卒業や進路，就労を見据え，あなたはどのような指導をしますか。

□あなたは，小学校の自閉症・情緒障害特別支援学級の担任です。

1か月後，バスに乗って郊外にある博物館まで出かけることになりました。今日はその計画を立てる最初の授業です。在籍している児童は4年生2人，2年生2人の4人です。あなたは子どもたちにどのように指導しますか。

□あなたは小学校の養護教諭です。

5月の週明けに，近隣の中学校で胃腸炎による欠席者が増え，ノロウイルスの集団感染の疑いがあるとの情報が入ってきました。健康観察の結果，胃腸炎が疑われる児童はいませんでしたが，注意が必要なので，体重測定時に保健指導をすることになりました。どのように指導しますか。

☆福井県の評価項目

□個人面接

ア　人物所見

①服装・誠実性

②判断力・表現力

③忍耐力

④　協調性

イ　教員としての資質能力

①専門性

②使命感

③教育観

④倫理観

□場面指導

①理解力

②判断力

③構想力

④表現力
⑤コミュニケーション力

◆実技(2次試験)
▼小学校全科
【課題】
□ピアノ実技
次のA段階，B段階，C段階の3段階の中から，自己の実技程度に合わせ，いずれか1つを選定し，当日，その中から指定された1～2曲を演奏する。
(A段階)
『バイエルピアノ教則本』から原書の75番，78番，88番，96番
(B段階)『ブルグミュラー25の練習曲』から，『3　Pastorale』，『5　Innocence』，『13　Consolation』
(C段階)
『ソナチネアルバムⅠ』から，No.4の第1楽章(クーラウ)，No.14の第1楽章(モーツァルト)，No.15の第1楽章(ベートーヴェン)
□歌唱教材伴奏：『はるがきた』『おぼろ月夜』『ふじ山』
※小学校歌唱教材の中で，当日指定された1～2曲(伴奏のみ)を演奏する。演奏は実施要項に添付された楽譜を使用し，他の楽譜や受験者等のアレンジは一切認められない。

▼中高英語　8分程度
【課題】
□英語による口答試問
※外国人指導助手(ALT)がインタービューアーになり，日本人英語教師が，テスターとなり，英語による口頭試問を行う。

▼中高家庭
【課題】

(被服)

□2枚の布を縫い合わせ，縫い代の始末は折り伏せ縫いをする

□布の指定の場所に，千鳥がけ，たてまつり縫いをする

□スナップボタンを布がずれないように正しくつける

(食物)

□かまぼこの飾り切り(手綱)

□材料を選んでカッテージチーズをつくる

▼中高美術

【課題】

□デッサン：金属球を持つ手を想定して，鉛筆デッサンしなさい。金属球は直径10センチ程度とし，質感は自由とする。

□デザイン：独自の立体をつくり，それを組み合わせて空間を演出しなさい。

1. 立体は多面体や多角柱，円柱，錐体の形を応用すること。
2. 立体はつながっていること。
3. 与えられた材料内で制作すること。
4. 作品は台紙に固定して提出すること。
5. 自分が持ってきた画材での着色は自由とする。

▼中高音楽

【課題】

□弾き歌い：下記から，当日指定された曲を自らのピアノ伴奏で主旋律を歌う。

『赤とんぼ』『早春賦』『夏の思い出』『花の街』『浜辺の歌』

※伴奏は原曲または教科書によることを原則。移調は可。

□器楽演奏：当日指定された曲を，ソプラノリコーダーおよびアルトリコーダーで演奏

□自由演奏：各自の選曲により，声楽または器楽(和楽器を含む)のいずれかの曲を演奏。自由演奏に限り伴奏者の同伴を可。

▼中高保体

【共通課題】

□水泳：泳法自由，50m

□器械運動：マット運動

□陸上競技：ハードル走(男：60m，女：50m)

【選択課題】

□球技：バレーボール，バスケットボール，ソフトボールから1種目選択

□柔道，剣道，ダンスから1種目選択

◆適性検査(2次試験)

▼中学社会

【検査名】

□内田クレペリン検査

□MINI-124

※公表されている評価基準において「適性検査は点数化しない」と示されているため，特に対策は必要ない。MINI-124は自分に正直になって回答しないと時間が足りなくなる。

2011年度

◆体力テスト(1次試験)

▼中高社会

※受験者全員が体力テストを実施。6名1グループとし，午前は男子・午後は女子に分かれて行う。

・長座体前屈

・シャトルラン(男子26回以上，女子13回以上)

・反復横跳び

・ハンドボール投げ

◆個人面接(2次試験)　面接官4人　30分

▼中高社会

□取得，取得済みの免許についての確認。

□福井県の教員を志望した理由は。

□教員を志望した時期は。

□大学のボランティア活動について具体的に説明せよ。

□福井県の良いところはどこか。

□教員として「これだけは譲れない」というところはあるか。

□社会科の教員としてどのような授業をしたいか。

□これまで読んだ本の中で印象に残った本を一つ取り上げ，内容と印象に残った理由を述べよ。

□僻地へ行くことや志望校種以外での採用は大丈夫か。

□これから求められる教員はどのような教員か，自分の言葉で説明しなさい。

□保有資格として「MOS検定」とあるがどのような資格か。

□その資格をどのような形で教員として生かすか。

□最後に自分が目指す教員像を自己PRも交えながら述べなさい。

□実技について補足や訂正があれば述べなさい。

▼中高社会

□学校に勤務していて学んだことは。

□養護学校に勤務して学んだことは。

□養護学校で学んだことをどのように小学校に生かすか。

□養護学校で失敗したことは何か。

□学校で辛かった事は。

□社会科をどのように中学校で教えるか。

▼特別支援教育

□志望理由について。

□教師経験のなかで3つ大切にしていることは何か。

□他県と福井県の違いはどういうところか。
□今勤めている学校について(学級，障害，担当，実習内容)。
□厳しい世の中で，教員に採用されなかったらどうするか。
□社会に出てみて学生時代と想いは変わったか。
□社会人の先輩や企業の中から学ぶことはあるか。
□どうして特別支援教育を志望するのか。
□最後に伝えておきたいことやアピールは。

◆場面指導(2次試験)　面接官4人　15～20分

▼特別支援教育

～全体の流れ～ 問題提示→構想(9分)→指導(7分以内)→質疑応答(2，3問)

【テーマ】

あなたは，小学校の知的障害特別支援学級の担任です。じゃがいもとたまねぎがとれたので，生活単元学習でカレーレストランをすることになりました。当日は，学校の先生方や学級の保護者にお客さんとして来ていただきます。一人ひとりの役割分担も決めました。いよいよ明日が本番です。あなたは学級の児童にどのような事前指導をしますか。

【質疑応答】

□指導の中で大切にしたことはあるか。
□保護者が来ることができない場合はどうするか。
□生活単元学習では作って食べる調理活動が多いが，何をねらいとしていると思うか。

▼中高社会

※当日配布される20個のテーマのうち，希望職種に応じて1つ指定され，それに対して構想，実技，質疑応答を行う。

【テーマ】

あなたは，中学校2年生の担任です。運動会で全員参加の学級対抗リレーがありました。走るのが得意な子も苦手な子も一生懸命練習に取り組んできました。しかし，リレーの結果は残念ながら最下位でした。落ち込む生徒の姿が見られます。あなたはクラスの生徒にどのような指導をしますか。

【質疑応答】

□場面指導の実技において意識したことは。

□中学2年生という設定をどうとらえたか。

□場面指導について補足や訂正があれば述べなさい。

【その他場面指導テーマ】

▼小学校

あなたは，小学校3年生の担任です。授業中の発表で，友だちの間違いをからかったり，笑ったりする児童が数人います。学級に友達の考えや意見を認めようとする雰囲気を育てるために，あなたは学級の児童にどのような指導をしますか。

▼中学校

あなたは，中学校3年生の担任です。毎日，帰りの会で一人ずつ3分間スピーチをすることにしました。しかし，スピーチをすることに抵抗を感じる生徒もいるようです。スピーチをすることの意義などについて，あなたはクラスの生徒にどのような指導をしますか。

▼高等学校

あなたは，高校3年生の担任です。昨日，運動部に所属する生徒にとって高校生最後の大会が終わりました。次週には進路選択の参考となるテストも予定されています。クラスのほとんどの生徒が進学を希望している中，これからの生活や学業への取り組みについて，あなたはクラスの生徒にどのような指導をしますか。

▼養護教諭

あなたは，小学校の養護教諭です。1年生が入学して1ヵ月が過ぎ，学校で元気に活動するようになりましたが，擦り傷などの怪我で保健室に来る児童が増えてきました。そこで，1年生の児童に保健室の利用の仕方と怪我の予防について保健指導を行うことになりました。あなたはどのように指導しますか。

◆実技(2次試験)

▼小学校全科

(音楽)

・次の曲の中から当日指定された1～2曲を演奏する。

A段階：「バイエルピアノ教則本」から，75番，78番，88番，96番(すべて原著番号)

B段階：「ブルグミュラー25の練習曲」から，「3Pastorale」，「5Innocence」，「13Consolation」

C段階：「ソナチネアルバムI」から，No.4の第1楽章(クーラウ)，No.14の第1楽章(モーツァルト)，No.15の第1楽章(ベートーヴェン)

・次の小学校歌唱教材の中から，当目指定された1～2曲を演奏する。

「春がきた」(2年生歌唱共通教材)，「ふじ山」(3年生歌唱共通教材)，「おぼろ月夜」(6年生歌唱共通教材)

(体育)

・共通種目：水泳(泳法自由)，器械運動(マット運動)，陸上競技(ハードル走)

・選択種目1：球技(バレーボール・バスケットボール・ソフトボール)から1種目選択

・選択種目2：武道・ダンス(柔道・剣道・ダンス)から1種目選択

▼音楽

・弾き歌い：次の中から，当日指定された曲を自らのピアノ伴奏で主旋律を歌う。

「赤とんぼ」「早春賦」「夏の思い出」「花の街」「浜辺の歌」

なお，伴奏は原曲または教科書によることを原則とする。ただし，移調は可とする。

・器楽演奏：当日指定された曲をソプラノリコーダーおよびアルトリコーダーにより演奏する。

・自由演奏：各自の選曲により声楽または器楽(和楽器を含む)のいずれかの曲を演奏する。

▼家庭

・被服分野：スナップボタン付きポーチを作る。

・食物分野：規定の分量でかきたま汁を作る。

▼美術

・デッサン：与えられた布，梱包用ひも，箱に自分で想像して円柱を1つ加え，色鉛筆でデッサンする。色数は制限しない(12色中)が黒は使用しないこと。円柱は無地，直径10cm×高さ25cm程度で，机上に置かれているものとする。

・デザイン：清涼飲料水の缶をデザインし，立体にして提出する。ただし，以下の条件をふまえて制作する。

1. 子どもから大人まで，広い年齢層をターゲットにした商品をイメージする。
2. 「SPARKLING」の文字を入れる。
3. 大きさは直径6cm×12cmの円筒形とする。
4. のり，はさみ，定規，コンパスは使用してよい。
5. 着色の際には，絵の具を使用する。
6. 色数は制限しない。(12色中)

2010年度

◆個人面接(2次試験)　面接官4人　20分

▼中学社会

・志望書から分かる履歴の確認と質問。

・勤務地はどこがいいか。

・なぜ小学校が第一志望なのか。

・最近気になるニュースは何か。

・最近読んだ本について。

・環境問題について何か取り組みを行っているか。

・不登校の子どもについてどのように接するか。

・自分がしてきたボランティアについて。

◆場面指導(2次試験)　面接官4人　30分(構想10分，実施7分，質疑応答10分)

▼中学社会

課題「あなたは小学校4年生の担任です。給食の後始末が悪く，食器がばらばらだったり，おかずが残っていたり，パンがごみ箱に捨ててあったりします。学級の児童にどのように指導しますか」

◆個人面接(2次試験)　面接官4人　20分

▼小学校全科

・所有している免許はあるか。

・志望動機。

・僻地勤務については大丈夫か。

・教員免許更新制の目的は。

・教育力の低下についてどう考えるか。

・地域の教育力の低下は何が原因か。

・講師をしていて，思い出に残ることは。
・いじめの対処法について。
・教育で大切なことは何か。
・民間企業を辞めて教員になるのは何故か。また，そこまでする必要があるのか。

◆場面指導(2次試験)　面接官3人　30分(構想10分，実施7分，質疑応答10分)

▼小学校全科

課題「給食のあとかたづけがよくないと言われた。最近はパンはゴミ箱に捨てられるし，カスが残ったまま，ワゴンに置かれている。あなたは4年生のクラスの学級担任としてどのように指導するか。」

・事前に10分間で考える。(メモは見てもよい)
・指導のあとに面接官3人から1つずつ質問。

質問内容

1　指導で大切にしていたことは何か。
2　指導し残したことはあるか。
3　この指導はいつするのか。

2009年度

◆個人面接＋場面指導(2次試験)　面接官3人　40分(個人面接30分，場面指導5分，質問5分，構想は別に10～15分)

〈場面指導課題〉

・あなたは，小学校1年生の担任です。登下校のボランティアをしてもらっている見守り隊の方から，「おはようございます」や「さようなら」などの挨拶ができていないと注意を受けました。学級の児童にどのように指導しますか。

・あなたは，小学校2年生の担任です。健康診断の結果，あなたの学級には虫歯のある児童が多いことが分かり，給食の後に歯磨きをすることにしました。歯磨きを実施するにあたり，学級の児童にどのように指導しますか。
・あなたは，小学校3年生の担任です。児童会活動で歌やゲームの集会がありました。しかし，あなたの学級の児童は，私語をしたりふざけたりしていて，児童会の説明も十分に聞かず，ゲームもうまくできませんでした。帰りの会で，学級の児童にどのように指導しますか。
・あなたは，小学校3年生の担任です。給食の時間に，A君が誤って牛乳瓶を倒し，隣りの子の机や床が牛乳で汚れてしまいました。しかし，まわりの子は眺めているだけで手助けをする様子は見られませんでした。このことについて帰りの会で話しをすることにしました。学級の児童にどのように指導しますか。
・あなたは，小学校4年生の担任です。学級会でボランティア活動をすることがきまり，公園の清掃をすることになりました。はじめは熱心に活動しましたが，途中から遊具で遊びはじめる児童が目立ち，清掃は中途半端に終わってしまいました。学校にもどり，学級の児童にどのように指導しますか。
・あなたは，小学校4年生の担任です。最近，あなたの学級では落ち着きに欠ける児童が目立つようになり，今日は廊下で鬼ごっごをしていて衝突し，軽いけがをするということも起きました。学級の児童にどのように指導しますか。
・あなたは，小学校5年生の担任です。1年生が大切に育てていたチューリップが，開花直前に切り取られてしまうという悲しい事件が起きました。このような出来事を受けて，学級の児童にどのように指導しますか。
・あなたは，小学校6年生の担任です。あなたの学校では，身近なところから環境を守る取り組みをはじめることになりました。今後，エコ活動を実施していくために，学級の児童にどのように指導しますか。

・あなたは，中学校1年生の学級担任です。入学からしばらくして，部活動の加入の時期となりました。様子を見ていると，自分の趣味・関心等ではなく，「小学校時代の友だちと同じところに入る」という言葉が目立ちます。部活動の選択について，学級の生徒にどのように指導しますか。

・あなたは，中学校1年生の学級担任です。学校の近くに住む人から，通学の態度が悪い，道いっぱいに広がっておしゃべりしていて反対側から来る人に道を譲らない，自転車通学も並進しながらおしゃべりしているなどマナーが悪い，と苦情が届きました。交通マナーについて，学級の生徒にどのように指導しますか。

・あなたは，中学校2年生の学級担任です。夏休みも終わり，2学期が始まりました。あなたの学級の生徒が一人，いじめられているようです。調べてみると，インターネットの裏サイトに悪口を書かれたようです。今日はその生徒は休んでいます。学級の生徒にどのように指導しますか。

・あなたは，中学校2年生の学級担任です。学校では，まもなく学級ごとに参加する合唱コンクールがあります。でも，あなたのクラスは今一つやる気が感じられません。この機会にクラスの団結を強めたいと思いますが，学級の生徒にどのように指導しますか。

・あなたは，中学校3年生の学級担任です。あなたのクラスでは，全員の進路が決定し，卒業式を目前にしています。ところが，遊びの計画を声高に話すなど，気持ちが浮ついている様子がうかがえます。この時期の過ごし方について，学級の生徒にどのように指導しますか。

・あなたは高校1年生の学級担任です。明日から，いよいよ夏休みです。夏休みの有意義な過ごし方について，学級の生徒にどのように指導しますか。

・あなたは普通科高校1年生の学級担任です。あなたの学校では，2年生から文系と理系の進路希望に応じたクラス編制が行われており，

11月からは科目選択んどの希望調査が始まります。将来の進路選択について，学級の生徒にどのように指導しますか。

・あなたは高校1年生の学級担任です。朝の交通安全指導で，あなたと一緒に指導してもらった保護者から「服装が乱れている生徒が目立ちますね。」と指摘を受けました。学級の生徒にどのように指導しますか。

・あなたは高校2年生の学級担任です。あなたの学級では，自分のホームページを立ち上げたり，ゲームサイトで世界中の人と遊んだりするなど，インターネットを活用している生徒が増えています。インターネットの活用の利点と問題点について，学級の生徒にどのように指導しますか。

・あなたは高校3年生の学級担任です。高校生活最後の学校祭の準備が，いよいよ明日から始まります。学級の団結や取り組み方について，学級の生徒にどのように指導しますか。

・あなたは，小学校の知的障害特別支援学級の担任です。生活単元学習で，公共交通機関を利用して福井駅周辺の校外学習に出かけます。どのような事前指導を行いますか。

・あなたは，中学校の知的障害特別支援学級の担任です。特別支援学級1年生のAさんは，走るのが好きなので陸上部に入ることになりました。そこで，Aさんの入部に際して，あらかじめ陸上部の生徒たちに話をしておきたいと考えました。どのような話をしますか。

・あなたは，特別支援学校(知的障害)中学部の担任です。作業学習で，さつまいもの収穫を行います。どのような事前指導を行いますか。

・あなたは，特別支援学校(知的障害)高等部の担任です。明日から，就職を目指す生徒の現場実習が始まります。あなたは，クラスの生徒にどのように事前指導しますか。

・あなたは小学校の養護教諭です。健康診断の視力検査の結果，4年生になって視力が低下する児童が増えてきました。そこで，10月10日は目の愛護デーということもあり，10月に4年生の学級で目の健康について保健指導を行うことになりました。どのように指導しますか。

・あなたは中学校の養護教諭です。生活リズムが乱れ，夜遅くまで起きていて，登校しても睡眠不足のため体調不良を訴えてたびたび保健室に来室する生徒がいます。どのように指導しますか。

2008年度

◆実技試験

【1次/体育】

・体力テスト…男女別6人一組で，シャトルラン(男子54回・女子35回まで)・反復横とび・ハンドボール投げ・長座体前屈をローテーションしていく。

【2次/小学校/音楽】

1　「ピアノ教則本」から

(1)　要領

下記に示すA段階，B段階，C段階の3段階(各段階とも，あらかじめ3～4曲を指定しておく。)から，受験者は自己の実技程度に合わせ，いずれか1つを選定し，当日，その中から指定された1～2曲を演奏する。

(2)　段階および指定曲

(A段階)「バイエルピアノ教則本」から原書の75番，78番，88番，96番

(B段階)「ブルグミュラー25の練習曲」から「3 Pastorale」「5Innocence」，「13 Consolation」

(C段階)「ソナチネアルバムI」から，No.4の第1楽章(クーラウ)，No.14の第1楽章(モーツァルト)，No.15の第1楽章(ベートーヴェン)

2「歌唱教材伴奏」

(1)　要領

小学校歌唱教材の中から，あらかじめ下記の3曲を指定し，その

伴奏譜を受験者に送付しておく。受験者は，当日その中から指定された1～2曲を演奏する。(伴奏のみ)演奏は指定どおりとし，他の楽譜や受験者等のアレンジは一切認めない。

(2)　指定曲

・はるがきた

・おぼろ月夜

・ふじ山

【2次/英語】

1　方法

・ALT(インタービューアー)とJET(テスター)がセットを組み，口頭試問による検査。

2　面接内容

(1)　英語運用(コミュニケーション)能力の評価

(2)　問題解決能力，論理構成力および英語表現力の評価

【2次/音楽】

1　自由演奏

・受験者の得意とする分野から自由に1曲演奏する。

(伴奏を必要とする場合は，伴奏者の同伴も可とする。)

2　リコーダー

・教材又はリコーダー練習曲等の中から，当日ソプラノ・アルト各々指定した曲を1曲ずつ演奏する。(ソプラノ・アルト両方とも演奏)

3　弾き歌い

・コンコーネ50番のNo.15，No.28，No.32，No.39，No.41の中から，当日指定された1～2曲を移動ド階名唱又は母音唱で弾き歌い。

【2次/家庭/被服】

1：被服実技試験

(1)　配布物

布；2枚
針；3本(三の二2本，長針1本)
糸；赤の京美糸
　　しつけ糸2本
まち針；5本
指ぬき；1個

(2) 制限時間　30分間(後始末を含む)

(3) 問題　配布した布を使って，以下の条件にあうハーフパンツを作りなさい。

① 縫い代量
ウエスト；約3cm
すそ；0cm
また上とまた下；約1.5cmとする。

② 縫い方
ウエスト；できあがりが2cm程度になるように三つ折りをして，まつり縫いする。
また下；なみ縫い
・縫いはじめと縫い終わりは返し縫いまたは一針返し針
・縫い代は割ること
また上；なみ縫い，ただし中心(また下との交点)から後ろパンツにかけて5cm程度半返し縫い(縫い代は片返しにする。)
すそ；縫わなくてよい。

③ 右後ろパンツに受験番号札をまち針で止めて提出

【2次/家庭/食物】

2　食物実技試験

(1) 配布物
実技試験問題用紙1枚　　受験番号札
小鍋　ふた　さいばし　ざる　ボール　すり切り用へら　玉じゃくし
計量スプーン大，小　計量カップ　椀　皿　昆布　かつおぶし

みそ　まな板包丁　ねぎ

(2) 制限時間　10分間(後始末を含む)

(3) 問題

会席料理の「止めわん」として赤だし150mlを作りたい。

以下の要領で，材料を準備しなさい。

① 配布した昆布とかつおぶし，400mlの水を使って一番だしをとり，計量カップを使って，赤だし用150mlを計量しなさい。また，一番だしのとり方を説明しなさい。

一番だしのとり方

② 必要なみその分量を計量スプーンで計量しなさい。

赤だしの塩分濃度；1%

みその塩分濃度；食塩の$\frac{1}{8}$倍

みその量

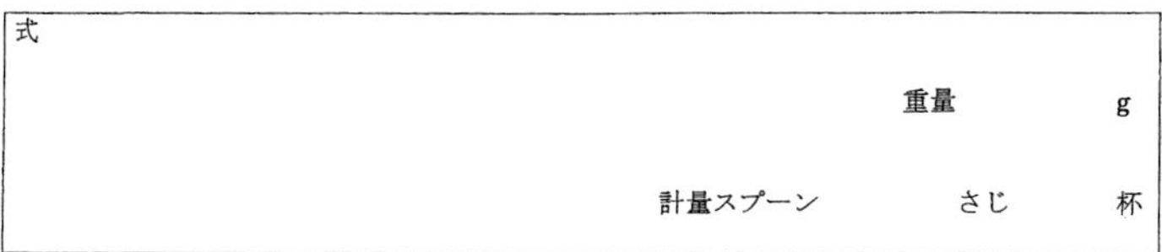
式
重量　g
計量スプーン　さじ　杯

③ ねぎを白髪切りにして皿にのせなさい。

①②③をバットに入れて，後始末をし，退出しなさい。

【2次/保健体育】

1　実施種目

種　別	実　技　種　目
共通種目	ア　水泳　イ器械運動【マット運動】　ウ　陸上競技【ハードル走】
選択種目	エ　球技【バレーボール・バスケットボール・サッカー】から１種目選択 オ　武道・ダンス【柔道・剣道・ダンス】から１種目選択

2　実技方法　　【ローテーション順に従い、班ごとに移動する。】

	班	前	半			後　半
男子	1～3班	①マット運動	②武道・ダンス	③ハードル走	④水泳	選択種目
	4～6班	①ハードル走	②マット運動	③武道・ダンス	④水泳	球技
	7～10班	①武道・ダンス	②ハードル走	③マット運動	④水泳	サッカー
	11～12班	①ハードル走	②武道・ダンス	③マット運動	④水泳	バレーボール バスケットボール
女子	1～3班	①水泳	②マット運動	③ハードル走	④武道・ダンス	から1種目
	4～5班	①水泳	②武道・ダンス	③マット運動	④ハードル走	

【2次/美術】

1　デッサン

・次のテーマで鉛筆デッサンしなさい。

　ビン・木片・レモンによる静物画

2　デザイン

・抽象形による構成をしなさい。

※注・提出作品は1作品とする。

・大きさは最大でケント紙四つ切りまでとする。

◆場面指導

○課題1

(1)　あなたは，小学校2年生の担任です。一人の児童が，休み時間に他の児童が遊びの仲間に入れてくれないと訴えてきました。学級の児童にどのように指導しますか

(2)　あなたは，小学校2年生の担任です。あなたの学級には，食べ物の好き嫌いのある児童が多くいます。今日の給食でも，野菜を残す児童がたくさんいました。どのように指導しますか。

(3)　あなたは，小学校3年生の学級担任です。最近，あなたの学級で，教科書や筆記用具，提出物等を忘れてくる児童が増えてきました。

どのように指導しますか。

(4) あなたは，小学校3年生の学級担任です。9月になり，2学期が始まりました。夏休み明けのためか，あくびをしたり，居眠りをしたり，学習に集中できない児童が多いようです。どのように指導しますか。

(5) あなたは，小学校4年生の学級担任です。落ち着きが無く，手遊びをしたり，隣の児童と話をしたりして授業に集中できない児童がいます。どのように指導しますか。

(6) あなたは，小学校4年生の担任です。あなたのクラスの児童のズックが隠されました。あなたは，学級全員にどのような指導をしますか。

(7) あなたは，小学校5年生の担任です。明日はいよいよ林間学校(宿泊学習)で，山間部にある「自然の家」に出かけます。前日の学級指導でどのように指導しますか。

(8) あなたは，小学校5年生の担任です。あなたの学年は，クラス替えがあり，仲良しの友達と別れた児童がいつも一人でいます。あなたは，学級の児童にどのように指導しますか。

(9) あなたは，小学校6年生の担任です。1泊2日の修学旅行で奈良と京都へ行くことになり，児童は大変楽しみにしているようです。前日の学級指導でどのように指導しますか。

○課題2

(1) あなたは，中学校1年生の担任です。4月の入学式の日に，新入生が期待と不安を持って登校してきました。あなたは，学級の生徒に，どのような話をしますか。

(2) あなたは，中学校1年生の学級担任です。5月になり，初めての定期テストが迫ってきました。あなたの学級の生徒がテスト勉強の方法が分からないと相談してきました。あなたは，学級の生徒にどのような指導をしますか。

(3) あなたは，中学校1年生の学級担任です。あなたの学級に，教師の発問や指示を茶化す生徒が多くいます。今日の授業でもあなたの発問のあげあしをとって授業が上手く進みません。どのように指導しますか。

(4) あなたは，中学校2年生の担任です。あなたの学校では，朝読書に取り組んでいます。あなたは，読書のすばらしさについて，学級の生徒にどのように指導しますか。

(5) あなたは，中学校2年生の学級担任です。夏休みも終わり，2学期が始まりました。あなたの学級の生徒数人が乱れた服装で登校したり，授業中ガムをかんだりするようになりました。あなたはどのように指導しますか。

(6) あなたは，中学校2年生の学級担任です。あなたのクラスに，いつも昼休みに一人で時間を過ごしている生徒がいます。今日，黒板に，その生徒の悪口が書かれていました。あなたはクラスでどのように指導しますか。

(7) あなたは，中学校3年生の学級担任です。今日，音楽の先生から，授業にまじめに取り組まない生徒がだんだん増えてきたと聞きました。あなたは，学級の生徒にどのように指導しますか。

○課題3

(1) あなたは，高校1年生の学級担任です。放課後，校内を巡視していると，あなたの学級の隣のトイレにたばこの吸い殻が落ちていました。あなたはクラス全員にどのように指導しますか。

(2) あなたは，高校1年生の学級担任です。今日清掃の時間にトイレの便器にトイレットペーパーが丸ごと捨てられているのが見つかりました。この出来事から公共施設の利用についてクラス全員にどのように指導しますか。

(3) あなたは，高校1年生の学級担任です。部活動が本格的に始まり，休日にも熱心に活動する生徒が増えてきました。ところが，今日も何人かの教科担当の先生方から，授業への集中力のない生徒が目立つようになったと指摘を受けました。クラス全員にどのように指導しますか。

(4) あなたは，高校2年生の学級担任です。今朝，生徒の電車内でのマナーについて苦情がありました。公衆マナーについて，クラス全員にどのように指導しますか。

(5) あなたは，高校2年生の学級担任です。今日は合唱コンクールが行われ，あなたのクラスも熱心に練習してきました。声もよく出ており，クラス全員が満足してコンクールを終えたのですが，結果は最下位でした。クラス全員にどのように指導しますか。

(6) あなたは，高校3年生の学級担任です。中間試験の集計も終わり，今日は個人成績を返却する日です。ところが，あなたのクラスの成績は全体的に低調でした。期末試験に向けてどのように指導しますか。

(7) あなたは，高校3年生の学級担任です。明日は，運動部に所属する生徒にとっては高校生として最後の大会となりました。あなたのクラスでも半数の生徒が選手として大会に参加します。クラス全員にどのように指導しますか。

(8) あなたは，高校3年生の学級担任です。明日はクラス全員が大学入試(もしくは就職・検定試験)を受験する日です。クラス全員にどのように指導しますか。

○課題4

(1) あなたは，小学校の知的障害特別支援学級の担任です。明日の生活単元の学習で，バスに乗ってスーパーマーケットへ買い物の学習に出かけます。事前に，どのように指導しますか。

(2) あなたは，小学校の知的障害特別支援学級の担任です。あなたの学級の児童が，明日から体育と図工の時間に，通常学級での交流を始めることになりました。交流先の3年生の学級の児童にどのように事前指導をしますか。

(3) あなたは，小学校の知的障害特別支援学級の担任です。明日は遠足で動物園にいきます。前日の学級活動の時間に，児童の気持ちをわくわくさせるような話と安全指導をします。あなたはどのように指導しますか。

(4) あなたは，中学校の知的障害特別支援学級の担任です。年度初めに，あなたのクラスの生徒のことを他の学級の生徒に理解させるために，明日から1週間帰りの会に1年生のすべての学級に出向くことになりました。どのような指導をしますか。

(5) あなたは，小学校の養護教諭です。6月4日の虫歯予防デーを前に，2年生の学級で，虫歯予防の保健指導をすることになりました。どのように指導しますか。

(6) あなたは，小学校の養護教諭です。1月になり，あなたの学校で，インフルエンザで欠席する児童が増えてきました。そこで，4年生の学級で保健指導を行うことになりました。どのように指導しますか。

2007年度

◆面接／2次／中学英語

Please introduce yourself.

What do you do on weekends?

What are you interested in?

If your students say, “I don't know why I'm leaning English.” what would you say to the students?

What do you think is the most important thing when teaching English?

Please choose one topic from these 3 topics;1. Fukui,2. Japan,3.Asia. Please talk about it.

At lunch time,one of your students came to you and said,“I want to go home.” What would you say or do?

◆個人面接／2次／中学英語

○単位は取れているか(卒業はできそうか)
○どの校種でもいいか(高校でもいいか)
○僻地でもいいか
○部活について(陸上の経験からどんなことを伝えていきたいか)
○能力差，個人差を英語の授業でどうするか
○掃除をしない生徒をどう指導するか(生徒と一緒になって掃除をする，指示を出す，指示に従えば「ありがとう，助かった」と伝える，と言うと・・)
○40代女性教諭が腕を組んで，掃除の監督をしている。その様子を見て生徒が「あの先生どうにかして」と言ってきた。どう対応するか。
○教師としての，あなたの売りは何か
○校種別に，その発達段階が抱える問題点を挙げなさい
○中学校の不登校の生徒に対してどうするか
○あなたの弱点は何か
○そんなに一生懸命指導しては，自分の時間がなくなるのではないか
どうしていくつもりか
○(どこかの質問で，個性，それぞれのよいところを学級経営に生かす，と答えると・・)
○音楽が好きな生徒に，合唱コンクールのパートリーダを任せてみると言ったが，その生徒が「目立つのはいやだ」と言ったらどうするか
○(どんな質問をされたか覚えていませんが)印象に残っている先生について話す

◆集団討論／2次／中学英語

○授業が始まっても，1人生徒が帰ってこない。どうするか
2分考え，一人ずつ意見を言い，自由討論に入る
討論が終わって・・
・教室から出ていってしまった子が「今日のことは絶対に親に言わ

ないで」と言う。どう対応するか。
・教採に合格したら，一番喜ぶのは誰だと思うか
・信頼できる先生はいたか。いればどんな先生だったか。

◆集団面接／2次／中学英語
○保護者が「うちの子がいじめられている。」と訴えてきました。どのように対処しますか。
○教室の黒板に1人の生徒(児童)を非難する落書きがありました。担任としてどう対応しますか。
○授業中に1人の生徒(児童)が教室をとび出しました。あなたは，担任としてどう対応しますか。
○生徒(児童)が自分の指示に従わなくなり，学級の雰囲気が悪くなってきました。どのように対処しますか。
○保護者から「校舎内外の清掃を生徒(児童)にさせるべきではない。」という苦情の電話が入りました。どのように対処しますか。
○生徒(児童)に「どうして勉強しないといけないのか。」と聞かれたらどう対応しますか。勉強の楽しさを教えるためにどう対処しますか。
○保護者から「子どもが学校に行きたくない。」と言っている，と連絡がありました。あなたは，どう対応しますか。
○夜遅い時間に保護者から「まだ子どもが帰らない。」と電話がありました。あなたは，どのように対応しますか。
○授業が始まる時間になっても，生徒(児童)が1人教室に戻ってきません。あなたはどのように対応しますか。
○保護者が「うちの子どもが先生の授業についていけないと言っている。」と電話をしてきました。あなたはどのように対応しますか。
○不登校の傾向にある生徒の母親が相談に来ました。あなたは，どのように対応し，何とアドバイスしますか。
○普段は普通にだれとでも話をすることができるが，授業などで皆の前に立って話すことができないことを悩んでいる生徒(児童)が相談

に来ました。あなたは，どのように対処しますか。

○周りが薄暗くなっているのに，校内に残っているカップルがいました。あなたは，どのように対処しますか。

○自分のクラスのある女子生徒の上靴が2回続けて隠されるいたずらが起こりました。あなたは，どのように対処しますか。

○夏休みが終わってまもなく，登校するとすぐ「頭が痛いので保健室へ行ってよいですか。」と毎日訴えてくる子どもに対して，学級担任または養護教諭としてあなたはどのように対応しますか。

○自分のクラスは，わがままな生徒が多く，まとまりがありません。優しい心を持ち他人を思いやる心を育てるために，あなたは，どのように対処しますか。

2006年度

◆個人面接／2次／校種不明

(面接官3名，時間25分)

○取得している教員免許の種類。

○大学卒業後から現在までの空白期間について。

○他県も受験するが，両方受かったらどちらを選ぶか。その理由も。

○自分が教師に向いている，という点はどこか。

○地域から信頼される教師，学校とはどのようなものだと思うか。

○(私は卒業後，オーストラリアの公立小学校で日本人教師をしていたので)

・オーストラリアのどこに滞在していたか。

・どんなことをしていたか。

・オーストラリアの子どもと日本の子どもの違いについて。

・外国での体験を日本の教育にどう取り入れていきたいか。

・オーストラリアはキリスト教，日本は仏教が背景にあるが，宗教の違いによって教育内容にも違いがあるか。

○(私は，大学の学部が美術系だったので)

・美術教育をどのように取り入れていきたいか。
・卒業制作で苦労した点はどこか。

◆集団面接／2次／校種不明
(面接官3名，受験者5名，時間25分)
テーマ：「授業中に児童あるいは生徒が教室をとびだしました。あなたなら，どのように対応しますか。」「校則について」も最後に聞かれて，各自意見を述べたのみ。
※テーマを言われ，2分間で自分の意見をまとめる。その後，5人で意見交換など自由に行ってよい。リーダーは決めず，面接官も特に口出しせず，やり取りを見ている。時間があまれば，他のテーマや，面接官が質問をしてくる。

2004年度

◆実技試験／1次
約20分間
英語で書かれたカードが渡される
「これは生徒がみんなの前で発表する前日に自分の所へ持ってきた作文です。生徒が自分の前にいると思って話しなさい」(考えがまとまった人から発表)
My hobby
My father likes rock music with guitar.　He has about rock muck CDs.　He plays every day.　When I hear it, I feel relax.
◆集団面接／1次
〈実施方法〉
受験者6名，面接官3名，約25分間
〈質問内容〉
○どんな教師になりたいか？

(自分の経験をふまえて，自分に何ができるか1分間自己アピール)
○最近気になっている教育関係のニュースについて，中学校の授業の中で子どもたちに話すように発表しなさい。
(2つとも発表の順番は挙手制)

◆実技試験／1次／高校商業
○水泳25m(自由に泳ぐ)
○ハンドボール投げ
○反復横とび
○シャトルラン

◆集団討論／2次
〈実施方法〉
受験者4名，面接官3名，約15分間

◆個人
〈実施方法〉
面接官2名，約15分間
×2回
個人面接2回行ったあと，集団面接，討論，そして面接官より質問を受ける。
1回目，2回目の個人面接
〈質問内容〉
○志望動機。自己PRなし
○どのような教師を目指すか
○ボランティアをしているか
○自分の長所と短所

○小・中・高の中で印象に残っている教師
○不登校の生徒がいたらどうするか
○部活で何を得たか
○日頃，運動しているか
○ピアスをしている生徒への指導
○商業の授業で何に注意して指導するか
○教師になったら，学校をどうしたいか

◆集団討論
○「学力低下」についてどう考えているか
○「大学生で分数もできない」をどう思うか
討論後，面接官の質問

◆実技試験／1次／小中高英語
体育実技　水泳(泳法自由)，体力テスト
○水泳
○反復横とび
○シャトルラン
○ハンドボール投げ
6人1組で，ローテーション順に従って実施

◆適性検査／2次
検査名　内田・クレペリン精神作業検査
時間　30分

◆実技／1次／一括　社会

○プール25m(どんな泳法でも可)
○反復横とび
○ハンドボール投げ
○シャトルラン(20mの往復)

◆集団面接　15分
○奉仕活動の意義と，やってみたい活動。
○いろいろな仕事がありますが，どうしても教員になりたいですか？
○講師をしていて困ったこと，どのように対処したか。
○専門教科を教える際に工夫していること。
○評価の4つの観点を言って下さい。
○現在週何時間働いていますか。
○吹奏楽を受け持って下さいと言われたらどうしますか？
○現在の学校での一番の問題点
○集金をもってこない場合，どのように対応しますか？
○教師の達成感とは何か。
○日曜日，学校で電気をつけて仕事をしていたら，地域から税金の無駄使いをするなと言われました。どうしますか？

◆個人面接Ⅰ／2次／小中高
Ⅰ―面接官3名(日本人2名，外国人1名)
日本語
○志願書に書いてあることの確認
○留学経験について
○ストレス解消法
○講師をして，自分が高校生の時と今の高校と何が違うと思うか。
○講師をしてみて，自分の課題は何だと考えているか。
○授業中に集中しない生徒はいるか。

英語

○What is important to make students acquire communication skills?

○It is important for English teachers to have a good command of English. Why?

○How do you teach grammars, reading, and so on?

○Why do you want to be an English teacher?

個人面接Ⅱ—面接官2人

○最近の教育で話題になっていることで関心のあるものは何か。

○不登校の生徒がいたら，どう対処するか。

○不登校の生徒に，話をしたくないと言われたらどうするか。

○アカウンタビリティについて知っていることを説明してください。

○部活動について思うこと。

○部活動の顧問をしてくれと言われたらどうするか。

○部活動を指導するとき，何に重点をおいて指導するか。

○教師になればこれからずっと家庭や地域，どこででも「～先生」と呼ばれるが，それについてどう思うか。

○「勉強はいやだ。」と生徒が言ってきたら，何と答えるか。

○入学式や卒業式，終業式などについてどう思うか。

集団面接—面接官3人，受験者4人

○学校でしつけを指導するにはどうしたらよいか。

(2分間考えて，それぞれが意見を言ってから，自由に討論する。)

2003年度

◆個人面接

・どんな学校に採用されてもいくか

・僻地でも大丈夫か

・理想の養護教諭像を述べよ(養護教諭)

・虫歯予防の保健指導をどのようにするか(養護教諭)

・PTSDとはなにか

・もし，職場でセクハラにあったときどう対応するか，述べよ
・小学校の先生になったつもりで，入学式の日1年生の教室で挨拶しなさい

◆集団面接
・個性を生かした教育をするための工夫
・児童・生徒に学ぶ意欲を持たせるための工夫
・保護者や地域から信頼される教師になるためにはどうすればよいか
・盗難事件が起こったときの対応を答えよ
・子どもたちに携帯電話が普及していることについてどう考えるか述べよ
・学級崩壊がおきないためには，どのようなことが大切か述べよ
・学校評議員制度の内容を説明しなさい
・絶対評価についてどう考えるか
・ボランティア経験はあるか
・民間から学校長を採用する制度についてどう考えるか

◆実技
・水泳…25メートルを自由な泳法で泳ぐ
・反復横飛び
・上体起こし…30秒で何回できるか
・ハンドボール投げ

◆適性検査
・内田クレペリン検査
・MINI124

第3部

論作文の書き方

論作文試験実施のねらいと受験対策

論作文試験の実施状況

論作文試験の実施形態

論作文試験は現在，ほとんどの都道府県・政令指定都市で実施されている。論文試験あるいは作文試験を正式に試験科目として募集要項に明記していなくても，教職教養などの枠の中で事実上の論作文試験を実施している自治体を含めると，論作文試験はほとんどの自治体で行われていることになる。

教職・専門や面接と並び，論作文試験は今や教員試験の重要な試験科目の1つとなっている。近年の教員試験の選考方法の多様化の傾向の中で，論作文はどの県・市でもその重要性が注目され，今では教員試験の突破には論作文試験対策なしでは考えられないようになっている。しかし，最も対策が立てにくいのも論作文試験である。

論作文試験について考えてみると，教職・専門教養試験とは異質な，ということは逆に面接試験とかなり性質の近い試験だという通念がある。これはある程度当たっていよう。

ただ，試験の実施時期の方は，面接試験はほとんどの教育委員会が2次中心に実施しているのに対し，論作文試験は1次試験で実施する県と2次試験で実施する県にわかれ，県によっては両方で実施するケースもある。そもそも1次試験というのは，教師として最低限必要とされる知識を有している人物を選び出し，教師としての適性のある人を2次選考にかけるという性格のものであるから，試験方法の多様化により一概にはいえないが，それでも重要な比重を占めているといえる。

つまり実施時期から見ても，やはり重視傾向がうかがえるということになる。実施県数の多さと実施時期との両面から見て，「論作文試験は予想以上に重視されている」ということがわかってきたが，なぜ重視されているかについては後述することにして，ここではさらに，論作文試験の実施概要についてまとめておくことにする。

試験の実施スタイル，つまり試験時間，字数制限などについて見てみよう。

まず，試験時間について。短いところでは35分から，長いところでは150分まで，様々だ。

90分とか80分という県については，教職教養や，一般教養とあわせて，という例が多く，実質的には50分から60分の範囲にはいるものと考えてよい。それも含めて総体的に見ると，試験時間を60分としているところがほとんどである。1時間という単位そのものは，生活感覚からいっても感じがつかめるはずだ。

字数のほうは，多くて2000字，少なくて400字というところで，もっとも例が多いのは800字。中には無罫とか字数制限なしというところもある。

したがって，60分・800字というスタイルが，標準的なラインと考えて良い。この制限の中で文章をまとめる練習をするのが，基本的準備の1つとなろう。字数・制限時間については，志望県の出題傾向も含めて考えておくようにしたい。少なくとも全般的に見て，時間内に書き上げるのが精いっぱい，というところが多いようだ。事前の練習がものをいう。

論作文試験の出題傾向

論作文試験の課題についてはいくつもの分類方法があるが，ここでは，

A	教師を志した動機・教職につく場合の心構え等についての出題
B	教育観・教職観・学校観等についての出題
C	具体的指導等についての出題
D	一般的課題による出題

以上の4つのグループに分類してみた。実際にはその4つにきれいに分類しきれるものではないが，とりあえず次のようになったので，ご

覧いただきたい。

A. 教師を志した動機・教職につく心構え等

- 信頼される教師になるために，あなたが最も努力したいと思っていることについて，できるだけ具体的に述べなさい。
- 「教育は人なり」といわれるが，あなたは教師となった時，どんなことに心がけて教師生活を送りたいか。
- あなたが教師になった時，校長・教頭や先輩の教師，児童(生徒)の父母，地域の人々との人間関係において，何を大切にしたいと思いますか。自分の生活経験をもとに具体的に書きなさい。
- 教職を志すにあたって，恩師に宛てた書簡。
- 「豊かな人間性」「指導力」「使命感」の3つの観点より1つを選び，教職を志すあなたの抱負を具体的に述べなさい。
- あなたにとって児童・生徒とは何か。

B. 教育観・教職観・学校観等

- 「人と人の出会い」は人生を左右するともいわれるが，これについてあなたの経験に触れながら，教師としてどのように努力していくかを述べよ。
- 今，求められている教師とは。
- 意欲を高める授業をするためには，どのようにすればよいか。あなたの体験を通して述べよ。
- あなたの現在の性格の特徴は，あなたの生育史を通じてどのように形成されてきたかを書け。
- 児童(生徒)をほめることについて。
- 子供の心に残る一言。
- 真の教育者とは。
- 教師に望まれる資質とは何か。
- 教師に何ができるか。

C. 具体的指導等

- 最近，社会の価値観が多様化する中で，生徒指導の面などから「校則」を見直す動きがあるが，校則についてあなたの思うところを述べなさい。

- 児童・生徒の科学的な物の見方や考え方を育てる上で，コンピュータなど情報機器の果たす役割には大きいものがある。この観点から，これからの情報教育のあり方についてあなたの考えを具体的に述べよ。
- 学年を自分で選び，児童向けの「学級目標」を作成し，その意図する理由を述べよ。
- 新年度が始まり2カ月ほどたったころ，それまで元気に登校していた3年生のA君が1時間も遅刻をした。しかも廊下で泣いており，教室に入ろうとしない。この時，学級担任としてA君にどのように接するか，具体的に書きなさい。

D. 一般的なテーマ

- 姿。
- 心の豊かさ。
- 科学技術と人間。
- 私と読書，マスコミと子供，他。
- いま忘れられているもの。
- 思いやり，暗中模索。
- 現代若者気質――その強さと弱さ。
- 情報化社会について。
- 躾について。
- 「創」について。

以上が，過去の論作文試験で出題されたもののうち主なものを拾って分類してみた結果である。

Aのグループは，教育の場に身を投ずるにあたっての心構えや動機，あるいは情熱のほどを書かせるもので，一般企業の入社試験でも「当社に就職するにあたっての……」という形でよく出題されているものだ。きわめて一般的な課題で，最近は少しずつ減る傾向にあるが，それでもしばしば見受けられる。最初の面接でもよく聞かれる内容であるので，明確な志望理由，一教育者としてのビジョンを明確にしておきたい。

Bは，教育や教職，学校を大きな観点から考えさせるもので，Aグループが減少する一方でふえてきているのが，このグループに属する課題。論作文の内容は，教育とは何か，教師とはどうあるべきか，学校教育とは何かなどを述べる形になるが最近の傾向として，時事的要素を含む形での出題が目につくようになってきている点に注意しておきたい。

最近の出題傾向の特色を最も明瞭なものにしているのは，Cに属するグループだ。生徒指導・学習指導について具体的に書かせるというタイプの課題で，このところ急にふえてきている。大阪などの出題例では，課題そのものがかなり具体的な形をとっている。指導の具体的場面を考え，それに対する考えや具体的な指導方策を論述することは，教師の経験のない者にとっては難しい。しかし，単なる理想論でなく，実際の教育場面でも生かされる考えをもっているかどうかを問うものだけに，対策も慎重にしたいところだ。

Dについては，減少傾向にあると考えてよいが，テーマがぼんやりしたもの，大きな内容をもつものであることが多く，書きづらいだけに無視できない。

全般的な出題傾向の概要は以上のとおりだが，都道府県単位で見ると，出題傾向は比較的固定しているようだ。したがって，過去数年間の出題傾向はそのまま来年度の予想のデータにできる。もちろん例外はあり，それがB・Cグループの増加という形になっているわけだが，基本的にはなお，志望県の出題傾向を知っておくのはきわめて有効なことであるはずだ。

論作文試験実施のねらいと評価

論作文試験実施のねらい

論作文試験のねらい――というとき，2つの要素が考えられる。1つは論作文試験を実施するねらい，もう1つは課題設定上のねらいだ。

各都道府県市教員採用試験における論作文試験の実施概要

①：1次試験で実施　②：2次試験で実施　③：3次試験で実施　―：実施しない
〈凡例〉全校種：全校種共通　小：小学校　中：中学校　高：高校　特支：特別支援学校教諭　養：養護教諭　栄：栄養教諭
特選：特別選考　現職：現職教員　教経：教師経験者　社：社会人経験者

北海道・札幌市	[社]②　60分／800字
青森県	[全校種]②　50分／601字以上800字
岩手県	[小・中][高・養]①　70分／1000字
宮城県	―
仙台市	―
秋田県	[小・中][高][特支][養][特選]②　50分／600字
山形県	[全校種]②　50分／800字　[特例選考]①　80分／1000字
福島県	[小][中][養]②　45分／800字　[高]②　50分／900字　[特支]②　50分／900字
茨城県	[小・中][養][栄]②　60分／600～800字　[高]②　90分／800字　[特支]②　90分／1200字
栃木県	[全校種]②　50分／600～1000字
群馬県	―　**※2024年度試験より廃止**
埼玉県	[高・特支]②　60分／800字　[小・中・養・栄]②　60分／800字
さいたま市	[小・中・養]②　45分／800字　[特選]①　80分／1200字
千葉県・千葉市	[特選][特例選考]①　45分／800字
東京都	[全校種]①　70分／1050字
神奈川県	[小][中][高][特支][養]②（試験は1次試験で全員に実施）　60分／600～825字
横浜市	[小][中・高][高][特支][養]②（試験は1次試験で全員に実施）　45分／800字
川崎市	[小・中][特支][養]②（試験は1次試験で全員に実施）　60分／600字
相模原市	―
新潟県	―
新潟市	―
富山県	[小][中・高][特支][養][栄]①　50分／800字
石川県	―
福井県	[全校種]②　60分／800字　[特選]②　50分／600字
山梨県	[全校種]②　50分／800字
長野県	[小・中・特支・養（小・中）]①　60分／800字　[高・養（高）]①　45分／800字
岐阜県	[小・中・養・栄]②60分／800字　[高・特支]②60分／800字
静岡県	[高]②　60分／800字　[教経]①　60分／800字
静岡市	[教経]①　60分／800字
浜松市	[教経]①　60分／800字　[小・中・養]②　（学校教育に関するレポート課題）60分／800字
愛知県	[全校種]①　60分／900字
名古屋市	[全校種]①　50分／指定無し
三重県	[全校種]②　60分／全3問／250～300字×3題　[社・スポーツ]①　40分／800字
滋賀県	[小・中・高・特][養][栄]①　30分／600字
京都府	[全校種]①　40分／字数制限なし（B4・罫線30行）
京都市	[小][中][高][特支][養][栄]②　40分／600字×1題，5行程度×1題　[社][特選]①　30分／800字
大阪府	[小][小・特支]②　選択問題と合わせて120分／450～550字
大阪市	[教経]①　90分／1000字
堺市	[小]②　選択問題と合わせて120分／500字程度
豊能地区	―
兵庫県	―
神戸市	―　**※2024年度試験より廃止**
奈良県	―
和歌山県	[小・中・高][特][養]②　60分／800字程度
鳥取県	―
島根県	[全校種]①　40分／350～400字程度（教職・専門と合わせて実施）
岡山県	[全校種]②　60分／800字　※2021年度～2024年度は中止
岡山市	―
広島県・広島市	―
山口県	[全校種]②　50分／800字
徳島県	[全校種]①　80分／800字
香川県	―
愛媛県	[全校種]②　60分／1000～1200字
高知県	―
福岡県	―
福岡市	[特選]①　50分／800字
北九州市	―
佐賀県	[小・中][高][特支][養][栄]②　60分／800字
長崎県	―
熊本県	―
熊本市	[小・中・高][養][栄]②　60分／800字
大分県	[社]①　80分／1200字
宮崎県	―
鹿児島県	―
沖縄県	―

実際には，1つのねらいを持って論作文試験の実施が決定され，さらに細かいねらいのもとに，課題が設定され，また採点・評価されるということになる。この2つの要素が密接不可分のものであるのは言うまでもないが，ここでは便宜上，2つに分けて考えていくことにしたい。

まず，論作文試験を実施するねらい，意図について考えてみよう。

論作文試験というのは，実施サイドからいうときわめて手間のかかる試験だ。これは採点・評価の時点で，他の教職・一般教養・専門試験の多くの場合のように，正か誤かを振り分けていく形で行われる“単純”なものではないからだ。それにもかかわらず実施県が増加傾向にあり，しかも全員が受験する1次試験での実施も増加しつつあるというのは，それだけこの試験が重視されていることを示していると考えてよい。なぜか。

少し前までは，教員採用試験といえば，教職教養と専門教養が最重視されていた。これは，より高度な知識・学力を身につけた人を採用したいという意図によるものだった。次いで，教師も一般的な常識を持っている必要があるという考えから，一般教養にもウエイトがかかってきた。ところが，教育界がかかえている諸問題はなかなか改善されず，逆に教師の“登校拒否”すら見られるような状況が出てきた。そこで，それまでの知識偏重型を改め，それまでは最後の確認という色彩の強かった面接にもウエイトをかけるようになった。面接が，面接試験になったわけだ。同時に，実技試験や論作文試験の導入も各県で活発化してきた。「知・徳・体」のバランスのとれた教員の採用が，ようやく本格化しだしたことになる。

さて，「知・徳・体」という要素のうち，知的要素を加味した徳の部分を見ようというのが面接試験と論作文試験ということになるが，面接試験の場合，10分とか20分とかの短い時間では，受験者の人間性をつぶさに観察することは難しい。しかもここ2～3年は，周到な準備をして面接試験に臨む受験者が多くなったため，いっそう見抜けない部分が出てきている。よく「最近の受験者は，まじめでソツがないタイプが多い」と言われるのも，面接試験におけるこのような背景があるためだ。そこで，面接試験とともに論作文試験にも注目して，より深く，受験者の人間性，教師としての適格性を見よう，ということになった。これが，論作文試験重視というここ数年の傾向の流れだ。もちろん，実施のねらいの基本も，この点にこそあるのだ。

論作文試験実施のねらいを，重視化の流れのなかで見てきたわけだが，長々と説明したのにはわけがある。これほど重視されているにもかかわらず，現在の教員志望者のなかには，なお論作文試験を軽視し，ほとんど準備も対策もないまま試験に臨んでいる人が，まだまだ多いためだ。もちろん県によっては，その程度の重視度のところもある。しかし，それは例外だと考えたほうがよい。

ひと口で言うと，「人間性を見る」ということが大きなねらいとなっているわけだが，古くから「文は人なり」といわれているように，論作文試験では受験者の“人物”がかなりよく判定できるようだ。まず文をきちんと書けるかどうか，どんな考え方をしているのか，用字・用語は正確か，あるいは構成力はどうか，さらにどんな性格で，どれだけ教育に関心と情熱を持っているか――。他のペーパーテストでは見えてこない側面，面接試験でもはっきりしない側面が，まさに明瞭に浮かび上がってくる。この点を，常に頭に置いて準備しなければならない。

出題のねらい

次の，課題ごとのねらい，つまり出題意図についてみてみよう。ここでも便宜上，先に用いたA～Dの分類によってみることにする。

まず，A．教師を志した動機・教職につく場合の心構え等の出題について。このグループに属する出題のねらいは，教育に対する情熱や使命感，さらには子供への愛情などが中心であるといえる。いわば，その人その人の教育愛，教育への姿勢そのものが問われているわけで，テーマとしては，オーソドックスなものだが，それだけに自分らしさを表現しにくいテーマでもあろう。

次にB．教育観・教職観・学校観等の出題について。このグループに属する課題は，Aのグループにかなり近い要素を持っているが，Aの場合が教育へ向けての姿勢を問うているのに対して，Bのほうは，受験者がこれから入ろうとしている教育の世界について，どれほどの認識を持っているのか，あるいはその世界における諸問題についてどういう考え方を持っているのか，といった点を問うというねらいがある。このあたりのねらいの差は，正確につかむことが必要だ。

Bグループのテーマといえば，「魅力ある教師とは」とか「私の描く理想の教師像」あるいは「こんな教育をしたい」というようなものが基本的なものだが，「教育的愛情とは」などのようにAグループ的要素も含んだ課題，「昨今の学校をとりまく状況から学校に厳しさを求める意見が高まっている。これについて自分の意見を述べよ」などのように，時事的問題に関する知識までをも求めているような課題など，いろいろなバリエーションがある。Bグループの場合，基本的には教育や教職の本質についてその受験者がどう考えているかを見るのがねらいであるが，単なる抽象論を答えてもらうのではなく，その人なりの人格や考え方，さらには教育界についてのトータルな知識の有無等について知ろうというのが大筋としてのねらいになっているから，十分に注意しよう。

C．具体的指導等についての出題は，ねらいとしても個々別々のものがあるから，1つにまとめてそれを表現することは不可能だが，総体的には，各受験者が教師として現場に入った場合，どれだけの指導性を発揮できるのか，その潜在能力を探ろうというねらいがあることは確かだ。出題のしかたは，だいたい「……する(させる)ために，あなたはどう指導するか」というスタイル，つまり，かなり具体的な設定のもとに課題が構成されることが多く，回答文もそれに応じて個別的・具体的に書かれているかどうかがチェックされることになるが，課題がいくら具体的設定にもとづいたものであっても，総体的な資質を見るねらいがあることには注意しておきたい。個々の事象について，どのような指導を行うか，行うことができるかという設問パターンから，実は総合的な指導力，資質を知ろうとしているわけだ。

D. 一般的なテーマの場合は，各受験者の人間性，あるいは文章構成力そのものを見ることが主眼となる。文章による面接試験的色彩が強いとも言えよう。教員採用試験としての論作文試験のなかでは，教育，教職といった要素が最も希薄な課題であるが，教師としての適格性を見ることが基本的なねらいである点で，他のグループと全く変わりはない。このような出題の場合，回答が強引に教育に関係させたものであっても，教育とはとりあえず関係のないものであっても，ねらいという点から見れば，どちらでもかまわない。

論作文試験の評価・判定

千差万別の答案ができる論作文試験結果の判定は，どのように行われるのだろうか……。受験者にとっては，この点が常に不安になるところだ。多数の受験者による答案を判定するには，当然複数の採点者があたることになる。ここで，合否・採点基準にずれが生じないかどうかが不安の大きな要素の1つとなっていよう。結論からいうと，その心配はほとんど無用だ。各県とも合否基準は明瞭な形で設定されており，いわゆる「印象点」が入り込む余地は原則的にはないのだ。模範答案例というものはない(実際問題として，各人各様の答案が書かれる試験では，模範答案例を作っても採点基準にはなりにくい)が，評価・判定上のチェック・ポイントは定められている。そのチェック・ポイントをふまえながら，実際には主として指導主事や校長レベルの人が評価・判定を行うことになる。

次に，評価・判定のしかたについて少し見ておこう。具体的には，どのように評価・判定して，採否の基準にするか，ということだ。これは，県によりまちまちで一定していないが，タイプとしては次の3種類のパターンに分けられる。1つは10点満点または100点満点で採点する方法，1つはA～Dのように3～5段階程度にランクづけするという方法，そしてもう1つは合否のいずれかに振り分ける方法だ。まず点数化する方法の場合は，他の教職・一般教養や教科専門などの試験結果との合計で合否に生かすという例が多い。したがって比重は他の試験と同等かそれに近いものと考えてよい。逆に合否の判定だけのところは，大過ない答案でありさえすればよいだけに，比重もかなり低いと考えられる。最後にランクづけによる評価・判定の場合だが，現実的には他の試験結果が合否ライン上にある人の場合に判定要素になる，という例が多いようだ。

現状では，ランクづけによる評価・判定方法が多くとられているようだが，今後は点数化による方法がふえるものと見てよい。論作文試験の比重も，それだけ高くなるということだ。

なお，面接試験の待ち時間に書かせるというような場合は，合否判定の基準にするというよりも，面接の資料にするというような性格が強い。

では，評価・判定にあたって，答案のどのようなところが見られるかについて見てみよう。大きな要素としては2つある。1つは文章について，もう1つは内容についてだ。

文章関係では，まず，誤字・脱字等，用字用語面がチェックされる。受験者のなかには，これらの点はあまり評価・判定に影響しないだろうと，甘く考えている人がいるようだが，それは誤りである。どの県でも評価基準のスケールに入れており，明らかに減点対象になる。1～2ヵ所のケアレス・ミス程度なら見逃がしてもらえることもあり得るが，例えば800～1000字のなかに誤字が10もあるというような場合は，いかに内容が立派でも，確実に不合格になる。

用字用語等の次に，文章構成力や表現力が見られる。簡潔でわかりやすい表現・構成で書かれているかどうかという点だ。詩人型・哲学者型の文章は不要で，わかりやすいかどうかが問題となる。文章の構成法は基本から大きく逸脱していてはならないし，奇をてらった表現なども，本人が“感覚的”にしっくりと感じても，まず減点対象となろう。

さて，いかに誤字・脱字がなく構成そのものに破綻がなくても，それだけではもちこたえられない。もちろん，どんな内容の文章なのかが要点となってくるわけで，評価・判定では内容がやはり最重視されることになる。

各県のチェック・ポイントの設定はさまざまだが，大きく分けて，文章が出題のねらいをはずさないで書かれているかどうか，どのような内容が展開されているかの2つになろう。

出題のねらいがとらえられているかどうか，という点は，とても重要な判定要素になる。例えば「今日の高校教育の問題点を指摘し，教師としてどのように対処したらよいか述べよ」という課題に対し，今日の高校教育の問題点を片っぱしから連ねてみても，それにどう対処するかが書かれていなければ合格答案にはならない，ということだ。

どのような内容が展開されているかという評価・判定の際には，答案が一般論か自己主張論かという視点も設定される。大まかに言って，受験者独自の意見・見解のない一般論のみの答案は，全体として破綻がなければ合格することもあり得るが，望ましい答案とは言えない。逆に自分の意見だけ，つまり一人よがりの答案はというと，さらによくない。論理展開がみごとな，論文としてはすぐれたものであっても，1つの教育観にこり固まったような答案，独断性が強く，他をはねつけるような答案は，まず不合格となる。少なくとも協調性がないという判定が下されることはまちがいないところだ。最も望ましいのは，両者のバランスがとれた答案ということになる。難しいが，一般的な考え方や事象の流れをふまえていて，その線からはずれてはいないが，何か1つ，その人なりの光るものがあるという答案だ。

受験者にとって困るのは，最近多くなってきた「……について具体的に述べよ」という課題だ。教職経験がないのに具体的に指導法を書くのは，きわめて困難なことだ。具体的にというのはどの程度のことまで書けばよいのか問題だが，普通は経験的事実をふまえた文章であれば，課題の要求からははずれないはずだ。これまでの児童・生徒・学生としての生活の中から得たもの，教育実習で体験したことを基本にすえて，文章を構成すればよいわけで，具体的な指導法等を，こと細かく並べたてることは不要だ。

また，一般的なテーマ，例えば「私の好きなことば」とか「目」とかのようなテーマの場合に，よく教育に結びつけて書いたほうがよいといわれているが，出題のねらいという観点から言えば，その必要はない。最後に教育とかかわる形で結ぶことができていれば，さらによいわけだが，それはセンスの問題という程度で，大きな評価・判定要素にはならない。

この項の最後として，評価・判定という観点から見て，①人が読んで不快感を感じさせるようなことばや内容，②イデオロギー的色彩の強い内容，③教育界の現状や教育委員会への批判などについては触れないほうがよいということを書きそえておく。

教育論作文の基本と書き方

論作文とは

論作文とは，あるテーマについて自分の見解を論理的に述べる文章という意味を持っている。「文は人なり」の諺があるが，論作文は教員採用に際して受験者の人物の総合的判定資料として重要視されている。

判定基準はおおよそ以下の通り。

①資質　②知識　③思想　④情熱　⑤教育技術　など。

つまり多様な面で評価されているのである。このことから，論作文は紙上の面接試験とも考えられている。

教育論作文とは

(1)　ここでは教員採用試験での論作文を教育論作文といい，この論文を通して次のような人物を求めている。

①子供の心の動きをきちんと捉えることのできる教師

②教育プロとしての信念と，問題や課題への即応力を備えている教師

③採用する地域の求める教師像に合っている教師

(2)　近未来に教員として何をするかを問うている。

①過去のことを問うているのではない。過去の貴重な経験を教員としてどのように活かすかを述べるとよい。

②発達段階をふまえた論述をする。少なくとも志望校種を明らかにする。中学・高校同一の試験であっても，この論文が対象としている子供の校種をはっきりさせる。

③「私はこのようにする」という回答を求めているので，評論文や批判文，また一般論であってはならない。

④教育プロとしての回答を求めているのである。教育のプロである

なら責任をもって正しく判断し，勇気ある実践ができなければならない。上司の指導を受けたり仲間と相談することは必要である。

⑤我田引水や自画自賛的内容であってはならない。結果はやってみなければ分からぬものである。過去の自慢話などの，自信過剰な文章は最も嫌われる。

与えられている条件を知っておくこと

①テーマの不測性

どのようなテーマが出されるか，不明である。受験する県の過去の出題テーマを調べ，対策を立てることが大切である。

②時間・字数

同一条件内での競争である。時間が足りなかったと言っても通用しない。字数については，1000～1200字の場合は上限の1200字近くまで，800字の場合は800字ぎりぎりまで書くとよい。

③書く相手(評価する人)

論作文を読み，評価する人は，志望する校種の校長(又は教頭)出身者が多い。50歳代の現職の校長の教育観がどのようなものか，心得ておくことが大切である。

文章構成は「起承転結」にしてメリハリを

①多くの制限字数は800～1000字以内であるが，1200字以内のものもある。600字程度なら序論・本論・結論の3分節とし，それ以上なら起承転結の4分節にする。字数配分は，前者は1：3：1を，後者は1：2：2：1を基準とするとよい。本番ではこの割合を行数で割り出し，欄外に目安として指示してから書き始めることを勧める。

②前文では，まずテーマの読み取りをはっきりさせる。例えば「心の教育」や「豊かな人間性」の定義づけとその必要性を述べる。さらに「心の教育」や「豊かな人間性」をいかに育成するかの結論を述べる。それは「(私は教員の一人として)このようにする」である。

③本文は結論を導き出す具体的な方策を「承」と「転」の2点挙げる。

これは恩師がどうしたかでもないし，今までにどのような経験をしたかでもない。近未来の己の姿をさらけ出すのである。その具体策は対象とする子供の発達段階をふまえたものであることは当然である。

「心の教育」を推進するのに前文で「子供同士のふれあいの中で育んでいく」としたのであれば，「承」では「教科学習を通して」とし，また「転」では「特別活動を通して」どう努力するかを述べる。前者は学級討議の中で相手の話をきちんと聞き，自分の意見をはっきり話せるように導くことで人間関係を構築するとする。後者では創意工夫をして学校生活の改善への協力体制を組ませるなどである。どちらも教師としての関わり方を述べる(班活動，ロールプレイ，ディベートをすると述べただけでは関わり方がはっきりしない)。

④結文は，このテーマに応える己の課題を述べる。そしてその具体的な取り組み方もである。ここでの決意表明など必要ない。

採点のポイント

論作文を読み，評価して点数をつけるのは前述のように現職の校長である(県によっては元校長や指導主事も)。採点のポイントは，

①テーマの把握(テーマを正しく把握し，テーマに正対しているか)
②論作文の構成(序論・本論・結論)
③表現力(主語・述語・用語・誤字・脱字)
④論旨の妥当性
⑤具体性
⑥協調性

などである。これらを総合して点数をつける。

なお，文字がきれいで読みやすいこと，制限字数なども採点を大きく左右することは言うまでもない。

自分の考えを述べる

課題に正対し，その要点，本質のほかに，自分の考え，所信を述べると，論作文の内容が深みを増す。すなわち，自分が追究し考察した結果や日常の事象に対する思索を述べるなどその内容は多岐にわたる。いずれの場合でもあなたの考えを披瀝(ひれき)することは課題への主体的な受け止めのうえでも特に重要である。

出題例として，教育課題，教師論，生徒指導，抽象題等があるが，いずれにしても受験者が，教育の今日的課題を的確に把握するとともに教育法規を理解し，自らの教育観を確立しているかなどが期待されているのである。したがって，「これからの学校教育の在り方」や各都道府県の教育方針とその具現化への方策などの理解，さらに自らの教師を目指す動機やどのような教師を目指しているのかや，教師としての使命感や責任感などを明確にしておくことが極めて重要である。

具体策を述べる

自分ならこうする，自分が教師になったら実際にこのように行う，ということを理想をまじえて具体的に述べること。ただ自分の考えを述べるだけでは学生の単なるレポートになってしまう。具体策をどの程度述べられるかが論作文の合否の分かれ目となる。また，自らの教育実習や講師およびボランティアなどの体験を交えて論じることができれば，採点者の心を打つものになるはずである。

採点者は山積した教育課題にどのように取り組んでくれるかに評価の最大のポイントを置くのである。課題解決能力を持っている者を即戦力の人物として歓迎するのだ。

読みやすい論述であること

論作文の基本は，「こちらの考えを，ある枠に沿って表現し，伝える。」である。このことは，読みやすい文章にすべきであるということでもある。そのためにも，誤字や脱字は絶対に避けなければならない。また，当然のこととして，「、」や「。」の付け方にも十分配慮するとともに段落の付け方にも工夫が必要となる。すなわち，表記や表現および用語の正しさが求められるということである。

①一文を短めに切る

句読点を多く用いて，だらだらと文を続けない。一文一文を簡潔にまとめる。

②長い文は避ける

不必要に修飾語を多用しない。一文はだいたい40～50字程度にとどめる。

③同じ文の結び方を続けない

文末表現は適宜変化を付ける。「～である」ばかりでは退屈な文になってしまう。但し，「です・ます」調と「だ・である」調は併用しない。

④記号などの約束を守る

いわゆる禁則事項を守る。「　」や（　）の付け方，句読点の打ち方等に気を付ける。

採点者は，数多くの論作文を比較的短時間に評価しているため，読みづらい文章によい評価を与えるはずはないのである。しかし，論旨が一貫し，教師としての期待感を感じさせるような文章に対しては，より良く読みとろうとするものであるから，与えられた用紙の制限字数の範囲を最大限活用して表現することである。

その他

①論文は高い格調を必要とするので，「である」調がよい。

②論文は書き手の主張であるから，主語は第一人称と決まっている。いちいち「私は」と断る必要はない。特に強調したいときのみ，主語を入れる。

③「具体的に」とは，面接で同じ質問を受けたときの回答を文章化したものと解するとよい。枝葉的，末梢的なことを述べるのではない。

④「～する考えである」「するつもりである」では，考えているだけで「実践するかどうかは分からない」と読まれる恐れがある。「～

する」とはっきりさせることである。

⑤一人の教員として述べるのであって，校長としての権限などは持っていない。子供を校外につれだしたりティーム・ティーチングを組んだり，外部講師の招聘などは不可能である。

論述の訓練をすること

何事においても基礎・基本は重要である。論作文に関しては，日常生活において記述の機会の少ない今日，教育に関することについての自らの関心事を文章化する訓練をすることが良き評価につながると信じ，実行することである。

課題に正対する

たとえば「特別の教科 道徳の時間の性格や目標を述べなさい」というテーマに対して，次のような過ちを犯してはいないだろうか。

- 特別の教科　道徳の時間の「性格」を読み落として，目標だけを述べる(性格だけを述べて目標を落とすこともある)。
- 特別の教科　道徳の時間の目標と特別の教科　道徳教育の目標とをとり違えたり，混同して述べたりする。

これでは決して課題に正対しているとはいえない。ここでのテーマは，①特別の教科　道徳の時間の性格と②特別の教科　道徳の時間の目標，の2つを述べることなのである。

キーワードをとらえて外さない

前述の課題で考えてみよう。

〈特別の教科 道徳の時間の目標〉のキーワード

①計画的・発展的な指導

②補充・深化・統合

③道徳的実践力の育成

特別の教科 道徳の時間の目標を論じるとき，特に②と③は絶対にはずせない。②は学校全体で行う特別の教科　道徳教育を補充・深化・統合するといういわば扇の要(かなめ)の役目であると同時に，特別の教科　道徳の時間の性格をも規定する重要なキーワードだからである。さらに，道徳的実践力は道徳の時間固有の目標である。つまり，キーワードとその要点をしっかり押さえることは論作文の必須条件である。

論作文チェック

自分で論作文を書いてみたら，以下の項目をチェックして(もらって)みよう。

- □ 題意に対して主題が明確に示されているか。
- □ 序文は題意を的確に受けているか。背景が記述されているか。
- □ 結論部がきちんとした結論になっているか。
- □ 結論が序文で示された問いにきちんと答えているか。
- □ 本論の要点が結論でまとめられているか。
- □ 途中で別の主題が入り込んだりしてないか。
- □ 1つのテーマに沿って，一貫して述べられているか。
- □ 各段落の主旨がはっきりとしているか。複数の主旨が混在していないか。
- □ 段落間のつながりは自然か。
- □ 他に比べて，長すぎる段落はないか。
- □ 不必要に冗長な表現はないか。
- □ 文章が全体的に抽象的でないか。
- □ 全体として，単なる理想論や抽象論で終わっていないか。
- □ 自分にしか理解できない言葉で表現していないか。誰にでも分かる言い回しか。
- □ 難解すぎる表現はないか。不必要に文章を飾りすぎていないか。単なる権威付けだけのために，専門用語を使っていないか。
- □ 使用した専門用語や概念は明確に定義・説明されているか。
- □ 形容詞や副詞などが不必要に多く使われていないか。
- □ 修飾語と被修飾語が離れすぎていないか。両者の関係が不明確になっていないか。

□受身の表現を必要以上に用いて，文章の主語が不明瞭になっていないか。
□代名詞の指す対象は明確に理解可能か。
□必要以上に一人称代名詞「私」を出していないか，しかし，全く出さないと解説文になる。
□文章表現が堅苦しすぎたり，軽薄すぎたりしていないか。
□全体の文体は統一されているか。
□「　」や（　　）はきちんと完結しているか。
□序論が長すぎて，尻すぼみになっていないか。
□文章の書き出しに適合した文末表現になっているか。主語と述語の正しい対応がなされているか。
〈誤〉大切なのは，どんなにちっぽけなことでも，毎日続ける。
〈正〉大切なのは，どんなにちっぽけなことでも，毎日続けるということである。
□誤字・脱字，記号・符号の誤りはないか。句読点の付け方は適切か。
□小学校志望者は子供，児童，中高志望者は生徒と表現しているか。
□教師，保護者，教育委員会などを非難したり攻撃する文は書いていないか。
□「…になったら」「…したい」などの願望の表現はしない。「私は△△県の教師になる」という決意ある文にしているか。
□自己の指導力未熟のため，上司，先輩，同僚などに指導・助言を受ける「他者尊重」の文を入れ，謙虚さをアピールしているか。

第 4 部

面接試験対策

面接試験の概略

面接試験で何を評価するか

近年,「人物重視」を掲げた教員採用候補者選考試験において,最も重視されているのが「面接試験」である。このことは,我が国の教育の在り方として,アクティブラーニングの実施,カリキュラム・マネジメントの確立,社会に開かれた教育課程の実現等,次々と新しい試みが始まっているため,学校教育の場においては,新しい人材を求めているからである。

ところが,一方で,現在,学校教育においては,様々な課題を抱えていることも事実であり,その例として,いじめ,不登校,校内暴力,無気力,高校中退,薬物乱用などがあり,その対応としても,多くの人々による意見もあり,文部科学省をはじめとする教育行政機関や民間機関としてもフリースクールなどで対応しているが,的確な解決策とはなっていない状況にある。このことに関して,その根底には,家庭や地域の教育力の低下,人間関係の希薄化,子供の早熟化傾向,過度の学歴社会及び教員の力量低下等,正に,様々な要因が指摘されている。したがって,これらの問題は,学校のみならず,家庭を含めた地域社会全体で,対応しなければならない課題でもある。

しかし,何といっても学校教育の場においては,教員一人一人の力量が期待され,現実に,ある程度までのことは,個々の教員の努力で解決できた例もあるのである。したがって,当面する課題に適切に対応でき,諸課題を解決しようとの情熱や能力が不可欠であり,それらは知識のみの試験では判断できかねるので,面接によることが重視されているのである。

①人物の総合的な評価

面接試験の主たるねらいは,質問に対する応答の態度や表情及び言葉遣いなどから,教員としての適性を判定するとともに,応答の内容から受験者に関する情報を得ようとすることにある。これは総合的な人物評価といわれている。

そのねらいを十分にわきまえることは当然として，次にあげることについても自覚しておくことが大切である。

○明確な意思表示
○予想される質問への対応
○自らの生活信条の明確化
○学習指導要領の理解
○明確な用語での表現

②応答の基本

面接試験では，面接官の質問に応答するが，その応答に際して，心得ておくべきことがある。よく技巧を凝らすことに腐心する受験者もいるようであるが，かえって，紋切り型になったり，理屈っぽくなったりして，面接官にはよい心象を与えないものである。そこで，このようなことを避けるため，少なくとも，次のことは意識しておくとよい。

○自分そのものの表現

これまで学習してきたことを，要領よく，しかも的確さを意識し過ぎ，理詰めで完全な答えを発しようとするよりも，学習や体験で得られた認識を，教職経験者は，経験者らしく，学生は，学生らしく，さっぱりと表現することをすすめる。このことは，応答内容の適切さということのみならず，教員としての適性に関しても，面接官によい印象を与えるものである。

○誠心誠意の発声

当然のことであるが，面接官と受験者とでは，その年齢差は大変に大きく，しかも，面接官の経歴も教職であるため，その経験の差は，正に雲泥の差といえるものである。したがって，無理して，大人びた態度や分別があることを強調するような態度をとることは好まれず，むしろ謙虚で，しかも若々しく，ひたむきに自らの人生を確かなものにしようとする態度での応答が，好感を持たれるものである。

③性格や性向の判別

組織の一員としての教員は，それぞれの生き方に共通性が必要であり，しかも情緒が安定していなければならない。そのため，性格的にも片寄っていたり，物事にとらわれ過ぎたり，さらには，協調性がなかったり，自己顕示欲が強すぎたりする人物は敬遠されるものである。そこで，面接官は，このことに非常に気を遣い，より的確に査定しようとしているものなのである。

そのため，友人関係，人生観，実際の生き方，社会の見方，さらには自らに最も影響を与えた家庭教育の状況などに言及した発問もあるはずであるが，この生育歴を知ろうとすることは，受験者をよりよく理解したいためと受け取ることである。

④動機・意欲等の確認

教員採用候補者選考を受験しているのであるから，受験者は，当然，教職への情熱を有していると思われる。しかし，面接官は，そのことをあえて問うので，それだけに，意志を強固にしておくことである。

○認識の的確さ

教員という職に就こうとする意志の強さを口先だけではなく，次のようなことで確認しようとしているのである。

ア　教員の仕事をよく理解している。

イ　公務員としての服務規程を的確に把握している。

ウ　立派な教員像をしっかり捉えている。

少なくとも上の3つは，自問自答しておくことであり，法的根拠が必要なものもあるため，条文を確認しておくことである。

○決意の表明

教員になろうとの固い決意の表明である。したがって単に就職の機会があったとか，教員に対する憧れのみというのは問題外であり，教員としての重責を全うすることに対する情熱を，心の底から表現することである。

以上が，面接試験の最も基本的な目的であり，面接官はこれにそってさまざまな問題を用意することになるが，さらに次の諸点にも，面接官の観察の目が光っていることを忘れてはならない。

⑤質疑応答によって知識教養の程度を知る

筆記試験によって，すでに一応の知識教養は確認してあるわけだが，面接試験においてはさらに付加質問を次々と行うことができ，その応答過程と内容から，受験者の知識教養の程度をより正確に判断しようとする。

⑥言語能力や頭脳の回転の早さの観察

言語による応答のなかで，相手方の意思の理解，自分の意思の伝達のスピードと要領のよさなど，受験者の頭脳の回転の早さや言語表現の諸能力を観察する。

⑦思想・人生観などを知る

これも論文・作文試験等によって知ることは可能だが，面接試験によりさらに詳しく聞いていくことができる。

⑧協調性・指導性などの社会的性格を知る

前述した面接試験の種類のうち，グループ・ディスカッションなどはこれを知るために考え出されたもので，特に多数の児童・生徒を指導する教師という職業の場合，これらの資質を知ることは面接試験の大きな目的の1つとなる。

直前の準備対策

以上からわかるように，面接試験はその人物そのものをあらゆる方向から評価判定しようとするものである。例えば，ある質問に対して答えられなかった場合，筆記試験では当然ゼロの評価となるが，面接試験では，勉強不足を素直に認め今後努力する姿勢をみせれば，ある程度の評価も得られる。だが，このような応答の姿勢も単なるポーズであれば，すぐに面接官に見破られてしまうし，かえってマイナスの評価ともなる。したがって，面接試験の準備については，筆記試験のように参考書を基礎にして短時間に修練というふうにはいかない。日

頃から，

(1)　対話の技術・面接の技術を身につけること
(2)　敬語の使い方・国語の常識を身につけること
(3)　一般常識を身につけて人格を磨き上げること

が肝要だ。しかし，これらは一朝一夕では身につくものではないから，面接の際のチェックポイントだけ挙げておきたい。

(1)　対話の技術・面接の技術

○対話の技術

①言うべきことを整理し，順序だてて述べる。

②自分の言っていることを卑下せず，自信に満ちた言い方をする。

③言葉に抑揚をつけ，活気に満ちた言い方をする。

④言葉の語尾まではっきり言う練習をする。

⑤短い話，長い話を言い分けられるようにする。

○面接技術

①緊張して固くなりすぎない。

②相手の顔色をうかがったり，おどおどと視線をそらさない。

③相手の話の真意をとり違えない。

④相手の話を途中でさえぎらない。

⑤姿勢を正しくし，礼儀を守る。

(2)　敬語の使い方・国語常識の習得

○敬語の使い方

①自分を指す言葉は「わたくし」を標準にし，「僕・俺・自分」など学生同士が通常用いる一人称は用いない。

②身内の者を指す場合は敬称を用いない。

③第三者に対しては「さん」を用い，「様・氏」という言い方はしない。

④「お」や「ご」の使い方に注意する。

○国語常識の習得

①慣用語句の正しい用法。

②教育関係においてよく使用される言葉の習得

さて本題に入ろう。面接試験1カ月前程度を想定して述べれば，その主要な準備は次のようなことである。

○直前の準備

①受験都道府県の現状の研究

受験する都道府県の教育界の現状は言うに及ばず，政治・経済面についても研究しておきたい。その都道府県の教育方針や目標，進学率，入試体制，また学校数の増加減少に関わる過疎化の問題等，教育関係刊行物や新聞の地域面などによく目を通し，教育委員会に在職する人やすでに教職についている先生・知人の話をよく聞いて，十分に知識を得ておくことが望ましい。

②教育上の諸問題に関する知識・データの整理

面接試験において，この分野からの質問が多くなされることは周知の事実である。したがって直前には再度，最近話題になった教育上の諸問題についての基礎知識や資料を整理・分析して，質問にしっかりとした応答ができるようにしておかなければならない。

③時事常識の習得と整理

面接試験における時事常識に関する質問は，面接日前2カ月間ぐらいのできごとが中心となることが多い。したがって，この間の新聞・雑誌は精読し，時事問題についての常識的な知識をよく修得し整理しておくことが，大切な準備の1つといえよう。

○応答のマナー

面接試験における動作は歩行と着席にすぎないのだから，注意点はそれほど多いわけではない。要は，きちんとした姿勢を持続し，日常の動作に現れるくせを極力出さないようにすることである。最後に面接試験における応答態度の注意点をまとめておこう。

①歩くときは，背すじをまっすぐ伸ばしあごを引く。かかとを引きずったり，背中を丸めて歩かないこと。

②椅子に座るときは深めに腰かけ，背もたれに寄りかかったりしない。女子は両ひざをきちんと合わせ，手を組んでひざの上に乗せる。男子もひざを開けすぎると傲慢な印象を与えるので，窮屈さを感じさせない程度にひざを閉じ，手を軽く握ってひざの上に乗せる。もちろん，背すじを伸ばし，あごを出さないようにする。

③上目づかいや横目，流し目などは慎しみ，視線を一定させる。きょろきょろしたり相手をにらみつけるようにするのも良い印象を与えない。

④舌を出す，頭をかく，肩をすくめる，貧乏ゆすりをするなどの日頃のくせを出さないように注意する。これらのくせは事前にチェックし，矯正しておくことが望ましい。

以上が面接試験の際の注意点であるが，受験者の動作は入室の瞬間から退室して受験者の姿がドアの外に消えるまで観察されるのだから，最後まで気をゆるめず注意事項を心得ておきたい。

面接試験を知る

面接試験には採点基準など明確なものがあるわけではない。面接官が受験者から受ける印象などでも採点は異なってくるので，立派な正論を述べれば正解という性質のものではないのである。ここでは，面接官と受験者の間の様々な心理状況を探ってみた。

面接試験で重要なことは，あたりまえだが面接官に良い印象を持たせるということである。面接官に親しみを持たせることは，確実にプラスになるだろう。同じ回答をしたとしても，それまでの印象が良い人と悪い人では，面接官の印象も変わってくることは十分考えられるからである。

「面接はひと対ひと」と言われる。人間が相手だけに，その心理状況によって受ける印象が変わってきてしまうのである。正論を語ることももちろん重要だが，良い印象を与えるような雰囲気をつくることも，同じく重要である。それでは，面接官に対してよい印象を与える受験者の態度をまず考えてみよう。

面接官の観点

〈外観の印象〉

- □健康的か。
- □身だしなみは整っているか。
- □清潔感が感じられるか。
- □礼儀正しいか。
- □品位があり，好感を与えるか。
- □明朗で，おおらかさがあるか。
- □落ちつきがあるか。
- □謙虚さがうかがえるか。
- □言語が明瞭であるか。

□声量は適度であるか。

□言語・動作が洗練されているか。

〈質疑応答における観点〉

①理解力・判断力・表現力

□質問の意図を正しく理解しているか。

□質問に対して適切な応答をしているか。

□判断は的確であるか。

□感情におぼれず，冷静に判断を下せるか。

□簡潔に要領よく話すことができるか。

□論旨が首尾一貫しているか。

□話に筋道が通り，理路整然としているか。

□用語が適切で，語彙が豊富であるか。

②積極性・協調性(主に集団討論において)

□積極的に発言しているか。

□自己中心的ではないか。

□他者の欠点や誤りに寛容であるか。

□利己的・打算的なところは見受けられないか。

□協力して解決の方向へ導いていこうとしているか。

③教育に対する考え方

□教育観が中正であるか。

□人間尊重という基本精神に立っているか。

□子供に対する正しい理解と愛情を持っているか。

□教職に熱意を持っているか。

□教職というものを，どうとらえているか。

□考え方の社会性はどうか。

④教師としての素養

□学問や教育への関心はあるか。

□絶えず向上しようとする気持ちが見えるか。

□一般的な教養・常識・見識はあるか。

□専門に関しての知識は豊富か。

□情操は豊かであるか。
□社会的問題についての関心はどうか。
□特技や趣味をどう活かしているか。
□国民意識と国際感覚はどうか。

⑤人格の形成

□知，情，意の均衡がとれているか。
□社会的見識が豊かであるか。
□道徳的感覚はどうか。
□応答の態度に信頼感はあるか。
□意志の強さはうかがえるか。
□様々な事象に対する理解力はどうか。
□社会的適応力はあるか。
□反省力，自己抑制力はどの程度あるか。

活発で積極的な態度

意外に忘れてしまいがちだが，面接試験において確認しておかなくてはならないことは，評価を下すのが面接官であるという事実である。面接官と受験者の関係は，面接官が受験者を面接する間，受験者は面接官にある種の働きかけをすることしかできないのである。面接という短い時間の中で，面接官に関心を持ってもらい，自分をより深く理解してもらいたいのだということを示すためには，積極的に動かなくてはならない。それによって，面接官が受験者に対して親しみを覚える下地ができるのである。

そこで必要なのは，活発な態度である。質問にハキハキ答える，相手の目を見て話すといった活発な態度は確実に好印象を与える。質問に対し歯切れの悪い答え方をしたり，下を向いてぼそぼそと話すようでは，面接官としてもなかなか好意的には受け取りにくい。

また，積極的な態度も重要である。特に集団面接や討論形式の場合，積極性がないと自分の意見を言えないままに終わってしまうかもしれない。自分の意見は自分からアピールしていかないと，相手から話を振られるのを待っているだけでは，発言の機会は回ってこないのである。言いたいことはしっかり言うという態度は絶対に必要だ。

ただ，間違えてほしくないのは，積極的な態度と相手の話を聞かないということはまったく別であるということである。集団討論などの場で，周りの意見や流れをまったく考えずに自分の意見を繰り返すだけでは，まったく逆効果である。「積極的」という言葉の中には，「積極的に話を聞く」という意味も含まれていることを忘れてはならない。また，自分が言いたいことがたくさんあるからといって，面接官が聞いている以外のことをどんどん話すという態度もマイナスである。このことについては次でも述べるが，面接官が何を聞こうとしているかということを「積極的に分かろうとする」態度を身につけておこう。

最後に，面接試験などの場であがってしまうという人もいるかもしれない。そういう人は，素の自分を出すということに慣れていないという場合が多く，「変なことを言って悪い印象を与えたらどうしよう」という不安で心配になっていることが多い。そういう人は，面接の場では「活発で積極的な自分を演じる」と割り切ってしまうのも1つの手ではないだろうか。自分は演じているんだという意識を持つことで，「自分を出す」ということの不安から逃れられる。また，そういうことを何度も経験していくことで，無理に演技しているという意識を持たなくても，積極的な態度をとれるようになってくるのである。

■■ 面接官の意図を探る――――――――

面接官に，自分の人間性や自分の世界を理解してもらうということは，面接官に対して受験者も共感を持つための準備ができているということを示さなくてはならない。面接官が興味を持っていることに対して誠意を持って回答をしているのだ，ということを示すことが重要である。例えば，面接官の質問に対して，受験者がもっと多くのことを話したいと思ったり，もっとくわしく表現したいと思っても，そこで性急にそうした意見や考えを述べたりすると，面接官にとって重要なことより，受験者にとって重要なことに話がいってしまい，面接官は受験者が質問の意図を正確に理解する気がないのだと判断する可能性がある。面接官の質問に対して回答することと，自分の興味や意見を述べることとの間には大きな差があると思われる。面接官は質問に対する回答には関心を示すが，回答者の意見の論述にはあまり興味がないということを知っておかなくてはならない。面接官は，質問に対する回答はコミュニケーションと受け取るが，単なる意見の陳述は一方的な売り込みであることを知っているのである。

売り込みは大切である。面接の場は自分を分かってもらうというプレゼンテーションの場であることは間違いないのだから，自分を伝える努力はもちろん必要である。だから，求められている短い答えの中で，いかに自分を表現できるかということがキーになってくる。答えが一般論になってしまっては面接官としても面白くないだろう。どんな質問に対しても，しっかりと自分の意見を持っておくという準備が必要なのである。相手の質問をよく聞き，何を求めているかを十分理解した上で，自分の意見をしっかりと言えるようにしておこう。その際，面接官の意図を尊重する姿勢を忘れないように。

相手のことを受容すること

面接官が受験者を受容する，あるいは受験者が面接官に受容されるということは，面接官の意見に賛同することではない。また，面接官と受験者が同じ価値観を持つことでもない。むしろ，面接官が自分の考え，自分の価値観をもっているのと同じように，受験者がそれをもっていることが当然であるという意識が面接官と受験者の間に生まれるということであろう。こうした関係がない面接においては，受験者は自分が面接官の考え方や価値観を押しつけられているように感じる。

更に悪いのは，受験者はこう考えるべきだというふうに面接官が思っていると受験者が解釈し，そのような回答をしていることを面接官も気付いてしまう状態である。シナリオが見えるような面接試験では，お互いのことがまったく分からないまま終わってしまう。奇抜な意見を言えばいいというものではないが，個性的な意見も面接の中では重要になってくる。ただ，その自分なりの意見を面接官が受容するかどうかという点が問題なのである。「分かる奴だけ分かればいい」という態度では，面接は間違いなく失敗する。相手も自分も分かり合える関係を築けるような面接がいい面接なのである。

「こちらがどう思おうと，面接官がどう思うかはどうしようもない」と考えている人もいるかもしれないが，それは間違いである。就職試験などにみられる「圧迫面接」などならしかたないが，普通に面接試験を行う時は，面接官側も受験者のことを理解したいと思って行うのであるから，受験生側の態度で友好的になるかならないかは変わってくるのである。

好き嫌い

受容については，もう1つの面がある。それは自分と異なった文化を持った人間を対等の人間として扱うということである。こうした場合のフィードバックは，個人の眼鏡のレンズによってかなり歪められたものになってしまう。また，文化の違いがないときでも，お互いを受容できないということは起こりうる。つまり，人格的に性が合わないことがあるということを認めなくてはならない。しかし，面接という場においては，このことが評価と直結するかというと，必ずしもそうではない。次に述べる「理解」というのにも関係するのだが，面接官に受験者の意見や考えを理解してもらうことができれば，面接の目標を果たせたことになるからだ。

もちろん，「顔や声がどうしても嫌い」などというケースもあり得るわけだが，面接官も立派な大人なわけであるし，そのことによって質問の量などが変わってくるということはまずない。「自分だけ質問されない」というようなケースはほとんどないし，あるとしたらまったく何か別な理由であろう。好き嫌いということに関しては，それほど意識することはないだろう。ただ，口の聞き方や服装，化粧などで，いやな感じを与えるようなものはさけるというのは当然である。

理解するということ

一人の人間が他者を理解するのに3つの方法がある。第一の方法は，他者の目を通して彼を理解する。例えば，彼について書かれたものを読み，彼について他の人々が語っているのを聞いたりして，彼について理解する。もっとも面接においては，前に行われた面接の評価がある場合をのぞいては，この理解は行われない。

第二の方法は，自分で相手を理解するということである。これは他者を理解するために最もしばしば使う方法であり，これによってより精密に理解できるといえる。他者を理解したり，しなかったりする際には，自分自身の中にある知覚装置，思考，感情，知識を自由に駆使する。従って理解する側の人間は，その立場からしか相手を理解できない。面接においては，教育現場で仕事に携わっている視点から物事を見ているので，現場では役に立たないような意見を面接官は理解できないということである。

第三の方法は，最も意味の深いものであると同時に，最も要求水準が高いものでもある。他者とともに理解するということである。この理解の仕方は，ただ両者共通の人間性のみを中心に置き，相手とともにいて，相手が何を考え，どう感じているか，その人の周囲の世界をどのようにみているかを理解するように努める。面接において，こうした理解までお互いに到達することは非常に困難を伴うといえるだろう。

従って，面接における理解は，主に第二の方法に基づいて行われると考えられる。

よりよく理解するために

最後に面接官が面接を行う上でどのような点を注目し，どのように受験者を理解しようとするのかについて触れておこう。

まず話し過ぎ，沈黙し過ぎについて。話し過ぎている場合，面接官は受験者を気に入るように引き回される。また，沈黙し過ぎのときは，両者の間に不必要な緊張が生まれてしまう。もっとも，沈黙は面接において，ときには非常に有用に機能する。沈黙を通して，面接官と受験者がより近づき，何らかを分かち合うこともある。また，同じ沈黙が，二人の溝の開きを見せつけることもある。また混乱の結果を示すこともある。

また面接官がよく用いる対応に，言い直し，明確化などがある。言い直しとは，受験者の言葉をそのまま使うことである。言い直しはあくまでも受験者に向けられたもので，「私はあなたの話を注意深く聞いているので，あなたが言ったことをもう一度言い直せますよ。私を通してあなたが言ったことを自分の耳で聴き返してください」という意思表示である。

明確化とは，受験者が言ったこと，あるいは言おうとしたことを面接官がかわって明確にすることである。これには2つの意味があると考えられている。面接官は受験者が表現したことを単純化し意味を明瞭にすることにより，面接を促進する。あるいは，受験者がはっきりと表現するのに困難を感じているときに，それを明確化するのを面接官が手伝ってやる。そのことによって，受験者と面接官とが認識を共有できるのである。

面接試験の秘訣

社会情勢の変動とともに年々傾向の変動が見られる面接試験。これからの日常生活でふだん何を考え，どういった対策をすべきかを解説する。

変わる面接試験

数年前の面接試験での質問事項と最近の面接試験の質問事項を比較してみると，明らかに変わってきている。数年前の質問事項を見てみると，個人に関する質問が非常に多い。「健康に問題はないか」「遠隔地勤務は可能か」「教師を志した理由は」「卒論のテーマは」「一番印象に残っている教師は」などといったものがほとんどである。「指導できるクラブは何か」というものもある。その他には，「今日の新聞の一面の記事は何か」「一番関心を持っている社会問題は何か」「最近読んだ本について」「今の若者についてどう思うか」「若者の活字離れについて」「日本語の乱れについて」「男女雇用機会均等法について」「国際化社会について」「高齢化社会について」といった質問がされている。そして，教育に関連する質問としては，「校則についてどう考えるか」「～県の教育について」「学校教育に必要なこと」「コンピュータと数学教育」「生徒との信頼関係について」「社会性・協調性についてどう考えるか」「生涯教育について」「登校拒否について」といったものが質問されている。また「校内球技大会の注意事項」「教室でものがなくなったときの対処法」「家庭訪問での注意事項」「自分ではできそうもない校務を与えられたときはどうするか」「無気力な子供に対してどのような指導をするか」といった質問がされていたことが分かる。

もちろんこれらの質問は今日も普遍的に問われることが多いが，さらに近年の採用試験での面接試験の質問事項では,「授業中に携帯メールをする生徒をどう指導するか」,「トイレから煙草の煙が出ているのを見つけたらどうするか」,「生徒から『先生の授業は分からないから出たくない』と言われたらどうするか」といった具体的な指導方法を尋ねるものが大幅に増えているのである。では,面接試験の質問内容は,どうしてこのように変化してきたのであろうか。

求められる実践力

先にも述べたように,今日,教師には,山積した問題に積極的に取り組み,意欲的に解決していく能力が求められている。しかも,教師という職業柄,1年目から一人前として子供たちの指導に当たらなくてはならない。したがって,教壇に立ったその日から役に立つ実践的な知識を身に付けていることが,教師としての前提条件となってきているのである。例えば,1年目に担任したクラスでいじめがあることが判明したとする。その時に,適切な対応がとられなければ,自殺という最悪のケースも十分予想できるのである。もちろん,いじめに対する対処の仕方に,必ずこうしなくてはならないという絶対的な解決方法は存在しない。しかし,絶対にしてはいけない指導というものはあり,そうした指導を行うことによって事態を一層悪化させてしまうことが容易に想像できるものがある。そうした指導に関する知識を一切持たない教師がクラス経営を行うということは,暗闇を狂ったコンパスを頼りに航海するようなものである。

したがって,採用試験の段階で,教師として必要最低限の知識を身に付けているかどうかを見極めようとすることは,至極当然のことである。教師として当然身に付けていなければいけない知識とは,教科指導に関するものだけではなく,教育哲学だけでもなく,今日の諸問題に取り組む上で最低限必要とされる実践的な知識を含んでいるのである。そして,そうした資質を見るためには,具体的な状況を設定して,対処の仕方を問う質問が増えてくるのである。

面接試験の備え

実際の面接試験では，具体的な場面を想定して，どのような指導をするか質問されるケースが非常に多くなってきている。その最も顕著な例は模擬授業の増加である。対策としては，自己流ではない授業案を書く練習を積んでおかなくてはならない。

また，いじめや不登校に対する対応の仕方などについては，委員会報告や文部科学省の通達などが出ているので，そうしたものに目を通して理解しておかなくてはいけない。

面接での評価ポイント

面接は人物を評価するために行う。

①面接官の立場から

ア．子供から信頼を受けることができるであろうか。

イ．保護者から信頼を受けることができるであろうか。

ウ．子供とどのようなときも，きちんと向き合うことができるであろうか。

エ．教えるべきことをきちんと教えることができるであろうか。

②保護者の立場から

ア．頼りになる教員であろうか。

イ．わが子を親身になって導いてくれるであろうか。

ウ．学力をきちんとつけてくれるであろうか。

エ．きちんと叱ってくれるであろうか。

具体的な評価のポイント

①第一印象(はじめの1分間で受ける感じ)で決まる

服装，身のこなし，表情，言葉遣いなどから受ける感じ

②人物評価

ア．あらゆるところから誠実さがにじみ出ていなければならない。

イ．歯切れのよい話し方をする。簡潔に話し，最後まできちんと聞く。

ウ．願書等の字からも人間性がのぞける。上手下手ではない。

エ．話したいことが正しく伝わるよう，聞き手の立場に立って話す。

③回答の仕方

ア．問いに対しての結論を述べる。理由は問われたら答えればよい。理由を問われると予想しての結論を述べるとよい。

イ．質問は願書や自己PRを見ながらするであろう。特に自己PRは撒き餌である。

ウ．具体的な方策を問うているのであって，タテマエを求めているのではない。

集団討論では平等な討議

①受験者間の意見の相違はあって当然である。だからこそ討議が成り立つのであるが，食い下がる必要はない。

②相手の意見を最後まで聞いてから反論し，理由を述べる。

③長々と説明するなど，時間の独り占めは禁物である。持ち時間は平等にある。

④現実を直視してどうするかを述べるのはよい。家庭教育力の低下だとか「今日の子供は」という批判的な見方をしてはならない。

面接試験の心構え

教員への大きな期待

面接試験に臨む心構えとして，今日では面接が1次試験，2次試験とも実施され，合否に大きな比重を占めるに至った背景を理解しておく必要がある。

教員の質への熱くまた厳しい視線は，2009年4月から導入された教員免許更新制の実施としても制度化された(2022年7月廃止予定)。

さらに，令和3年1月に中央教育審議会から答申された『令和の日本型学校教育』の構築を目指して～全ての子供たちの可能性を引き出す，個別最適な学びと，協働的な学びの実現～」では，教師が教師でなければできない業務に全力投球でき，子供たちに対して効果的な教育活動を行うことができる環境を作っていくために，国・教育委員会・学校がそれぞれの立場において，学校における働き方改革について，あらゆる手立てを尽くして取組を進めていくことが重要であるとされている。

様々な状況の変化により，これからますます教師の力量が問われることになる。さらに，子供の学ぶ意欲や学力・体力・気力の低下，様々な実体験の減少に伴う社会性やコミュニケーション能力の低下，いじめや不登校等の学校不適応の増加，LD(学習障害)，ADHD(注意欠陥/多動性障害)や高機能自閉症等の子供への適切な支援といった新たな課題の発生など，学校教育をめぐる状況は大きく変化していることからも，これからの教員に大きな期待が寄せられる。

教員に求められる資質

もともと，日本の学校教育制度や教育の質は世界的に高水準にあると評価されており，このことは一定の共通認識になっていると思われる。教師の多くは，使命感や誇りを持っており，教育的愛情をもって子供に接しています。さらに，指導力や児童生徒理解力を高めるため，いろいろな工夫や改善を行い，自己研鑽を積んできている。このような教員の取り組みがあったために，日本の教員は高い評価を得てきている。皆さんは，このような教師たちの姿に憧れ，教職を職業として選択しようとしていることと思われる。

ただ一方で，今日，学校教育や教員をめぐる状況は大きく変化しており，教員の資質能力が改めて問い直されてきているのも事実です。文部科学省の諮問機関である中央教育審議会では，これらの課題に対し，①社会構造の急激な変化への対応，②学校や教員に対する期待の高まり，③学校教育における課題の複雑・多様化と新たな研究の進展，④教員に対する信頼の揺らぎ，⑤教員の多忙化と同僚性の希薄化，⑥退職者の増加に伴う量及び質の確保の必要性，を答申している。

中央教育審議会答申(「教職生活の全体を通じた教員の資質能力の総合的な向上方策について」2012年)では，これからの教員に求められる資質能力を示してる。

(i)　教職に対する責任感，探究力，教職生活全体を通じて自主的に学び続ける力(使命感や責任感，教育的愛情)

(ii)　専門職としての高度な知識・技能

・教科や教職に関する高度な専門的知識(グローバル化，情報化，特別支援教育その他の新たな課題に対応できる知識・技能を含む)

・新たな学びを展開できる実践的指導力(基礎的・基本的な知識・技能の習得に加えて思考力・判断力・表現力等を育成するため，知識・技能を活用する学習活動や課題探究型の学習，協働的学びなどをデザインできる指導力)

・教科指導，生徒指導，学級経営等を的確に実践できる力

(iii)　総合的な人間力(豊かな人間性や社会性，コミュニケーション力，同僚とチームで対応する力，地域や社会の多様な組織等と連携・協働できる力)

また，中央教育審議会答申(「今後の教員養成・免許制度の在り方について」2006年)では，優れた教師の3要素が提示されている。

① 教職に対する強い情熱
教師の仕事に対する使命感や誇り，子どもに対する愛情や責任感など
② 教育の専門家としての確かな力量
子ども理解力，児童・生徒指導力，集団指導の力，学級づくりの力，学習指導・授業づくりの力，教材解釈の力など
③ 総合的な人間力
豊かな人間性や社会性，常識と教養，礼儀作法をはじめ対人関係能力，コミュニケーション能力などの人格的資質，教職員全体と同僚として協力していくこと

さらに中央教育審議会答申(「これからの学校教育を担う教員の資質能力の向上について～学び合い，高め合う教員育成コミュニティの構築に向けて～」2015年)では，新たにこれからの時代の教員に求められる資質能力が示された。

(i) これまで教員として不易とされてきた資質能力に加え，自律的に学ぶ姿勢を持ち，時代の変化や自らのキャリアステージに応じて求められる資質能力を生涯にわたって高めていくことのできる力や，情報を適切に収集し，選択し，活用する能力や知識を有機的に結びつけ構造化する力などが必要である。
(ii) アクティブ・ラーニングの視点からの授業改善，道徳教育の充実，小学校における外国語教育の早期化・教科化，ICTの活用，発達障害を含む特別な支援を必要とする児童生徒等への対応などの新たな課題に対応できる力量を高めることが必要である。
(iii) 「チーム学校」の考えの下，多様な専門性を持つ人材と効果的に連携・分担し，組織的・協働的に諸課題の解決に取り組む力の醸成が必要である。

時代の変革とともに，アクティブ・ラーニングやチーム学校など，

求められる教師の資質や能力も変わっていく。時代に対応できる柔軟性のある教師が求められる。

■■ 面接試験の種類とその概要

面接は，基本的に個人面接，集団面接，集団討論，模擬授業の4種類に分けられるが，現在，多様な方法で，その4種類を適宜組み合わせて実施しているところが多くなっている。例えば，模擬授業の後で授業に関する個人面接をしたり，集団討論と集団面接を組み合わせている。また模擬授業も場面指導・場面対応などを取り入れているところが増えてきた。

文部科学省の調査によると，面接官は主に教育委員会事務局職員や現職の校長，教頭などであるが，各自治体は，これに加えて民間企業担当者，臨床心理士，保護者等の民間人等を起用している。次にそれぞれの面接の概要を紹介する。

受験者1人に対して，面接官2〜3人で実施される。1次試験の場合は「志願書」に基づいて，2次試験の場合は1次合格者にあらかじめ記入させた「面接票」に基づいて質問されることが一般的で，1人当たり10分前後の面接時間である。

1次試験と2次試験の面接内容には大差はないが，やや2次試験の方が深く，突っ込んで聞かれることが多いと言える。

質問の中でも，「教員志望の動機」，「教員になりたい学校種」，「本県・市教員の志望動機」，「理想の教師像・目指す教師像」などは基本的なことであり，必ず聞かれる内容である。「自己アピール」とともに，理由，抱負，具体的な取組などをぜひ明確化しておく必要がある。

また，「志願書」を基にした質問では，例えば部活動の経験や，卒業論文の内容，ボランティア経験などがある。必ず明確に，理由なども含めて答えられるようにしておくことが必要である。そのために「志願書」のコピーを取り，突っ込んで聞かれた場合の対策を立てておくことを勧める。

集団面接は受験者3～8名に対して面接官3名で実施される。1次試験で実施するところもある。したがって個人面接と質問内容には大差はない。例えば，「自己アピール」をさせたり，「教員として向いているところ」を聞いたりしている。

ただ1次試験の面接内容と違うところは，先に述べたように，多くの自治体が2次試験受験者に対してあらかじめ「面接票」を書かせて当日持参させて，その内容に基づいて聞くことが多い。したがって，記載した内容について質問されることを想定し，十分な準備をしておく必要がある。例えば，「卒業論文のテーマ」に対して，テーマを設定した理由，研究内容，教師として活かせることなどについて明確化しておく必要がある。ボランティア経験なども突っ込んで聞かれることを想定しておく。

今日では集団面接は受験番号順に答えさせるのではなく，挙手をさせて答えさせたり，受験者によって質問を変えたりする場合が多くなっている。

集団面接では，個人面接と同様に質問の内容自体は難しくなくても，他の受験生の回答に左右されないように，自分の考えをしっかりと確立しておくことが重要である。

集団討論

面接官3名に対して，受験者5～8名で与えられたテーマについて討論する。受験者の中から司会を設けさせるところと司会を設けなくてもよいところ，結論を出すように指示するところと指示しないところがある。

テーマは児童生徒への教育・指導に関することが中心で，討論の時間は30～50分が一般的である。

採用者側が集団討論を実施する意図は，集団面接以上に集団における一人ひとりの資質・能力，場面への適応力，集団への関係力，コミュニケーション力などを観て人物を評価したいと考えているからである。そして最近では，個人面接や集団面接では人物を判断しきれないところを，集団討論や模擬授業で見極めたいという傾向が見受けられる。よって受験者仲間と討論の練習を十分に行い，少しでも教育や児童生徒に対する幅広い知識を得ることはもちろんのこと，必ず自分の考えを構築していくことが，集団討論を乗り切る「要」なのである。

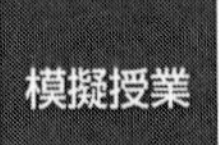

一般に模擬授業は教科の一部をさせるものであるが，道徳や総合的な学習の時間，学級指導などを行わせるところもある。

時間は8分前後で，導入の部分が一般的であるが，最近は展開部分も行わせることもある。直前に課題が示されるところ，模擬授業前に一定の時間を与え，学習指導案を書かせてそれを基に授業をさせるところ，テーマも抽選で自分である程度選択できるところもある。また他の受験生を児童生徒役にさせるところ，授業後，授業に関する個人面接を実施するところなど，実施方法は実に多様である。

ある県では，1次合格者に対して2次試験当日に，自分で設定した単元の学習指導案をもとに授業をさせて，後の個人面接で当該単元設定の理由などを聞いている。またある県では，授業後の個人面接で自己採点をさせたり，授業について質問している。

学級指導を行わせる自治体もある。例えば，福祉施設にボランティアに出かける前の指導や修学旅行前日の指導，最初の学級担任としての挨拶をさせるものなどである。

模擬授業は，集団討論と同様，最近は非常に重要視されている。時間はわずか8分前後であるが，指導内容以上に，与えられた時間内にどれだけ児童生徒を大切にした授業をしようとしたか，がポイントである。それだけに受験生は「授業力」を付ける練習を十分にしておくことが必要である。

模擬授業の一方法と言えるが，設定される課題が生徒指導に関することや，児童生徒対応，保護者対応・地域対応に関するものが主である。個人面接の中で設定される場合もある。

最近の児童生徒の実態や保護者対応などが課題になっていることを受けて，多くのところで実施されるようになってきた。

例えば，「授業中に児童が教室から出て行きました。あなたはどうしますか」とか「あなたが授業のために教室に行ったところ，生徒たちが廊下でたむろして教室に入らないので指導して下さい」，「学級の生徒の保護者から，明日から学校に行かせないとの連絡がありました。担任としてどうするか，保護者に話してください」など，教員になれば必ず直面するテーマが設定されている。

日頃から，自分が教員になった場合の様々な場面を想定して，自分の考えや対応の方法などの構築を進めていくことが必要である。そのためには，集団討論や模擬授業と同様に十分な練習を行うことが必要である。

面接試験に臨むために準備すること

準備のための基本的な視点は次の3点である。

(1) 面接会場の多くは学校の教室である。暑い最中での面接であるから，心身の状態をベストにして臨むことが極めて重要である。

面接のためだけでなく，教職自体が予想以上に心身のタフさが求められることを念頭において，日頃から試験当日に向けて心身の健康の保持に留意すること。

(2) 面接は人物評価の「要」となっているだけに，受験者は「自分をアピールする・売り込む」絶好の機会と捉えて，当日に向けての十分な準備・対策を進めることが極めて大切である。

(3) 自分の受験する自治体の教育施策を熟知し，多様な面接内容などに対処できるようにすることが大切である。

試験対策前の事前チェック

面接試験の準備状況をチェックする

まず面接試験に向けた現在の準備状況を20項目の「**準備状況のチェック**」で自己チェックし，その合計得点から準備の進み具合について調べ，これからどのような準備や学習が必要なのかを考えよう。「はい」「少しだけ」「いいえ」のどれかをマークし，各点数の合計を出す。(得点：はい…2点，少しだけ…1点，いいえ…0点)

Check List 1 準備状況のチェック

	はい	少しだけ	いいえ
① 態度・マナーや言葉づかいについてわかっている	○	○	○
② 自分の特技や特長が説明できる	○	○	○
③ 自分なりの志望の動機を答えられる	○	○	○
④ 自己PRが短時間でできる	○	○	○
⑤ 自分の能力や教員としての適性について説明できる	○	○	○
⑥ 教育に対する考えを明確に説明することができる	○	○	○
⑦ 自分の目指す教師像について説明できる	○	○	○
⑧ 教師として何を実践したいか説明できる	○	○	○
⑨ 希望する校種が決まっている	○	○	○
⑩ 卒論の内容について具体的に説明できる	○	○	○
⑪ 面接試験の内容や方法についてわかっている	○	○	○
⑫ 面接の受け方がわかっている	○	○	○
⑬ 面接試験で何を質問されるのかわかっている	○	○	○
⑭ 模擬面接を受けたことがある	○	○	○
⑮ 集団討議でディスカッションする自信がある	○	○	○
⑯ 模擬授業での教科指導・生徒指導に自信がある	○	○	○
⑰ 受験要項など取り寄せ方やWeb登録を知っている	○	○	○
⑱ 書類など何をそろえたらよいのかわかっている	○	○	○
⑲ 書類などの書き方がわかっている	○	○	○
⑳ 試験当日の準備ができている	○	○	○

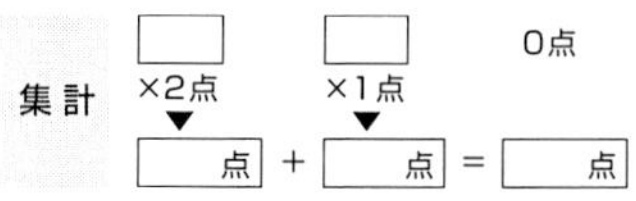

診断

0～14点	15～29点	30～40点
少々準備不足である。他の受験者に遅れを取らないように頑張ろう。	順調に準備が進んでいる。さらに本番に向けて準備を進めよう。	よく準備ができている。自分の考えを整理して，本番に備えよう。

教職レディネスをチェックする

教員採用試験を受験する前に，教員になるための準備がどの程度できているだろうか。教員の職務に必要とされている様々な能力や適性について，まずは確認してみることが必要である。

教員の職務に必要な能力・適性を，**(1) 事務処理**，**(2) 対人関係**，**(3) 教育力・指導力** に分け，それぞれについて，教員になるための準備の程度について考えてみたい。次のチェックシートを使って，自分の教職に対するレディネス(準備性)を評価してみる。CとDの項目については，改善のためのアクションプラン(行動計画)を考えるとよい。

(1) 事務処理能力をチェックする

教育事務は教育活動の中でも，生徒指導を支える重要な役割を果たすものである。学校としてのあらゆる教育計画を企画・立案したり，生徒指導のための資料を収集・整理し，活用できるようにまとめたりすることも，事務処理の優れた能力がなければ実践していくことはできない。教職レディネスとしての事務的能力について，以下の項目をAからDで評価する。

Check List 2 事務処理能力のチェック

A：十分できる　B：できる　C：あまりできない　D：できない

① 言われたことを正しく理解し，実行できる	A―B―C―D
② 計画的に行動し，適正に評価することができる	A―B―C―D
③ 根気強く資料を作ったり，検討することができる	A―B―C―D

④ 物事を正確で丁寧に処理できる Ⓐ—Ⓑ—Ⓒ—Ⓓ
⑤ 計算を速く間違いなくできる Ⓐ—Ⓑ—Ⓒ—Ⓓ
⑥ 記録を付けたり,データを解釈することができる Ⓐ—Ⓑ—Ⓒ—Ⓓ
⑦ 文字や数字などを速く正確に照合できる Ⓐ—Ⓑ—Ⓒ—Ⓓ
⑧ 文章を理解し,文章で自分の考えを伝えられる Ⓐ—Ⓑ—Ⓒ—Ⓓ
⑨ データをグラフ化したり,考えを図式化できる Ⓐ—Ⓑ—Ⓒ—Ⓓ
⑩ 分析したり,まとめたり,計画を立てられる Ⓐ—Ⓑ—Ⓒ—Ⓓ

(2) 対人関係能力をチェックする

教育は人と人との関わりを通して行われるものであり，児童・生徒は教師の人格や対人関係能力などによって大きな影響を受けるものである。児童・生徒への適切な指導や保護者との連携，地域との関わり，先輩教員とのコミュニケーションなど対人関係能力は教職にとって欠くことのできない基本的な要素だと言える。教職レディネスとしての対人関係能力について，以下の項目を前述と同様にAからDで評価してみよう。

Check List 3 対人関係能力のチェック

A:十分できる　B:できる　C:あまりできない　D:できない

① 考えていることをうまく言葉で表現できる Ⓐ—Ⓑ—Ⓒ—Ⓓ
② あまり神経質でなく,劣等感も少ない Ⓐ—Ⓑ—Ⓒ—Ⓓ
③ 社交性があり,誰とでも協調していくことができる Ⓐ—Ⓑ—Ⓒ—Ⓓ
④ 初対面でも気楽に話すことができる Ⓐ—Ⓑ—Ⓒ—Ⓓ
⑤ 相手に好感を与えるような話しぶりができる Ⓐ—Ⓑ—Ⓒ—Ⓓ
⑥ 奉仕的な気持ちや態度を持っている Ⓐ—Ⓑ—Ⓒ—Ⓓ
⑦ 何事にも,機敏に対応できる Ⓐ—Ⓑ—Ⓒ—Ⓓ
⑧ 相手の気持ちや考えをよく理解できる Ⓐ—Ⓑ—Ⓒ—Ⓓ
⑨ 相手の立場になって考えたり,行動できる Ⓐ—Ⓑ—Ⓒ—Ⓓ
⑩ 他人をうまく説得することができる Ⓐ—Ⓑ—Ⓒ—Ⓓ

(3) 教育力・指導力をチェックする

教師としての教育力や指導力は，教員の職務上，もっとも重要な能力であると言える。教師として必要な知識や指導方法などを知ってい

ても，実際にそれらを活用して指導していけなければ何にもならない。教育力・指導力は，教育活動の中で生徒指導を実践していくための教職スキルであると言うことができる。教職レディネスとしての教育力・指導力について，以下の項目をAからDで評価してみよう。

Check List 4 教育力・指導力のチェック

A：十分できる　B：できる　C：あまりできない　D：できない

① 責任感が強く，誠実さを持っている	A―B―C―D
② 児童・生徒への愛情と正しい理解を持っている	A―B―C―D
③ 常に創意工夫し，解決へと努力することができる	A―B―C―D
④ 何事にも根気強く対応していくことができる	A―B―C―D
⑤ 正しいことと悪いことを明確に判断し行動できる	A―B―C―D
⑥ 人間尊重の基本精神に立った教育観を持っている	A―B―C―D
⑦ 教科に関する知識や指導方法などが身に付いている	A―B―C―D
⑧ 問題行動には毅然とした態度で指導することができる	A―B―C―D
⑨ 研究や研修に対する意欲を持っている	A―B―C―D
⑩ 教科に関する知識や指導方法などが身に付いている	A―B―C―D
⑪ 授業を計画したり実践する力がある	A―B―C―D
⑫ 教育公務員としての職務を正しく理解している	A―B―C―D
⑬ 学習指導要領の内容をよく理解できている	A―B―C―D

面接の心構えをチェックする

面接への心構えはもうできただろうか。面接試験に対する準備状況をチェックしてみよう。できている場合は「はい」，できていない場合は「いいえ」をチェックする。

Check List 5 面接の心構えのチェック

	はい	いいえ
① 面接に必要なマナーや態度が身に付いているか		
② 面接でどのような事柄が評価されるかわかっているか		
③ 面接にふさわしい言葉づかいができるか		
④ 受験先のこれまでの面接での質問がわかっているか		
⑤ 話をするときの自分のくせを知っているか		

⑥ 教員の仕事について具体的に理解しているか
⑦ 必要な情報が集められているか確認したか
⑧ 志望した動機について具体的に話せるか
⑨ 志望先の教育委員会の年度目標などを説明できるか
⑩ 志望先の教育委員会の教育施策について説明できるか

面接試験の意義

教員採用試験における筆記試験では，教員として必要とされる一般教養，教職教養，専門教養などの知識やその理解の程度を評価している。また，論作文では，教師としての資質や表現力，実践力，意欲や教育観などをその内容から判断し評価している。それに対し，面接試験では，教師としての適性や使命感，実践的指導能力や職務遂行能力などを総合し，個人の人格とともに人物評価を行おうとするものである。

教員という職業は，児童・生徒の前に立ち，模範となったり，指導したりする立場にある。そのため，教師自身の人間性は，児童・生徒の人間形成に大きな影響を与えるものである。そのため，特に教員採用においては，面接における人物評価は重視されるべき内容と言える。

面接試験のねらい

面接試験のねらいは，筆記試験ではわかりにくい人格的な側面を評価することにある。面接試験を実施する上で，特に重視される視点としては次のような項目が挙げられる。

(1) 人物の総合的評価

面接官が実際に受験者と対面することで，容姿，態度，言葉遣いなどをまとめて観察し，人物を総合的に評価することができる。これは，面接官の直感や印象によるところが大きいが，教師は児童・生徒や保護者と全人的に接することから，相手に好印象を与えることは好ましい人間関係を築くために必要な能力といえる。

(2) 性格，適性の判断

面接官は，受験者の表情や応答態度などの観察から性格や教師としての適性を判断しようとする。実際には，短時間での面接のため，社会的に，また，人生の上からも豊かな経験を持った学校長や教育委員会の担当者などが面接官となっている。

(3) 志望動機，教職への意欲などの確認

志望動機や教職への意欲などについては，論作文でも判断することもできるが，面接では質問による応答経過の観察によって，より明確に動機や熱意を知ろうとしている。

(4) コミュニケーション能力の観察

応答の中で，相手の意志の理解と自分の意思の伝達といったコミュニケーション能力の程度を観察する。中でも，質問への理解力，判断力，言語表現能力などは，教師として教育活動に不可欠な特性と言える。

(5) 協調性，指導性などの社会的能力(ソーシャル・スキル)の観察

ソーシャル・スキルは，教師集団や地域社会との関わりや個別・集団の生徒指導において，教員として必要とされる特性の一つである。これらは，面接試験の中でも特に集団討議(グループ・ディスカッション)などによって観察・評価されている。

(6) 知識，教養の程度や教職レディネス(準備性)を知る

筆記試験において基本的な知識・教養については評価されているが，面接試験においては，更に質問を加えることによって受験者の知識・教養の程度を正確に知ろうとしている。また，具体的な教育課題への対策などから，教職への準備の程度としての教職レディネスを知ることができる。

●書籍内容の訂正等について

弊社では教員採用試験対策シリーズ（参考書，過去問，全国まるごと過去問題集），公務員試験対策シリーズ，公立幼稚園・保育士試験対策シリーズ，会社別就職試験対策シリーズについて，正誤表をホームページ（https://www.kyodo-s.jp）に掲載いたします。内容に訂正等，疑問点がございましたら，まずホームページをご確認ください。もし，正誤表に掲載されていない訂正等，疑問点がございましたら，下記項目をご記入の上，以下の送付先までお送りいただくようお願いいたします。

> ① **書籍名，都道府県（学校）名，年度**
> （例：教員採用試験過去問シリーズ　小学校教諭 過去問　2025 年度版）
> ② **ページ数**（書籍に記載されているページ数をご記入ください。）
> ③ **訂正等，疑問点**（内容は具体的にご記入ください。）
> （例：問題文では“ア～オの中から選べ”とあるが，選択肢はエまでしかない）

〔ご注意〕

○ 電話での質問や相談等につきましては，受付けておりません。ご注意ください。

○ 正誤表の更新は適宜行います。

○ いただいた疑問点につきましては，当社編集制作部で検討の上，正誤表への反映を決定させていただきます（個別回答は，原則行いませんのであしからずご了承ください）。

●情報提供のお願い

協同教育研究会では，これから教員採用試験を受験される方々に，より正確な問題を，より多くご提供できるよう情報の収集を行っております。つきましては，教員採用試験に関する次の項目の情報を，以下の送付先までお送りいただけますと幸いでございます。お送りいただきました方には謝礼を差し上げます。

（情報量があまりに少ない場合は，謝礼をご用意できかねる場合があります）。

◆あなたの受験された面接試験，論作文試験の実施方法や質問内容

◆教員採用試験の受験体験記

送付先	
	○電子メール：edit@kyodo-s.jp
	○FAX：03-3233-1233（協同出版株式会社　編集制作部 行）
	○郵送：〒101-0054　東京都千代田区神田錦町 2-5 協同出版株式会社　編集制作部 行
	○HP：https://kyodo-s.jp/provision（右記の QR コードからもアクセスできます）

※謝礼をお送りする関係から，いずれの方法でお送りいただく際にも，「お名前」「ご住所」は，必ず明記いただきますよう，よろしくお願い申し上げます。

教員採用試験「過去問」シリーズ

福井県の
論作文・面接 過去問

編　集	© 協同教育研究会
発　行	令和6年2月10日
発行者	小貫　輝雄
発行所	協同出版株式会社
	〒101-0054　東京都千代田区神田錦町2 - 5
	電話　03－3295－1341
	振替　東京00190－4－94061
印刷所	協同出版・POD工場

落丁・乱丁はお取り替えいたします。